진리의 빛으로
세상을 구한 혁명가

혜철국사와 도선국사
이야기

진리의 빛으로
세상을 구한 혁명가

혜철국사와 도선국사
이야기

박혜범 지음

푸른 하늘에서 강림하는 선녀의 모습이 아름답다.

봄날에 마주한 인연 앞에서

　인연인지 우연인지 필연인지 알 수는 없지만, 오늘 2025년 3월 11일 오후, 발간하는 책의 주제이며 주인공인 동리산문(桐裏山門)의 개산조(開山祖) 태안사(泰安寺: 당시 대안사(大安寺)) 혜철국사(慧哲國師 785~861년)의 승탑(僧塔)인 적인선사(寂忍禪師) 조륜청정탑(照輪淸淨塔)이 국보(國寶)로 승격 지정되었다는 뉴스를 접하고 보니, 처음 20여 년 전 한 송이 회삼귀일(會三歸一)의 연꽃을 들어 전란의 구렁에 빠진 삼한을 구하게 한 혁명가 혜철국사의 사상과 역사를 세상에 드러내 알리고, 계승 발전에 힘써온 사람으로 만감이 새롭기만 하다.

2025년 3월 11일 국보로 지정된 동리산문(桐裏山門)의 개산조(開山祖) 태안사(泰安寺) 혜철국사(慧哲國師 785~861년)의 승탑(僧塔)인 적인선사(寂忍禪師) 조륜청정탑(照輪淸淨塔)이다.

무엇보다도 2009년 1월 혜철국사의 역사가 사실이었음을 밝히는 동리산 사문비보(동리산 사문비보桐裏山 沙門裨補)를 출간한 이후, 연구를 거듭하여 혜철국사를 중심으로 하는 "진리의 빛으로 세상을 구한 혁명가 혜철국사와 도선국사의 이야기" 제하의 원고를 출판사에 보내놓고, 교정하는 과정에서 들은 국사의 승탑이 국보로 승격 지정되었다는 뉴스는 마치 국사의 혼령이 나에게 주는 선물 같은 생각에 감회의 글을 쓰지 않을 수가 없었다.

지금으로부터 1,153년 전, 끊임없는 권력다툼과 온 나라에 만연된 온갖 부정부패로 신라가 망해가던 872년 8월 14일, 제자인 신종(辛宗: 도선국사(道詵國師, 827~898년))이 왕명을 받들어 세운 동리산 태안사 혜철국사 비문(碑文)의 첫머리에 이르기를……

"무릇 종(鍾)이란 두드려 소리 나게 하여, 듣는 이로 하여금 들어서 마음을 안정시킬 수 있게 하고, 거울(경, 鏡)이란 갈아 빛나게 하여, 비추어 보는 이로 하여금 그 모양을 분별하게 하는 것이다."라고 하였다. (최고 최상의 자기 수양이며 정치 요결이다)

천 년 전 진리의 빛으로 세상을 구하게 한 혁명가 혜철국사가 장차 셋으로 쪼개져 서로를 죽이는 전란으로 지샐 삼한(三韓: 후삼국)의 백성을 깨우쳐 구하는 진리의 말씀을 풀어서 설명하면, 예나 지금이나 나라의 지도자들이 갖춰야 할 최고 최상의 자기 수양이며, 나라와 백성을 구하는 정치의 요결로, 삼한의 백성들이 스스로 자기의 모습을 돌아보며 하나로 화합하여 새로운 세상을 만들게 한 신묘한 법이었다.

이때 당시를 보면, 끝이 없는 권력다툼으로 나라의 기능을 상실한 무능하고 부패한 왕실과 관리들은 물론 너나없이 온 나라에 만연된 온갖 부정부패로, 쇠락하여 망해가던 신라의 토호들이 저마다 나라를 세우고 스스로 하늘이 점지한 왕이라며 나섰지만, 모두 스스로 일으킨 탐욕으로 천기(天機)를 놓치고, 천심(天心 민심)으로부터 버림을 받아, 세상을 기만하고 어지럽힌 잡범들로 사라졌다. (지금 우리들이 목격하고 있는 2025년 봄날의 혼란이 판박이로 똑같다.)

그러나 오직 한 사람이 모든 탐욕과 어리석음을 버리고, 혜철국사가 전한 진리의 법과 요결을 충실히 받들어 전란의 구렁에 빠진 삼한을 구하고 백성들을 구하였는데, 그가 바로 고려 태조 왕건이었다.

861년 2월 6일 봄날 혜철국사가 장차 일어날 천하의 난리를 미리 예견하여, 나라와 백성을 구하는 그 방책을 도참과 비보풍수로 숨겨 제자인 도선국사에게 전하고 열반에 든 후, 권력다툼과 부정부패로 망해버린 신라는 예측한 그대로 셋으로 쪼개져 백성들은 서로를 증오하며, 죽이고 죽는 반세기에 가까운 지난한 내란으로 지새다, 왕건에 의해 평정되기까지 64년이라는 길고 긴 세월이었다.

처음 혜철국사가 이곳 섬진강(당시는 압록강이었음) 강변에 자리한 동리산에 주장자를 세우고, 흩어진 셋을 하나로 모아 세상을 구하고 백성을 구하는 한 송이 회삼귀일의 연꽃을 강물에 띄운 847년을 기준으로 왕건이 천하를 평정한 936년까지, 89년이라는 길고 긴 시간과 헤아릴 수 없는 수많은 백성의 죽음을 대가로 치러야 했다.

오늘 봉성산(鳳城山) 허허당(虛虛堂)의 허생(虛生)이 이러한 기록을 나열하는 것은 혁명가 혜철국사가 천하의 흥망을 경고한 지 89년이 되었고, 신라가 망하고 고려가 창업되기까지 반세기에 가까운 내란을 겪었다는 사실은 한 나라가 망하고 새로운 나라로 안정되기까지 민생들이 얼마나 가혹하고 혹독한 대가를 치러야 하는지를 보고 깨달아 알리자는 의미이며, 선지자들의 법과 역사를 후대에 전하는 내 나름의 역할이다.

오랜 세월을 패거리들의 권력다툼으로 지새며, 나라의 기능을 잃어버린 무능하고 부패한 신라가 망한 것은 지역주의에 의지한 부패한 토호들이 일으킨 내란이었고, 혁명가 혜철국사가 전하는 세상을 구하는 비급(祕笈)을 전해 받아 실천한 왕건이라는 지도자가 나타나 천하의 민심을 하나로 모아 내란을 평정하기까지의 과정을 보면, 지역주의에 의지하는 패거리 정치가 얼마나 사악하고 어리석은 짓이며, 세상을 어지럽히고 민생들을 고통스럽게 하는 것인지, 그리고 동시에 그 지역주의와 패거리 정치를 없애고, 천하를 위한 상생의 정치를 하는 일들이 또 얼마나 어려운 일인가를 잘 보여주는 역사의 기록이다.

847년 혜철국사가 흩어진 셋을 하나로 모으는 한 송이 회삼귀일의 연꽃을 여기 통합과 화합의 강 섬진강 푸른 물에 띄운 지 1,180년이 지난 오늘, 신라가 망하던 그 시대처럼 끝이 없는 패거리들의 권력다툼과 온갖 부정부패가 만연되어 국가의 기능을 상실한 대한민국과 이리저리 휩쓸리며 아우성을 치고 있는 민생들을 보면, 다시 천 년 후 나라와 백성이 셋으로 쪼개져 전란의 구렁에 빠질 것을 경계한 혜철국사와 선지자들의 경고가 두렵기만 한 봄날이다.

정부와 여야 정치가 날마다 언론을 통해서 쏟아내고 있는 온갖 소리는 나라와 국민을 안정시키기는커녕, 가뜩이나 속 터져 죽을 지경인 민생들을 위기로 내몰며 고통스럽게 하고 있고……

정치와 학계는 물론 종교단체와 사회단체들까지 너나없이 거짓과 위선의 "내로남불" "아전인수(我田引水)" "견강부회(牽强附會)"가 당연시되고, 온 나라에 권력다툼과 부정부패가 만연 일상이 돼버린 것이 오늘 우리들의 시대, 우리들의 모습이다.

만물을 차별하지 않는 종소리와 같은 메시지로 자유 대한민국을 깨우치며, 국민의 마음을 안정시켜주면서, 희망을 품게 하는 정치, 오로지 세상을 위한 그런 정신을 가진 정치 지도자를 우리는 언제쯤 볼 수가 있을까?

우리 시대의 가장 큰 비극은 홰를 치며 어둠을 걷어내고, 새로운 날이 밝아 옴을 알리는 신령한 닭도 없고, 동이 트는 아침 일찍 소를 몰아 논밭으로 나가 농사를 지을 농부도 없다는 것이다.

시대와 백성을 동시에 구하게 한 혁명가 혜철국사도 없고, 이를 실천에 옮긴 왕건도 없다는 말이다.

시대와 사람이 다 같이 한통속으로, 두 눈으로 보고서도 보지를 못하는 어리석은 세상이다.

잠시 한 생각을 돌이켜보면, 본래 세상이라는 것은 세상을 구하고자 하면 세상은 그만큼 시끄럽고 어려워지고, 그렇다고 하여 있는 세상을 있는 그대로 두면 그만큼 시끄럽고 고통스러운 것이라, 세상은 그 자체가 불완전한 것이고, 불완전한 것이 가장 완전한 것이므로, 지금 탄핵 찬반으로 온 나라를 들쑤시고 있는 이 난리도 쉼 없는 변화가 일으키는 불완전한 현상으로, 쉼 없는 변화의 과정일 뿐인데……

시절도 세상도 쉼 없이 변화하고 있는 봄날, 혁명가 혜철국사의 역사를 책으로 발간하는 목적에 충실해지자는 마음으로, 찰나의 한순간도 쉼이 없는 하늘처럼, 현상에 머무르는 바 없이 진리를 향하여 나가라는 혜철국사의 가르침을 우측 발을 들어 전하고 있는 거북이를 여기에 전한다.

2025년 3월 11일 구례읍 봉성산(鳳城山) 허허당(虛虛堂)에서

허생(虛生) 박혜범(朴慧梵) 씀

추천사 1

홍운탁월(烘雲托月), '구름을 물들여 달을 그려내다'

'천장지비(天障地否)'의 장(障)은 '막다, 가리다'는 뜻이고, 비(否)는 '거부하다, 막히다, 아니하다'라는 뜻인데, 이걸 '감출 장(藏)', '비밀 비(秘)'로 바꾸어 해석한다면, 의미가 달라지고 시적인 해석이 됩니다.

'하늘이 감추고 땅이 비밀로 숨겨 둔다'는 천장지비(天藏地秘), 즉 '천지(天地)가 인간사에 일일이 참견하지는 않지만, 그렇다고 방관하지 않는다'는 가설로 운명, 인간사의 근원적인 진실, 혹은 어떤 커다란 뜻이 드러나지 않고 파묻혀 있음을 이르는 말입니다.

'하늘의 운행은 건전해서 잠시도 쉬지 않는다'는 자연 원리에 입각, 엄격한 작동 방식으로 인간을 견제하는 하늘과 땅의 소극적인 천장지비 작용이지만 "하늘은 그 뜻을 감추고, 땅은 진실을 묻는다. 인간은 다만 그 틈에서 묻고, 방황하고, 때를 기다릴 뿐"이라는 것입니다.

결정적인 것은 풍수지리학(風水地理學)에서 천장지비는 '좋은 곳만 감추는 것이 아니라 흉한 곳도 구분하지 못하게 하는 것'으로 함정에 빠질 수도 있어 권선징악(勸善懲惡)의 틀을 짜 놓고 있습니다.

도가(道家)에서는 천라지망(天羅地網)으로 "하늘은 인간의 악행을 성기지만 물샐틈없이 촘촘한 '하늘의 그물(天網)'로 걸러낸다"는 무서운 경고

이기도 합니다.

바로 이 난해한 천장지비의 비의(秘意)를 감춘 풍수지리학의 원조(元祖) 격인 인물들이 엮어낸 '고려 건국' 스토리《진리의 빛으로 세상을 구한 혁명가 혜철국사와 도선국사 이야기》는 우주 질서가 혼란스럽고 국체(國體)가 존망(存亡)의 기로에 처한 지금 시의적절한 지혜의 단초(端初)를 제시하고 있습니다.

풍수지리학의 비조(鼻祖) 혜철국사와 그의 수제자인 도선국사를 둘러싼 1,200여 년 전의 자료와 설화를 섭렵, 세상에 알려진 도선국사 유골이 제자인 통진대사의 것을 조작한 것임을 밝히고, 옥룡사(玉龍寺)의 위치를 확인하면서, '고려창업'의 비화를 씨줄과 날줄로 엮어놓은 이 서책은 '끌어모아 엮으면 섶도 암자가 된다'라는 사실을 실증합니다.

일찍이 청년 시절, 지리산 화엄사 도광선사(導光禪師)의 유촉(遺囑)을 받들어 민족 분단을 극복할 '통일한국'의 비전 제시와 난세(亂世)를 구할 구국일념으로 50여 년 각고의 연찬(硏鑽) 끝에 상재(上梓)하는, 구례읍 봉성산(鳳城山) 숲에 자리한 허허당(虛虛堂) 당주(堂主) 박혜범(朴慧梵) 국사님의 노작(勞作)에 경의를 표합니다.

사계(斯界)의 권위 있는 강단 사학자도 하기 힘든 작업을 초야의 재야 문인으로 병마에 시달리면서도 소명감 하나로 갖은 간난신고(艱難辛苦) 속에서도 일실(逸失)된 사초(史草)를 '찾고 찾아' 모은 방대한 자료를 천착해 엮은 노고는 경하할 일입니다.

일찍이 허허당은 지난 2009년 1월 '혜철국사의 역사'가 사실(史實)이었음을 밝히는 명저(名著) 〈동리산 사문비보(桐裏山 沙門裨補)〉를 펴낸 바 있고, 다시 10여 년 발분망식(發憤忘食)의 탐구 끝에 이번에 출간하는《진리의 빛으로 세상을 구한 혁명가 혜철국사와 도선국사 이야기》는 그동안 미진했던 궁금증을 해소하는 역할을 할 것입니다.

허허당은 혜철국사가 도선을 통하여 세상을 구하는 핵심으로 태안사의 소의경전(所依經典)인 〈묘법연화경(妙法蓮華經)〉 약칭 〈법화경〉의 회삼귀일(會三歸一) 사상을 전파, 통일신라 말기 '후 3국 시대'를 마감하고 고려 창업을 이룩한 왕건(王建, 877~943 : 재위 918~943년)의 정신적 지주가 되었다고 주장합니다.

"부처님은 저 절간에 갇혀 있지 않다. 부처는 우리의 마음속에 있다. 그것을 깨달으면 노비나 농민 신분에 상관없이 누구나 부처가 될 수 있다."는 개혁 운동을 위한 구산선문(九山禪門)이 개창되면서 심산유곡 깊은 산중에 자리 잡은 태안사가 혜철국사 주도로 '혁명의 성지'가 되었다는 주장입니다.

분열과 혼란을 거듭하던 당시, 해상무역 실력자로 선종 불교 진흥에 공헌한 장보고(張保皐, 780년대 후반?~846년) 세력의 비호하에 경주 출신 혜철국사(慧哲國師 785~861년)는 제자인 도선국사(道詵國師, 827~898년)와 함께 형미선사(逈微禪師, 864~917년)·통진대사(洞眞大師, 869~948년)·최지몽(崔知夢, 907~987) 등 영암 인맥이 '왕건'을 내세워 '고려'를 창업했다는 허허당의 스토리는 박진감 넘치는 개국(開國) 드라마로 흥미진진합니다.

전라도 주요 사찰들의 단월(檀越), 곧 시주자였던 장보고 후원으로 도참(圖讖)과 흉한 것을 길하게 고쳐서 바라는 바를 성취하게 하는 비보풍수(裨補風水)로 백계산(白鷄山) 남북에 도선사(道詵寺)와 옥룡사(玉龍寺)를 지어 신라말 난마처럼 얽힌 어지러운 세상을 평정하는 '고려 건국'이라는 '혁명의 역사'를 한눈에 볼 수 있도록 엮어낸 것입니다.

당시 궁예의 막료였던 왕건이 궁예의 광포한 통치의 예봉(銳鋒)을 피해 견훤을 친다는 명분을 내세워 예성강에서 해류를 따라 영산포가 있는 전라도 나주로 와서 창업의 베이스캠프를 구축한 것은, 영암 출신 인맥의 작전이었다는 주장입니다.

'인연은 우연이지만 관계는 필연이다'라는 말처럼 10여 년 전 외우(畏

友) 김철 공이 '당대의 기재(奇才)로 생이지지(生而知之)한 섬진강 강변 이인(異人)'으로 소개한 만남 속에서 항상 유가적 '우환의식(憂患意識)' 즉 개인의 사사로운 이해관계를 뛰어넘어 사회와 대의(大義)를 염려하고, 그 염려되는 바를 미리 대비하고자 하는 '책임 의식'의 결정체인 허허당의 고고한 예언자적 풍모는 외경스럽기까지 합니다.

허허당은 조선 말 망국의 폭풍전야에 구례에 작은 서재를 마련해 3천여 권의 서책을 쌓아놓고 독서와 함께 '역사 연구'와 경세학(經世學)을 모색했던 우국지사 매천(梅泉) 황현(黃玹) 선생(1855~1910년)의 환생인 듯합니다. 그는 1910년 8월 29일 한일합방 12일 뒤 "죽을 의무는 없으나 나라가 망하는데 자결하는 선비 하나쯤은 있어야 한다"라며 아편을 탄 술을 들이켜고 '지식인 노릇하기 어렵구나(難作人間識字人)'라는 사세구(辭歲句)를 남기고 순국했습니다.

당시 무능한 고종과 명성황후가 과거를 보는 유생에게 벼슬을 팔아 내탕금을 마련하고 "왕비는 진령군이라는 무당을 언니라 불렀고(황현, 오하기문 · 梧下記聞), 왕은 그 무당과 국가의 중대사를 논했다"라는 망국 전야 기록은 '역사는 반복된다'라는 경구를 실감케 합니다.

'시대를 알 수 없는 시대'라는 이 혼돈의 시대에 지리산 구례읍 봉성산에서 토해내는 허허당의 사자후(獅子吼)는 국가적 위기인 지금 선방(禪房)의 죽비(竹扉)처럼 이 시대 중생들을 깨우치고 있습니다.

을사년(乙巳年)은 60년 주기로 역사의 물줄기를 바꾼 '대전환의 해'로 근현대사의 분수령이 된 결정적인 해였습니다. 120년 전인 1905년 '을사늑약'이 강제 체결되어 외교권을 박탈당했고, 1965년에는 '한 · 일 회담'이 체결됐지만 아직도 위안부 징용 등 역사적 갈등이 지속되고 있습니다. 60년 만에 다시 맞은 2025년 또한 지난해 12.3 계엄령으로 촉발된 민주주의 위기로 정치 사회적 혼란이 계속되고 있는 가운데 이 책이 출간, 많은 시사점을 제시하고 있습니다.

광복 80주년을 맞아 총체적 난국에 처한 대한민국에 '난세에 영웅이 출현한다'라는 말대로 악(惡)을 심판하고 남북통일 · 천하통일을 이루는 인물의 출현을 예시하는 참언(讖言)에 조응이라도 한 듯 때마침 허허당의 서책이 출간된 것은 시중(時中)의 오의(奧義)가 담겨 있다고 짐작합니다.

무릇 천하(天下)의 대세란 '오랫동안 나뉘면 반드시 합하게 되고, 오랫동안 합쳐져 있다면 반드시 나뉘게 된다는 분구필합(分久必合) 합구필분(合久必分)' 분열과 통합을 반복하는 것은 역사의 필연적인 법칙입니다.

80여 년 분단된 '통일한국의 미래'를 그리며 민족의 대의(大義)를 놓고 큰 뜻을 가진 자라면 천하의 대국(大局)을 주제로 반세기 동안 고뇌해 온 허허당이 누구나 알기 쉬운 이야기로 풀어낸 이 서책이 시사(示唆)하는 바를 주목하길 기대합니다.

우리 민족사는 대략 500여 년 고비마다 큰 깨달음을 얻어 상통천문(上通天文), 하달지리(下達地理), 중찰인사(中察人事) 한 통일신라의 원효(元曉) 대사, 고려의 도선(道詵)국사, 조선의 무학(無學)대사로 도맥(道脈)이 전승, 시대를 어루만진 도인정치(道人政治)가 이루어진 역사적 사실을 부인할 수 없을 것입니다.

도인의 길을 걷는 허허당이 수행 정진하는 구도의 고행길에서 발굴한 자료를 바탕으로 도선국사 유골의 진위를 가리고, 옥룡사 위치를 찾아가는 과정에서, 참고 문헌과 비밀리에 전수된 사초(史草)들의 꼼꼼한 해석이 돋보입니다.

고려창업의 가장 결정적이고 중요한 변곡점을 '구름을 물들여 달을 그려낸다'라는 홍운탁월(烘雲托月)의 묘수(妙手)로 고려 개국의 이면사를 풀어낸 이 책은 우리 시대 최고 고전으로 두고두고 회자할 것입니다.

사족(蛇足)으로, 필자는 도선국사가 탄생한 영암 구림(鳩林) 도갑사 아랫마을 평리에서 태어나 구림초등학교 재학 시절 매년 봄 · 가을 소풍을 도갑사로 갔고, 월출산 기슭의 도선국사 유허비(遺墟碑) 주변에서 철없이 뛰어놀았습니다.

말귀가 트이면서부터 도선국사 설화를 듣고 성장한 탓인지, 전설상의 인물이 아니고 '내 옆에 늘 살아 계신다'라는 느낌으로 살아왔습니다. 대학 시절 '풍수지리설'을 주제로 졸업논문을 쓰면서 새삼 그분의 위대성과 광범위한 영향력을 재인식하고, 고향에 대한 남다른 자긍심과 자신의 정체성을 확립하는데 크게 영향을 받았습니다.

500년 주기적으로 영암에서 국가적으로 큰 인물들이 배출됐다는 기록은 호연지기(浩然之氣)를 키우는 후학들에게 엄청난 영감(靈感)을 불러일으킬 것입니다.

그동안 '미완의 숙제'처럼 남아있던 도선국사 연구를, 구례 봉성산 허허당께서 대신해 주고 이렇듯 현창(顯彰)하여 주심에 고향 친구들과 함께 감사와 고마움을 담아 간곡한 상찬(賞讚)의 뜻을 전합니다.

아무쪼록 '부처님의 나라 지리산 봉성(鳳城)'이라는 구례에서 '고려' 창업의 비밀 코드를 천착, 경세가의 온축(蘊蓄)된 경륜(經綸)을 녹여낸 이 책이 우주 질서가 무너지고 정치 경제 사회가 난마처럼 얽혀있는 난세(亂世)에 한 줄기 광망(光芒)이 되어 희망과 꿈의 길잡이가 되길 기대합니다.

2025년 3월 25일 해동(海東) 박종렬(朴鍾烈)

추천사 2

감사할 일입니다. 끊임없이 오고 가는 인연이 있을 뿐입니다.

어느 해 여름 아버지를 여읜 아픔을 잊지 않습니다.

그 가을날 섬진강을 찾은 이래로 수시로 가르침의 지혜를 얻어 왔습니다.

현재 모든 사람뿐만 아니라, 저에게도 주어진 정치 · 경제 · 사회적 여러 여건이 무척이나 어려운 시기임을 체휼합니다.

특히나, 선 · 후천 우주 변환의 시대에 느끼는 혼란함이 혹독하게 느껴지는 현 시국입니다.

더욱이 나라 상황은 지역적 · 계층적 · 이념적으로 여러 가지 삶의 쟁점들이 심각하게 맞부딪치고 있는 위태위태한 위기 정국입니다.

절실히 통합과 화합 정신이 요구되는 시절입니다.

그래서도 상대방에 대한 사랑과 관용의 정신이 절실히 바라지는 2025년의 실질적 시대정신으로 요청된다고 판단합니다. 국민을 행복하게 하려는 혁명적 발상이 필요한 때입니다.

이 어려운 혼돈의 시대에 지리산 은자이시며, 섬진강의 지혜로운 현자이신 박혜범 선생님의 실제적 융합 사상을 책으로 접함에 감사함을 전해

드리고 싶습니다.

때때로 현 시국을 진단하는 봉성산 메시지는 우리의 통찰력을 깨우며 21세기 대한민국의 미래를 밝게 여미어 갈 것으로 생각합니다.

혜철국사와 도선국사 두 예언자적 선각자가 여러 도참과 풍수로 세상을 깨우치고 더 나은 세상을 만들기 위한 실천적 방편들과 방법을 풀이하셨습니다.

이 시대 창발적 사고에 천부적인 자양분을 갖추신 박혜범 선생님의 두 스승을 나라와 국민을 위한 정치개혁 기획자이며 시대와 민생을 좋은 방향으로 업그레이드시키는 혁명가라고 하는 독특한 해석이 돋보입니다.

그 가르침이 남북통일 시대를 이끌어 갈 디딤돌 사상이 되기를 은근히 기대해 봅니다.

이 시대 천하를 품고 싶은 대한민국의 기린아들은 이 책에서 제왕학적 천하 경륜의 시대적 지혜 얻기를 소망해 봅니다.

이 시대에도 혜철국사와 제자인 도선국사의 1,200여 년 전에 베풀어진 애민(愛民) 정신이 발현되기를 간절히 기원합니다.

2025년 따뜻한 봄날을 기대하면서, 따사한 곳에서

(南曉 尙義齋) 金 哲 작가 씀
남 효 상 의 재　김　철

제1부

진리의 빛으로 세상을 구한 혁명가 혜철국사와 도선국사 이야기

제2부

진실을 찾아서

진리의 빛으로 세상을 구한
혁명가 혜철국사와
도선국사 이야기

1 책을 발간하면서 쓰는 글

본문은 1,200년 전 번영하던 신라(新羅 기원전 57년 ~ 서기 935년 멸망(약 992년))가 끊임없는 권력다툼과 온갖 부정부패로 나라의 기능을 잃고, 국토와 국민이 셋으로 쪼개져 전란의 구렁에 빠질 것을 알고, 원효대사(元曉大師, 617~686년)가 전한 세상을 구하는 한 송이 진리의 법화(法華) 회삼귀일(會三歸一)의 연꽃을 들어, 왕건(王建 877~943년)으로 하여 후삼국을 통일, 고려를 창업하여, 세상을 구하게 한 혁명가 혜철국사(慧哲國師, 785~861년)와 그 뜻을 이어 혁명을 성공시킨 제자 도선국사(道詵國師 827~898년)의 이야기다.

단순한 전설이 아니다. 진리의 법 한 송이 아름다운 법화(法華) 회삼귀

맑고 푸른 하늘 흰 구름이 만든 형상이 많은 생각을 하게 한다.

일의 연꽃을 도참(圖讖)과 비보풍수(裨補風水)로 풀어내어 세상을 구한 역사다. 고려사(高麗史)를 비롯하여, 동리산 태안사와 조계산 송광사 사지(寺誌)는 물론, 많은 문헌에서 확인되는 정사(正史)이며 정설(定說)이다.

고려 태조 왕건은 혜철국사가 도선국사에게 비밀리에 전한 도참에 이른 대로 삼한을 통일하고 왕위에 올랐다는 태안사 사적을 바탕으로, 나라와 국민을 구한 혁명가 혜철국사와 제자인 도선국사가 도참과 비보풍수로 백운산(白雲山, 1,222m 옛 이름 백계산(白鷄山)) 남북에 절을 지어 실천했던 역사이며 핵심 도처(圖處)였던, (백운산 북쪽) 구례군 섬진강 강변에 자리한 오산(鰲山, 531m) 도선사(道詵寺 현 사성암)와 미점사(米岾寺) 그리고 (백운산 남쪽) 광양시 현무산(玄武山) 옥룡사(玉龍寺)와 백계산(白鷄山) 운암사(雲巖寺)가 가졌던 역사적 책무와 그 실체를 비롯하여, 어디에 있는 것인지 정확한 위치를 찾아 밝히고, 천 년 전 그랬던 것처럼 세상을 위하여 되살리려는 것이 목적이다.

조계산 송광사지(松廣寺誌)에, "고려 태조는 도선국사의 비참(秘讖)으로 3국(三國)을 토평(討平)하고 고려를 세웠다. 태조는 그 큰 은혜에 보답하고 나라를 튼튼히 하기 위하여 특별히 훈요(訓要)를 내려 삼보(三寶)와 사사(寺社)를 영원히 보호하게 하고, 선교(禪敎)로써 국가의 간성(干城)을 삼는 중, 특히 선종(禪宗)을 주숭(主崇)하여, 신라 말 당나라에 들어가 법을 받은 아홉 조사(祖師)를 추존하여, 구산선문(九山禪門)을 여니, 이는 회삼귀일의 대업을 성취한 도국(都局)이다"라고 기록하여 혜철국사와 제자인 도선국사의 역사를 분명하게 밝혀주고 있다.

이는 송광사도 혜철국사와 도선국사가 태안사에서 이룬 고려창업을 인정하고 있고, 1048년(고려 문종 2) 개성 곡령(鵠嶺) 북쪽에 세운 대안사(大安寺)를 고종(高宗, 고려 제23대 왕)의 명으로 최우(崔瑀)가 중건하고 개최한 법연(法筵)에서, 우리 태조대왕이 철사비요(哲師祕要) 즉 혜철국사가 은밀히 전한 요결(要訣)에 따라 종문(宗門)을 높이 믿어서, 이에 오백선찰(五百禪

刹)을 크게 열고 심법(心法)을 널리 선양하였다는 이규보(李奎報1169~1241
년)가 지은 대안사(大安寺) 담선방(談禪榜) 서두의 내용은 혜철국사가 도선
국사에게 비밀리에 전하였다는 도참과 비보풍수 즉, 세상을 개혁할 프로
젝트를 말하는 것으로, 동리산문 태안사 사적과 고려사, 그리고 도선국사
비문의 한결같은 기록은 역사가 사실이었음을 확인하여 주고 있다.

끊임없는 권력다툼과 그로 인한 온갖 부정부패로 신라가 망해가던 9세
기 중반 대략 1,160년 전 도참과 비보풍수로 백계산(白鷄山 백운산) 남쪽 현
무산(玄武山) 옥룡사에 3층 석탑을 세우고, 그 앞에서 두 마리 사자(獅子)
가 높이 치켜든 석등을 세상을 구하는 진리의 빛으로 밝혀, 나라와 국민
을 구하게 한 것이 혁명가 혜철국사와 제자인 도선국사였다는 역사의 확
인이다.

내가 진리의 빛으로 세상을 구한 혁명가 혜철국사와 제자인 도선국사
가 구례군 문척면 오산 도선사와 그리고 광양시 옥룡면 현무산 옥룡사와
백계산 운암사에 부여했던 책무와 역사를 알고, 지금까지 그 연구를 쉬지
않고 있는 것은 아주 특별한 인연이 시작이었다.

지금으로부터 40여 년 전 80년대 초 지리산 화엄사 도광선사(導光禪師,
1922~1984년)로부터 지리산에 전해오는 원효대사와 금강굴(金剛窟)에 관한
여러 이야기가 말 그대로 근거가 있는 것인지, 미신과 전설과 역사가 뒤
섞여 알 수가 없는 화엄사의 역사를 정확하게 규명하여, 누구나 글을 읽
고 쓰는 문명한 시대에 대비하여 달라는 당부와 함께 숙제로 받은 것이,
동리산문(桐裏山門) 태안사(泰安寺)에 관련된 비기(祕記)와 성덕산(聖德山)
관음사(觀音寺) 사적(事蹟) 등 필사한 몇 권의 낡은 책이었다.

그런 인연을 시작으로, 전설과 함께 원효대사가 전했다는 은밀히 전해
오는 세상을 구하는 한 송이 아름다운 법화 회삼귀일의 연꽃과 그것을 실
현하고 전하는 방편인 도참과 비보풍수를 연구하는 과정에서 알게 된 것
이, 백운산 북쪽 섬진강 강변에 자리한 구례군 문척면 죽마리에 소재한

오산(鰲山)의 역할과 암벽에 조성된 약사여래와 미점사와 도선사 그리고 백운산 남쪽 기슭에 자리한 광양시 옥룡면 운평리 현무산 옥룡사와 추산리 백계산 운암사가 가진 역사적 책무와 실체였다.

내가 처음 2006년 2월 "옥룡(玉龍)은 살아있다"라는 제하의 글로, 옥룡사의 올바른 역사를 세상에 드러내 거론한 계기는 백계산 동백숲 즉 운암사 동쪽 기슭에서 발굴된 통진대사(洞眞大師, 869~948년)의 유골을 도선국사의 유골로 조작하여 발표한 광양시의 옥룡사 발굴 조사가 근본에서부터 잘못되었음을 바로잡기 위함이었다.

이러한 사실을 언론사에 제보하여, 기자와 함께 현장을 답사하는 등 정확한 자료로 반박하는 글을 연속으로 10여 회 기고한 후, 2009년 1월 10일 천 년 전 동리산 태안사 승려들이 도모했던, 삼한통합의 역사인 태안사 사적을 정리한 책 "동리산 사문비보(桐裏山 沙門裨補)"를 출간하면서, 내용 가운데 "옥룡사(玉龍寺)는 현무산(玄武山)에 있다."라는 제하의 글로 요약하여 자료로 남긴 것은 오직 하나, 훗날 현무산 옥룡사의 역사를 올바르게 계승하려는 사람, 이른바 "인연이 있는 자(사람)"를 위한 내 마음의 안타까움이었으며, 오늘 다시 이 책을 쓰는 목적이고, 자료로 남겨두기 위함이다.

본문은 서두에서 밝혔듯이, 오랜 세월 각고의 노력 끝에 찾은 진리의 빛으로 세상을 구한 혁명가 혜철국사와 제자인 도선국사의 본모습을 바

하늘이 형상으로 내보이는 뜻이 궁금하다.

르게 전하고, 그들이 세상을 구하는 목적으로 심혈을 기울였던 일들, 즉 도참과 비보풍수의 핵심인 구례군 오산 도선사와 함께 광양시 현무산 옥룡사와 백계산 운암사의 위치를 찾아 밝히고, 실재했던 역사인 옥룡과 백계의 이야기를 널리 알리려는 목적의 글이기에, 나름 분명한 원칙을 가지고 기술하였다.

1. 어려운 도참과 풍수의 전문 언어와 옛 언어를 가능한 한 누구나 알기 쉬운 현대어로 풀어서 쓴다고 나름 노력하였으나, 성에 차지 않는다. 원뜻을 살리고 예상되는 시비와 불필요한 오해를 피하려다 보니 쉬운 일이 아니었다. 참고하여 읽기를 바란다.

2. 모든 문제 제기와 고증은 (역사든, 현실이든, 전설이든) 나름 확인한 사실을 바탕으로, 정사(正史)는 정사로, 정설(定說)은 정설로, 전설은 전설로 해석하고, 개인적인 사견은 사견으로 기술하였다.

3. 이상한 전설을 넘어서 허구가 돼버린 도선국사와 옥룡사를 논하는 자체가 정사와 야사는 물론, 밑도 끝도 없는 허황한 미신과 전설까지 동시에 다 논할 수밖에 없는 일이지만, 제기된 모든 문제에서 야사와 전설은 참고만 했을 뿐, 최종 결론은 정사인 사실과 정설 또는 증거를 바탕으로 반드시 기록과 현장을 확인하여 정리하였다.

4. 애초에 혜철국사와 도선국사가 중요한 부분을 도참으로 숨겨버린 탓에, 난해한 비문(碑文)의 해석은 가능한 한 도참과 풍수를 방편으로 사용했던 시대와 사람들이 쓴 것임을 참작하여 따랐다.

예를 들어 고려사에 전하는 비참(秘讖 비밀리에 전한 특급 비밀)을 비롯하여, 도선국사 비문 끝에 언급된 "획삼국(劃三國) 도처(圖處 비밀 장소) 개창삼국사(開創三國寺)"에서 보듯, 비문 자체가 도참과 혼재되어 있고, 비밀의 장소 즉 도참에 이르는 곳, 즉 하늘이 감추고 땅이 숨긴 곳에 지었다는 삼국사를 비롯하여, 당시 건립한 사찰들의 목적은 혜철국사가 제자인 도선국사에게 전한 도참과 비보풍수로 풀어내고 해석하는 것이 옳고, 정설이기에 그렇게 하였다.

5. 논박의 문제가 되는 특정 문자의 경우, 즉 언덕 강(岡)의 경우 산등성이 강(岡)의 속자이지만, 가능한 한 뜻을 분명히 밝히면서 획수를 줄여야 할 돌에 새기는 글임에도, 옛사람들이 획수가 많은 글자를 선택한 뜻이 분명하기에, 사실을 명확히 하는 의미로 강(岡)을 쓴 도선국사는 산등성이로, 강(崗)을 쓴 통진대사는 언덕으로 해석하였다.

이유는 분명하다. 굳이 애써 혜철국사와 도선국사가 숨겨버린 도처(圖處)를 찾아 풀어내는 도참의 풀이가 아니더라도, 누구든 사물이 보여주는 이면을 헤아려 보는 지혜로운 눈이 있는 사람이라면, 현무산 옥룡사에서 탑과 비가 있는 백계산을 바라보고, 동리산문 태안사에서 전설의 동리(桐裏, 봉황의 둥지 (부도지))를 바라보면, 내가 도선국사 비문의 사지북강(寺之北岡)을 절 북쪽 산등성이로 해석하고, 통진대사 비문의 백계산동지운암강(白鷄山東之雲巖崗)을 백계산 운암사 동쪽 언덕으로 해석하는 이유를 알 것이다.

6. 본문은 2006년 봄 도선국사 유골은 조작된 것임을 언론에 알리고 논박했던 사안들을 도선국사와 통진대사의 비문, 그리고 현장을 바탕으로 고증하고 논하는 것이기에, 관련 기록마다 고증과 해석이 같은 증거, 같은 비문, 같은 사진, 같은 설명으로 중복되고, 반복될 수밖에 없다는 점, 양해를 구하며 참고하기를 바란다.

7. 분명하고 확실하게 알아야 할 것은 다음 세 가지다. 첫째는 도선국사 자신의 비문에서도 밝히고 있고, 고려사를 비롯한 문헌들과 동리산 태안사와 조계산 송광사 사지에서 비참(秘讖: 비밀로 전하는 도참서)으로 왕건을 내세워 삼한을 통합, 고려를 창업하여, 나라와 국민을 구했다는 사실이다.

둘째는 비밀리에 전한 도참으로 고려를 창업했다 하였고, 결정적인 핵심 사찰들을 도처(圖處)로 숨겨버린 사실에서 보듯, 도선국사가 지었다는 도선답산가(道詵踏山歌) · 금낭가(錦囊歌) · 옥룡자유세비록(玉龍子遊世祕

錄)·도선비기(道詵秘記)·송악명당기(松岳明堂記) 등등 전해지고 있는 각종 저서는 후대에 혹세무민하는 사람들이 만들어낸 허구일 뿐, 도선국사가 직접 지어 전하는 책은 애초에 한 권도 없었다는 사실이다. 전국에 도선국사가 이러저러했다는 수많은 이야기가 많지만, 대부분이 전설이 된 도선국사의 이름을 의지한 것으로 허구라는 사실이다.

셋째는 통일신라 말기 난세를 치열하게 살았던 혜철국사와 도선국사는 장차 셋으로 쪼개져 전란의 구렁에 빠질 나라와 국민을 동시에 구하여 미래로 가는 길을 열어 준 선지자(先知者)이며 혁명가라는 사실이다.

흔히 말하는 혹세무민하는 술사(術士)가 아니라는 사실을 분명하게 알아야 보이는 것이 혜철국사와 도선국사의 참모습이고, 그들 두 사제가 삼한통일을 위해 마지막 비보(裨補)하여 성공시킨 현무산 옥룡사와 백계산 운암사가 맡았던 책무가 무엇이었는지를 알 수 있다는 의미다.

8. 본문은 천 년 전 혁명가 혜철국사와 도선국사가 나라와 백성을 동시에 구하는 결정적인 역할을 맡겼던 ① 오산과 도선사 ② 현무산과 옥룡사의 위치 ③ 백계산과 운암사의 위치 ④ 도선국사와 통진대사 탑과 비의 위치 ⑤ 발굴된 유골의 주인이 통진대사임을 세상에 알려 바로잡는 것이 목적일 뿐, 나머지는 찾아가고 확인하는 과정에서 발생하는 이런저런 군더더기들일 뿐이다. 본질과는 관련이 없는 것으로 시비하지 않기를 바란다. 주소와 주인은 하나지만, 찾아가는 길은 여럿이기에 하는 말이다.

9. 본문은 혁명가 혜철국사와 도선국사가 도참과 비보풍수의 마침표로 중시했던 현무산 옥룡사와 백계산 운암사의 정확한 위치를 찾고, 부여했던 책무와 그 역사를 올바르게 규명하고, 그 뜻을 다시 진리의 등불로 밝혀서 세상의 빛이 되게 하자는 목적으로 쓰는 글이다.

하여 가능한 한 많은 사람이 편하게 읽을 수 있도록 딱딱한 보고서와 지루한 논문의 형식을 버리고, 사실을 고증하는 관련 자료 출처 인용(引用) 표기와 각주(脚註) 등등을 생략하고, 본문에서 밝히고 설명하는 서술

형으로 썼다. (목적인 누구나 쉽게 읽고 이해해야 할 책이 어려워지고 방대한 분량이 돼 버리는 연유로 생략하였음)

그러므로 본문을 읽고 더욱 상세한 것을 알고 싶은 이들은 필요한 출처 인용 표기와 각주가 자세히 달린 필자의 저서 "동리산 사문비보(桐裏山 沙 門裨補)"를 참고하여 보기를 권한다.

10. 현장과 실물에 접근하여 마음대로 조사할 수 없는 개인의 처지에서 문화재 관련 당국과 발굴한 사학자들의 발표만을 근거로 하는 논증은 한 계가 있고 오류가 발생하게 되어 있다.

처음 20년 전 2006년 도선국사 유골이 가짜라는 논박을 시작으로 많은 주장들을 주고받는 과정에서 몇 가지 본질과는 상관없는 작은 오류가 있 었음을 발견했지만, 수정할 기회가 없었는데 이번 기회에 바로잡았음을 밝힌다.

11. 견지망월(見指忘月) 달을 보라고 손가락으로 가리켰는데, 손가락에 집착하여 본질인 달을 보지 못한다는 말이다. 관련자들은 질문과 반론을 본질로 한정하여 주기를 바란다.

2 고구려 고분벽화로 보는
현무산 현무와 백계산 백계의 의미

백계산 운암사 →

현무산 옥룡사 →

위성으로 본 현무산(玄武山) 현무(玄武: 거북이와 뱀이 한 몸이 된 것으로 북방을 지키는 신이다), 그리고 백계산(白鷄山) 백계(白鷄 흰 닭)의 모습이다. 보는 이들이 쉽게 이해할 수 있도록 포토샵으로 눈을 어지럽히는 주변을 제거만 하였을 뿐, 산의 모양과 위치 방향 거리는 원본 그대로다.

앞으로 전개할 본문의 내용을 한마디로 설명하면, 혁명가 혜철국사와 도선국사의 삶과 역사는 물론, 전라남도 광양시 옥룡면(玉龍面) 운평리(雲 平里) 현무산(玄武山) 현무(玄武: 거북이와 뱀이 한 몸이 된 것으로 북방의 신이다.)와 백계산(白鷄山) 백계(白鷄 흰 닭) 그 둘의 실체가 무엇이며 어디에 있는지, 옛 자료를 통해 정확한 위치를 찾아가는 고증과 설명이다.

읽고 이해하는 데 꼭 필요한 전제조건이 현무(玄武)가 무엇이고 백계(白鷄)가 무엇인지를 반드시 알아야 하기에, 옛 고구려 고분벽화와 산의 생긴 모양을 한 페이지에 담아 한눈에 볼 수 있도록 하였다.

과학 문명이 발달한 오늘날의 시각으로는 이해할 수 없는 황당한 일들이지만, 자연숭배사상이 사람들의 생활과 정신세계를 지배했던 아득한 옛날, 땅의 생긴 모양을 비롯하여 동물과 바위, 나무와 우물 등등은 물론, 구름과 천둥소리와 번개와 유성 등등, 허공인 하늘과 땅에서 벌어지는 모든 자연의 현상을 정령(精靈)이 깃든 것으로 신격화하여, 함께 어우러지던 시대의 문화이고 사람들의 이야기다.

하늘이 구름으로 만든 형상 현무(玄武 거북이)가 신기하다.

이러한 것들을 다른 차원에서 보면, 추진하는 어떤 일들을 널리 알리고 선양할 홍보의 수단도 없고, 공적인 정치든 종교든, 또는 개인이 어떤 사상이나 깨달은 학문의 뜻을 글로 써서 전할 도구와 인쇄술은 물론, 홍보의 수단이 발달하지 못했던 옛날, (지금도 별반 다른 것이 없지만) 도참과 비보 풍수는 가장 유용한 수단이었고 활용의 방법이었다.

대표적인 것이 전통 사찰의 이름과 주요 건물의 배치와 지명(地名)이다. 이 셋을 동시에 살펴보면, 처음 절을 지은 사람의 마음을 알 수가 있다. 이것이 이른바 지혜로운 자가 후대에 오는 인연이 있는 자를 위해 도참과 비보풍수로 진리의 법을 전하는 방법이다.

그러므로 궁궐이든, 사찰이든, 서원이든, 또는 왕릉이든, 사사로운 묘지든, 어떤 특정한 장소에 가거든, 오늘의 시각으로 보지 말고, 그 시대의 사람으로 돌아가서 보기를 권한다.

그러면 두 눈으로 보고서도 보지 못하는 것들이 보이고, 처음 그곳에 뜻을 세운 사람을 만나서, 그들이 전하는 재미있는 (솔깃한) 이야기를 들을 수 있을 것이다.

먼저 고구려벽화 현무도(玄武圖) 현무(玄武)의 설명이다. 풍수지리설에서 현무(玄武)는 북방을 지키는 신(神)으로 북쪽 방위를 맡고 있다. 수기(水氣)를 맡은 태음신(太陰神). 동방의 청룡(靑龍), 남방의 주작(朱雀), 서방의 백호(白虎)와 함께 사신(四神)의 하나다.

설명하면, 거북이와 뱀이 한 몸이 된 것으로 현무를 상징한다. 초사(楚辭) 원유(遠遊)의 보주(補注)에 "현무는 오래 산 거북이와 뱀이 동시에 도

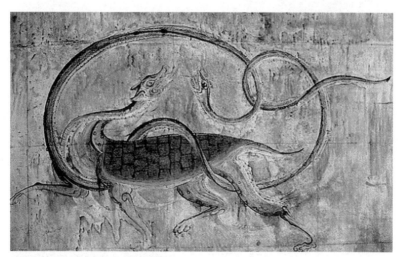

강서대묘(江西大墓)의 현무도(玄武圖)

를 깨처 둘의 몸이 하나로 합쳐진 것을 이른다. 물을 관장하며 북방에 자리 잡고 있으므로 현(玄)이라 이르고, 몸에 비늘과 두꺼운 껍질이 있으므로 무(武)라고 한다."라고 하여, 현무의 모양과 그 이름을 붙인 까닭을 말하고 있다. 앞의 현무산 위성사진과 비교하여 보면 똑같은 모습이다.

도선국사 비문에 의하면, 864년(신라 경문왕 4) 37세의 도선국사가 중건했다는 광양시 백계산(현 백운산) 옥룡사(玉龍寺)는 현무산 현무의 혈처(穴處)인 내성(內城)에 있었으며, 비문과는 달리 옥룡사 중건과 운암사 창건은 혜철국사가 시작하고 도선국사가 마무리하였다.

3층 석탑은 쌍사자석등과 함께 혜철국사가 장차 셋으로 쪼개져 전란의 구렁에 빠질 삼한(三韓 후삼국)을 안정시키려는 비보의 목적으로, 산과 절인 옥룡사를 하나로 묶어 북방을 지키는 불멸의 무신(武神), 현무(玄武)를 창조한 핵심으로, 현무산에서 똬리를 틀고 있는 옥룡(玉龍) 즉, 현무의 혈처에 세운 것이다.

설명하면 3층 석탑 앞에서 두 마리 사자(獅子)가 있는 힘을 다해 높이 치켜들고 있는 등불은 각각의 셋을 하나로 모아 진리의 세상으로 나가는 법화경(法華經) 회삼귀일(會三歸一)의 묘법을 도참과 비보풍수로 설치한 것으로, 하나로 모인 셋 즉 삼승(三乘)이 일승(一乘)으로 나가는 진리의 법, 즉 진리의 빛이다.

두 마리 사자가 높이 치켜든 석등은 세상을 구하는 진리의 등불로 세운 것이고, 진리의 빛, 즉 세상의 빛 광양(光陽)의 이름이 되었다.

① 847년 동리산 태안사에 주장자를 세운 후 ② 856년 백계산 북쪽 구례군 섬진강 남쪽 오산 암벽에 약사여래를 모신 것을 시작으로 ③ 미점사(米岾寺)를 세우고 ④ 858년 도선사(현 사성암) ⑤ 용성(龍城 현 구례읍 논곡리) 황룡사 ⑥ 864년 백계산 남쪽에 있는 현무산 옥룡사를 중건하고 ⑦ 이어 865년 백계산 운암사를 창건하였는데, 이 일곱 개의 도처(圖處)가 삼한비보(三韓裨補)의 핵심이다.

혁명가 혜철국사가 장차 전란의 구렁에 빠질 세상을 구하는 (후삼국을 통일, 고려창업) 도(道)와 방편을 도참과 비보풍수로 은밀하게 감춘 것으로, 핵심 전략이며 비밀기지다.

특히 사방이 가파르게 솟구친 험난한 현무산 능선에 형성된, 숲이 넉넉하게 우거진 깊은 골짜기와 넓은 분지를(전체 둘레 4㎞, 면적 488,823㎡) 풍수로 해석하면, 옥룡사 3층 석탑은 (보물 제112호) 그 앞에 있었던 쌍사자석등과 (국보 제103호) 함께 현무의 혈처(穴處, 자궁(子宮))에 세웠는데, 이는 나라에 닥치는 전란을 방비하고 지키는 비보풍수(裨補風水)의 핵심이다. 한반도 전체로 확대하면 광양 백운산에 해당한다.

예로부터 현무산에 산성(山城)이 있어 정토를 지켜온 것은, 능선에 형성된 골짜기와 넓은 분지는 비옥한 토질과 사계절 마르지 않는 풍부한 수량을 갖추었으며, 외부에서는 그 존재를 알 수 없는, 하늘이 감추고 땅이 숨긴 곳(도처), 천혜의 요새지였기 때문이다.

다음은 땅이 생긴 모습 그대로 본 현무산과 백계산의 설명이다. 사진에서 보듯 그 모습이 마치 남해(南海)에서 동천(東川)을 거슬러, 육지로 올라

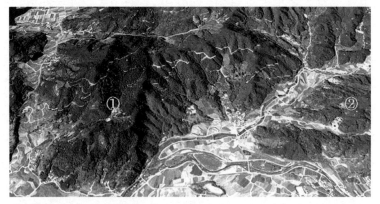

산의 생김이 거대한 거북이를 닮은 ① 현무산(玄武山) 현무(玄武)와 닭을 닮은 ② 백계산(白鷄山) 백계(白鷄)의 모습이다. ① 정남 → ② 정북이다.

온 거대한 (현무) 거북이가 서북(西北)으로 나가다 동쪽으로 머리를 돌려 백계산 백계를 지키고 있는 엄중한 모습이다.

진리의 법, 도를 전하는 도참과 풍수의 관점에서 보아도 최고의 방편이고 도구지만, 산의 생김이나 방위 등으로 인간의 길흉화복을 점치던 시대로 돌아가서 보면, 깜짝 놀랄 지형(地形)이고 지세(地勢)다.

이것을 전통적인 풍수 이론으로 설명하면, 현무산 현무로 하여 백계산 백계(白鷄)의 등에 타고 승천하는 신령을 지키고 보호하는 형국으로, 또는 닭이 알을 품고 있는 형국으로, 또는 수탉이 홰를 치는 형국이라고 한다. 한마디로 해석은 저마다 다르겠지만, 어떤 해석을 하든 전형적인 풍수의 교본이다.

이 현무산에 옥룡사(玉龍寺)가 있었고, 맞은편 북쪽 백계산에는 누구나 소원을 빌면 이룬다는 영험한 운암사(雲巖寺)가 있었다. 방위는 정남 정북이고 두 사찰의 거리는 대략 2.5km로 건강한 성인의 평균 걸음으로 30분 남짓이다.

시각적으로 옥룡사 뒷산 능선에서 백계산 운암사를 보면, 저만치 맞은편 북쪽 산 아래 흘러내린 언덕이고, 반대로 운암사에서 옥룡사를 보면, 고개를 조금 살짝 들고 보아야 하는 앞산 남쪽에 있는 가파른 능선이다. 옥룡사에서는 운암사가 훤히 보이지만, 운암사에서는 옥룡사가 전혀 보이지 않는다.

혜철국사가 영물인 거북이를 닮은 산과 영험한 절인 옥룡을 한 몸으로 만들어 북방을 지키는 무신(武神), 현무(玄武)를 창조한 것은 장차 셋으로 쪼개져 전란의 구렁에 빠질 나라와 백성을 구하고, 백운산에서 백두산까지 한반도를 안정시켜, 국민을 행복하게 하려는 혁명의 전략을 (액막이) 도참과 비보풍수로 숨긴 것으로 이것이 현무산이다.

설명하면, 옥룡사는 심장이며 두뇌의 역할을 하는 머리다. 3층 석탑은 거북이와 옥룡을 한 몸으로 묶는 핵심이고, 두 마리 사자가 힘껏 치켜든 석등은 나라와 국민이 나가야 할 길을 밝히는 진리의 등불, 세상을 구하는 진리의 빛이다. 즉 셋이 하나가 되어 진리의 세상으로 나가는 지침이다.

현무산이 처음이자 마지막으로 등장하는 유일한 기록은 통진대사(洞眞大師, 869~948년)가 사망할 당시의 상황과 장례를 지내고 탑과 비를 세우는 과정을 상세히 기술한 비문(碑文)뿐이다.

"엄연시멸우(儼然示滅于) 옥룡상원(玉龍上院) 옥룡사(玉龍寺) 상원(上院)에서 입적하였다. =중간생략= 시신야(是晨也) 어현무산영두(於玄武山嶺頭) 이날 새벽 현무산(玄武山) 능선 봉우리에서 4~5명의 어린아이가 우는 듯한 소리가 들려왔다. =중간생략= 익일(翌日) 봉천신좌어백계산감(奉遷神座於白鷄山) 다음 날 시신을 백계산으로 옮겼다."

통진대사 비문의 기록은 현무산과 옥룡사 그리고 백계산의 위치를 정확하게 알려주고 있다. 위성사진의 ①이 현무산 옥룡사이고 ②가 백계산 운암사다.

다음은 고구려 고분벽화 오회분 4호 묘, 천장 받침돌에 그려진 용과 학

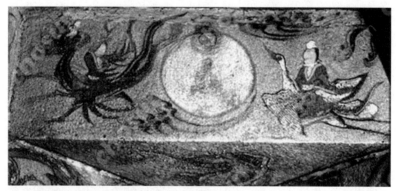

고구려벽화 용과 학을 타고 승천하는 신선도(神仙圖)다. 중앙에는 달을 상징하는 두꺼비가 그려져 있다. 학은 인간 세상과 천계(天界)를 오가는 영물이다.

을 타고 승천하는 신선도(神仙圖)와 광양시 옥룡면 추산리 동백숲 백계산 (白鷄山) 백계(白鷄) 즉 흰 닭을 닮은 산을 촬영한 사진이다.

처음 산을 점지하고, 세상을 구하는 마지막 한 수로 운암사를 지은 혜철국사의 마음은 아니지만, 옛사람들이 학을 인간 세상과 천계(天界)를 자유로이 오가는 영물로 보았던 사상과 문화를 이해하면, 저러한 땅에 집을 짓거나 묘를 쓰는 사람들이 무엇을 염원하였는지, 그 마음을 알 수가 있다.

무엇보다도 이러한 사상을 이해하면, 왜 그곳을 백계산(白鷄山)이라 하였고, 특히 운암사 동쪽에 자리한 통진대사와 도선국사의 승탑(僧塔)이 왜 거기에 있어야 하는지를 명확하게 알 것이다.

이른바 풍수설의 교조로 알려진 도선국사의 승탑이 있는 땅은 천하제일의 명당이라는 것인데 왜 그 땅을 선택했는지, 선택한 이유가 뭔지를 알 수 있다. 그 땅을 알면 그 땅을 선택한 사람의 마음 즉 뜻을 알 수가 있다는 의미다. (도선국사가 풍수설의 교조라는 것은 잘못된 학설이다.)

다만 문제는 다음 현장 사진에서 보듯이, 천하의 명당이라고 하는 땅자리를 보는 사람의 마음이다. 천계로 가는 학으로 볼 것이냐, 닭으로 볼 것이냐, 무엇으로 보느냐에 따라서 의미는 천양지차로 달라진다는 것, 이

광양시 옥룡면 추산리 303번지 백계산(白鷄山) 백계(白鷄)의 혈(穴)이다.

것이 문제이지만, 여기서는 백계산(白鷄山)이라는 이름 그대로 흰 닭으로 보는 것이 옳다. (흰 닭이 수컷이냐 암컷이냐 그리고 무엇을 하는 형국이냐는 것은 또 다른 문제이며 보는 사람의 마음이다.)

앞에서 설명했듯이, 고구려벽화와 동시에 보면 흘러내린 산의 생긴 모양이 신선도와 같은 것으로 날아가는 새의 형국이다.

그러나 저 모습을 상서로운 흰 닭 그 가운데 수탉이 홰를 치며 세상의 새벽을 알리는 것으로, 또는 암탉이 알을 낳고 우는 것으로, 또는 암탉이 알을 품고 있는 모습으로, 저 산의 생긴 모양이 무엇이고, 어떻게 보느냐 는 것은 오직 보는 사람의 마음이 있을 뿐이다.

재밌는 것은 산의 생긴 모습과는 상관없이 저 땅을 바라보는 사람의 마음에 따라서 정해진다는 사실이다. 학이든 암탉이든 수탉이든, 저 산을 보는 사람의 마음이 정한다는 의미다.

다음은 옛 지도에 나타난 현무산과 백계산, 그리고 현대 과학의 상징인 위성으로 보는 사진이다. 세 장의 사진을 동시에 보면 현무산과 백계산의 위치가 같은 것임을 한눈에 알 수가 있다.

동국여지승람에 "옥룡사와 운암사는 광양 백계산에 있다."라고 하였고, 1499년 제작된 동여비고 광양현 지도에서, 옥룡사는 거북이를 상징한 산에 있고, 운암사는 닭을 상징한 산에 있다.

이후 373년 뒤, 1872년 제작된 광양현 지도에서는, 거북이(현무)와 닭(백계)의 모습이 좀 더 세밀하게 그려져 있다. 다만 하나, 거북이 그림의 산에 있던 옥룡사가 사라지고, 백계산 운암사가 옥룡사로 바뀌어 있다.

1. 현무산 옥룡사 2. 백계산 운암사 3. 송천사 4. 백운산 정상 5. 구례 오산이다. 1499년 제작된 동여비고와 1872년 제작한 지도 그리고 위성사진을 보면, 3개의 자료가 동일한 것임을 알 수 있다.

여기서 중요한 것은, 동국여지승람에 "옥룡사 백계산에 있으니 당나라

1499년 제작된 동여비고다(상). 1872년 제작된 지도다(중). 위성으로 본 백운산의 모습이다(하).

함통(咸通) 5년에 도선이 세웠다."" "송천사(松川寺) · 운암사(雲巖寺) 모두 백계산(白鷄山)에 있다"라고 하였고. 현무 즉 거북이를 상징한 지도의 그림과 산의 모양은 물론 송천사의 위치가 1499년 제작된 동여비고와 같다는 사실이다. 이는 중흥사가 현무산 옥룡사임을 말해주고 있다.

결론은 간단하다. 산이든 사찰이든 이름과 기록은 시대와 사람에 따라 달라질 수 있지만, 산의 모양은 달라지지 않는다. 그러므로 1499년의 동여비고와, 1872년의 광양현 지도, 그리고 위성사진으로 확인하는 거북이와 닭을 상징한 산 셋 모두가 같다는 것은 현무산에 옥룡사가 있었고, 백계산에 운암사가 있었다는 증명이다.

수많은 증거와 중언부언의 설명이 필요 없이, 1499년 제작된 동여비고에 운암사와 함께 기록되어 있고, 광양시가 인정하고 있는 송천사(松川寺)의 위치와 거북이를 상징한 3장의 사진은, 현무산과 옥룡사 그리고 백계산과 운암사의 위치를 정확하게 알려주고 있다.

3 도참과 풍수의 참뜻

문득 일어나는 마음속 생각이든 또는 오래도록 생각하며 심사숙고한 일이든, 그것을 말과 글로 표현하는 것은 대단히 어려운 일이다. 특히 그것을 타인에게 알려 동의를 구하고, 또는 세상에 널리 알리고 뜻을 모으는 일이라면 더욱 그러하다.

어렵게 생각할 것 없다. 처음 마음속에서 이는 누군가를 사랑하는 마음을 상대에게 전하여 마음을 얻는 방법, 즉 말과 글 또는 꽃이든, 보석이든, 선물이라는 상(像)을 포함하여 무엇으로 상대에게 마음을 전하고, 마음을 얻을 것인가를 생각해 보면 된다.

그것이 무엇이든 마음에서 생각이 일고 떠오른 순간, 손에 든 스마트폰으로 온 세상에 뜻을 전하고, 인쇄술은 물론 홍보의 수단이 갖가지 최첨단으로 발달한 요즈음에도, 어렵고 어려운 일이 내 마음의 생각을 드러내 알리고 뜻을 모으는 일이다.

문명이 발달한 현대사회에서도 어려운 일인데, 글을 모르는 백성들이 대부분이고, 여기에 더하여 통신수단은커녕 종이를 비롯한 글을 쓰는 필기구 자체가 귀했고, 주변의 사람들은 물론, 일시에 그것도 정확하게 온 세상에 전할 방도가 없었던 아득한 옛날로 돌아가서 보면 답답하고 막막한 일이 이것이다.

인류사에서 글을 쓰는 종이가 보편화되기 이전과 이후에 달라진 것이 무엇인지, 그리고 인쇄술이 발달하기 전과 후에 달라진 인류사를 생각해 보고, 이제는 종이에 글을 쓰고 기계로 인쇄하여 사람을 통해 전파하는 것을 벗어나, 누구든 손에 든 스마트폰으로 자기의 의사를 글로 쓰고, 전파를 통해서 실시간으로 온 세상에 보내고 있는 지금의 시대를 비교하여 보면, 아득한 옛날 글을 쓰는 종이를 구하기 어려웠던 시대를 살았던 사람들이 뜻을 전하기 위해 얼마나 고심했을지를 알 수가 있다.

지혜로운 옛사람들이 이러한 장애와 한계를 일거에 뛰어넘어 나가는 방편으로 찾은 것이 자연의 현상을 활용하는 것이었고, 점차로 발전하여 이른바 상(想)을 상(像)으로 표현하고, 상(像)으로 상(想)을 전하는 것, 즉 말과 글로 다 할 수 없는 마음의 생각을 형상으로 드러내고, 형상으로 마음속 생각을 전하는 것으로 발달하였는데, 이것이 도참(圖讖)과 비보풍수(裨補風水)다. 알기 쉽게 풀이하면 대략 다음과 같다.

푸른 하늘에서 아름다운 천상의 선녀가 강림하는 모습이다.
오늘날의 시각으로 보면 자연의 현상이지만, 예나 지금이나 신앙 등 어떤 특정한 목적으로 활용하기에 따라서는, 좋은 도구가 될 것이다.

도참으로 뜻을 숨기고 풍수로 몸을 감추는 것이다.

도참으로 뜻을 일으키고 풍수로 몸을 드러내는 것이다.

스승이 제자들을 깨우치면서 후대에 자신의 법(法) 즉 사상이나 마음을 전하는 방편이 도참과 풍수이기도 하다.

이것을 사회적 또는 정치적으로 활용하면, 도참으로 민심을 일으키고 풍수로 뜻을 모으는 기술 즉 민심을 일으키고 모으는 방법이다.

이러한 연유로 도참과 풍수는 누가 언제 어떻게 사용하든, 사용하는 사람의 지혜와 역량에 따라 천변만화를 일으키는 도구다. 과학 문명이 발달한 현대사회에서도 마찬가지다. 응용하기에 따라 더 강력한 힘이 되기도 하고 사실이다.

도인(道人)이 사용하면 세상을 구하는 도(道)가 되고, 천박한 사람이 사용하면 천박한 물건이 되고, 강도가 사용하면 무서운 흉기가 된다. 사이비들이 사용하면 혹세무민하는 도구가 돼버린다.

이것이 오랜 세월 필자가 연구한 원효(元曉) → 혜철(慧哲) → 도선(道詵) → 무학(無學)으로 이어지는 진리를 전하는 전법(傳法)의 방편이고 정의이며, 고려를 창업한 왕건과 조선을 건국한 이성계가 민심을 모아 나라를 세운 방법이었다.

화엄사를 비롯하여 지리산 깊은 골짜기에 산재한 전통 사찰들은 물론, 하늘을 나는 새도 고개를 치켜들고 날아야 하는 험준한 설악산 봉정암(鳳頂庵)까지, 전국에 산재한 전통 사찰은 그 위치와 건물과 탑의 배치를 보면 저마다 창건주가 주장하는 종지(宗旨) 즉 도를 전하는 도참과 풍수의 활용이다.

"지금 세상에 살아있는 명당이 있는가?"

"천상천하 이 우주 어디에도 명당은 없다. 다만 끊임없이 오고 가는 (생멸(生滅)하는) 인연(因緣)이 있을 뿐이다."

위 문답은 아주 오래전 도선국사 풍수를 주제로 전국에서 내로라하는 사람들이 모인 토론에 참석했다가, 기자로부터 사적이든 공적이든, 살아 있는 명당이 있느냐는 질문에 응한 답변이다.

이 말의 뜻은 오랜 세월 갑론을박하다, 끝내 사이비들의 잔머리로 사달이 난 사건, 청와대가 길지(吉地)냐 흉지(凶地)냐는 논란에서 땅이 문제가 아니고, 사람 즉 선출되는 대통령들이 문제라는 뜻이다. 사실이 그렇다. 새로 옮긴 용산 대통령실과 한남동 관저도 마찬가지다.

청와대 전경이다.
당선된 대통령들 즉 사람이 문제임에도, 길지냐 흉지냐는 논란이 끊이지 않고 휘둘리고 있는 것은, 국민의 의식 수준이 여전히 미개함을 말해주고 있다.

근년에 대통령 집무실과 생활 공간인 청와대가 흉지라면서 취임과 함께 대통령 집무실을 용산으로 옮긴 일과, 지금 대통령 부부 주변에서 벌어지고 있는 탄핵 등 갖가지 한심한 일들은 전형적인 사기와 혹세무민의 표본이다.

백악산(白岳山) 청와대가 어떻고, 용산 대통령실과 한남동 관저가 어떻다는 사람들의 행태를 직설로 이야기하면 도참과 풍수를 빙자하여 우매한 국민을 기만하고, 세상을 속이는 혹세무민의 표본이다. 이것이 사람들이 맹신하는 잘못된 도참과 풍수다.

그러나 옛 선지자들 즉 원효대사 · 혜철국사 · 도선국사 · 무학대사로

한남동 대통령 관저다.
사람이 얼마나 어리석은지를 잘 보여주는 표본이다.

이어진 참된 도참과 풍수는, 사사로이는 내 마음을 편안케 하고, 공적으로
는 세상을 위하는 진리의 법을 전하는 방편일 뿐이다.

모든 일은 오직 마음이 지어낸다는 일체유심조(一切唯心造)와, 우주 만물
은 항상 생멸(生滅)과 인과가 끊임없이 반복 윤회하므로, 찰나의 순간도 한
모양으로 머물러 있지 않다는 제행무상(諸行無常)을 깨달은 선지자들이 전
하는 도참과 풍수의 참뜻은 세상과 사람을 동시에 구하는 진리를 전하는 법
이고 방편이다. 나라와 국민을 더 좋은 세상으로 이끌어가는 방법론이다.

처음 법을 전한 원효대사와 그 뒤를 이은 혜철국사, 도선국사, 무학대사
의 관점에서 보면 풍수를 빙자하여 청와대와 용산 대통령실 그리고 여의

새로 이전한 용산 대통령실이다. (옛 국방부 청사)
사악한 인간들과 어리석은 인간들이 공모한 잘못된 풍수의 폐해가 무엇이고 결과가
얼마나 무섭고 혹독한지를 잘 보여주고 있는 사례다.

도 국회의사당을 두고 좋은 길지라고, 또는 사악한 흉지라고 주장하는 사람들은 모두 혹세무민하는 사기꾼들로 보면 된다. 문제는 어리석은 사람들이 이걸 믿고 맹신한다는 것, 이것이 문제다.

"너희들은 내가 죽거든 탑을 세워 나의 유체(遺體)를 간직하거나 비를 세워 행적을 기록하지 않는 것이 또한 마땅하며, 그렇게 하는 것만이 나의 현복(玄福)을 짓게 하는 것이다."라고 유언한 통진대사의 기록에서 보듯, 도를 깨닫고 전하는 선지자들의 마음에는 집터와 묘터를 잘 잡으면 복을 받고 후손들이 부귀영화를 누린다는 풍수의 믿음은 100% 없다. 원하지도 않았다.

만일 진실로 도참과 풍수가 죽은 이를 이롭게 하고, 후손들을 잘살게 하는 것이라면 역대 고승들은 죽기 살기로 명당을 찾아, 영생을 꿈꾸며 시신을 매장하고 묘지를 관리하게 하였을 것이다.

그러나 모두 화장하여 한 줌의 재로 허공에 뿌렸다는 것은 그들 모두가 도참과 풍수를 세상과 사람을 구하는 방편으로, 또는 진리의 법을 전하는 방편으로 사용했을 뿐, 믿지 않았다는 증명이다;

승려들이 사망하면 시신을 화장, 타고 남은 뼈를 빻아 밥과 함께 버무려 새들의 먹이로 던져주었던 돌확 돌절구, 조장풍습(鳥葬風習)의 유물이다. 여기에 무슨 풍수를 논할 것인가? 본래의 자리로 돌아갔을 뿐 명당은 없다.

사주 관상을 비롯하여, 궁합과 풍수의 허구를 가장 잘 보여주는 대표적인 사례가 전국에서 최고라는 지관(地官)을 불러 자신들의 무덤(왕릉)을 만든 조선왕조 임금들이다.

　그 가운데 오늘날 우리가 광화문광장에 커다란 동상을 세워 민족 최고의 성군(聖君)으로 추앙하며 본받기를 교육하는 세종대왕을 들 수 있다.

　오늘날의 사람들이 가장 과학적인 사고로 깨인 정치를 했다고 평가하는 세종은, 사실은 사주 관상과 궁합은 물론 풍수설에 현혹되고 집착하여, 자식 농사를 망치고, 조정의 충신들을 살육당하게 한 대표적인 인물이다.

　세종이 의지한 당대 최고의 실력자들이 사주 관상과 궁합을 보고 결정한 자녀들의 결혼과 파탄은 할 말을 잊게 한다.

　그뿐만이 아니다. 큰아들 문종(文宗 1414~1452년 향년 37세)은 병고로 시달리다 단명하였다. 특히 둘째 아들 세조가 반란을 일으켜 충신들을 모조리 죽여 없애는 살육을 시작으로, 동생들을 (안평대군과 금성대군 그리고 친인척들) 죽이는 등 피비린내 진동하는 잔인한 골육상쟁을 벌인 끝에, 어린 왕인 조카 단종(端宗 1441~1457년. 향년 16세 세종의 손자)을 비참하게 죽이고, 왕위를 빼앗은 패륜과 역모를 어떻게 설명할 것인가? 사람이 할 수 없는 짓들을 한 것이 세종의 둘째 아들 세조다.

광화문광장 세종대왕 동상이다.

세종의 사례는 사주 관상과 궁합 그리고 풍수지리가 (주역도 포함) 얼마나 허황한 것인지를 잘 보여주고 있다. (세조는 자손이 끝내 멸절되었다) 세종이야말로 가장 어리석은 필부 가운데 한 사람이었다. 세종의 어리석음이고 사람들의 어리석음이라는 의미다.

천하제일의 명당이라는 소문을 듣고, 가야사(伽倻寺)를 불살라 아비 남연군(南延君) 이구(李球. 1788~1836년)의 묘(충남 예산군 덕산면 상가리, 충남 기념물 제80호)를 썼던 흥선대원군(興宣大院君) 이하응(李昰應, 1820~1898년) 또한 마찬가지다.

자신과 며느리와(민비) 아들인 고종, 그들이 권력다툼을 벌이며 저지른 온갖 부정부패와 매관매직, 그리고 아들 고종의 무능과 며느리 민비(閔妃)의 치욕적인 죽음, 말과 글로 다할 수 없는 치욕 끝에 맞이한 패가망신과 가문의 몰락, 즉 조선왕조의 멸망은 잘못 사용된 풍수지리의 폐해가 무엇인지를 분명하고 확실하게 입증하여 주고 있다.

풍수설에 관한 모든 이야기는 사건 사고가 발생한 이후, 필요한 사람들이 (혹세무민하는 사기꾼들) 그럴싸하게 꾸며내고, 또는 호사가들에 의해 만들어진 이야기가 유포되면서 사실이 돼버린다.

문제는 어리석은 사람들이 이걸 믿는다는 사실이다. 그것도 맹신한다는 것이다. 예나 지금이나 미신과 맹신이 판을 치는 세상은 어지럽고, 그럴수록 민생들은 사는 일들이 고통스럽고, 나라는 망국으로 드는 지름길이며, 지금 우리 시대 대한민국의 상황이다.

지진을 비롯하여 자연재해가 많지 않은 한국은 사후(死後) 세계 즉 묘지를 중시하지만, 시도 때도 없이 발생하는 지진과 태풍과 폭우와 화산 폭발 등등 일년내내 삼재(三災)에 시달리며 사는 일본은 살아있는 사람의 집, 즉 날마다 살아가는 삶의 터를 중시할 뿐, 죽은 자의 (무덤) 일에는 관심이 없다.

지난해 봄 흥행에 성공했던 풍수를 소재로 만든 영화 〈파묘〉는 사람들의 심리와 반일 감정을 교묘히 이용한 상술일 뿐이고, 어리석은 사람들이 홀려 관객으로 부화뇌동한 것이다.

　결론을 지으면, 원효대사 · 혜철국사 · 도선국사 · 무학대사로 이어진 도참과 풍수는 지금처럼 세세히 말과 글을 전할 수 없던 시대에 세상과 사람을 동시에 구하는 방편이고, 진리를 사람들에게 전하고 후대에 전하는 수단이었을 뿐, 사람과 세상의 길흉화복을 결정하는 술법이 아니다. 그런 효험은 없다. 그런 용도로는 사용하지 않았다.

　그러므로 도선답산가(道詵踏山歌) · 금낭가(錦囊歌) · 옥룡자유세비록(玉龍子遊世祕錄) · 도선비기(道詵秘記) · 송악명당기(松岳明堂記) 등등의 풍수 지침서들은 도선국사가 지은 것이 아니다. 모두가 훗날 혹세무민하는 사람들이 만들어낸 허구다. 자세히 살펴보면 책의 제목 자체가 후세 사람들이 지은 허구임을 말해주고 있다.

　사람이 자연을 의지하며 살아야 했던 아득한 옛날, 주역(周易)을 비롯한 사주와 궁합과 관상과 풍수 등등, 그 처음의 시작은 세상과 사람을 위하고 살리는 방편이었다.

　그러나 세월이 흐르면서 사람이 사람을 속이고, 세상을 속이는 도구가 돼버렸고, 선천적으로 사술(詐術)이 능한 사람은 개인의 끊임없는 탐욕과 망상을 역이용하여 돈과 재산을 갈취하는 등, 사악한 목적을 달성하는 수단이 돼버렸다. 개인적인 사익이든, 종교적 또는 정치적인 공익이든, 다 마찬가지다. 서양에서 유입된 사람의 운세를 점치는 "타로" 또한 같다. (재미로 보는 오늘의 운세 정도로 이해하면 된다.)

　본래의 목적인 세상을 이롭게 하고 사람을 살리는 목적 즉 방편으로 사용되는 것이 아닌, 사람을 홀려 금품을 갈취하는 등 유형무형의 대가(代價)를 받으면 혹세무민하는 사람이 되고, 어리석은 사람들은 속아서 패가망신한다. 결론은 사악한 사람들이 악용하고, 어리석은 사람들이 속아서

한강이 만든 자연의 쓰레기장에 자리한 여의도 국회의사당이다. 한마디로 쓰레기 더미 위에
인간들이 만들어 놓은 인간쓰레기장이다.

망할 뿐이다. 정치도 나라도 다 같다.

끝으로 한강이 만든 자연의 쓰레기장 여의도, 그 쓰레기 더미 위에 인
간들이 만들어 놓은 인간쓰레기장 국회의사당을 저잣거리에 떠도는 혹세
무민하는 풍수론으로 보면, 세상 온갖 더러운 쓰레기들이 끊임없이 모여
드는 쓰레기장이고, 정치적으로 보면 쓸데없는 온갖 잡것들, 뻔뻔하고 지
저분한 인간쓰레기들이 모여드는 건물이다.

이른바 사람이라고 할 수 없는 인간들, 일반인들은 당장 벌을 받고 쇠
고랑을 차야 할 범죄자들, 세상 온갖 부정하고 부패한 인간쓰레기들이 모
여 국고를 분탕질하며, 날마다 1년 365일을 쌈박질로 지새면서 국민을 피
곤하고 고달프게 하는 이유가 무엇인가?

국회의원들이 부정하고 부패한 탓인가?
땅이 부정하고 부패한 탓인가?
건물이 부정하고 부패한 탓인가?
한강이 부정하고 부패한 탓인가?
이도 저도 아니면 하늘이 부정하고 부패한 탓인가?

아무도 아무것도 탓할 것 없다.
국민이 어리석은 탓이다.
자업자득이다.

어리석은 국민이 스스로 저지르고 받는 업보일 뿐이다.

여의도 국회의사당을 도참과 풍수로 해석하면, 한강의 강물이 쉼 없이 흐르면서 온갖 쓰레기들을 시도 때도 없이 몰아오고, 때마다 1년 365일 날마다 온갖 잡새들이 날아드는 곳으로, 자연이 만든 쓰레기장이고, 국회의사당은 그 쓰레기 더미 위에 인간들이 만들어 놓은 인간불량품들을 모으는 인간쓰레기장이니, 온갖 인간쓰레기들이 모여서 서로 물고 뜯으며 지새는 것이 당연하다.

어렵게 생각할 것 없다. 한강은 대한민국이고 강물은 국민으로 해석하면 이해가 될 것이다. 문제는 오랜 세월 여의도에 켜켜이 쌓여 나라를 병들게 하고 국민을 고통스럽게 하는 국회의원이라는 더러운 인간쓰레기들을 깨끗이 치우고 청소할 방법이 무엇이냐는 거다.

부처와 예수가 다시 와도 못한다. 할 수 없는 일이다. 아마도 세상을 구하기 위해 왔다는 것, 즉 신분이 드러나는 순간 사람들이 죽여버릴 것이다. 그것도 아주 처참하게 죽여버릴 것이다.

그러나 이걸 도참으로 풀어보면, 여의도 더러운 인간쓰레기들을 일시에 깨끗이 쓸어, 청소하는 비법이 딱 하나가 있다.

그것은 주인이며 온갖 쓰레기를 가져다가 방치한 한강의 물이 범람하여, 더럽기 짝이 없는 국회의원이라는 인간쓰레기들을 일시에 그것도 한 방에 쓸어내서 물고기들의 밥으로 주면 된다.

말인즉슨, 작금의 정치적 혼란으로 인한 국가의 위기를 해소하고 국민을 살리는 길은 딱 하나, 민란이 일어나서 저것들 즉 전현직 모든 국회의원과 함께 이른바 법을 능멸하는 법꾸라지들 즉 전현직 판사와 검사와 변호사들을 모두 동시에 처단하고, 새로운 사람으로, 새로운 법치로, 새로운 정치로 다시 시작하여, 나라를 새롭게 하는 것뿐이다.

역사는 이것을 혁명이라 하고, 도참에서는 하늘의 뜻이라고 한다.

쉼 없이 자신을 깨우며 세상을 깨우치고 있는 풍경(風磬)이다.
이 또한 도참과 비보풍수의 작법으로 물고기들이 깨어있을 때나 잠을 잘 때에도 항상 눈을 뜨고 있는 현상을 통하여, 배우고 가르치는 깨우침의 설법이며 전법이다.

지금까지 거론한 몇 가지 사례에서 보듯, 자연과 사물에는 정(正)과 부(不)가 없다. 선과 악도 없다. 모든 건 사람의 일이고 사람의 탓이다.

결론을 지으면, 원효 → 혜철 → 도선 → 무학으로 이어지는 옛사람들이 전하는 진정한 도참과 풍수의 참뜻이 무엇이고, 거짓이 무엇이냐를 간단하게 정리하면 다음 2가지로 쉽고 분명하다.

먼저 지금 세상 사람들이 말하는 청와대가 어떻고 용산 대통령실과 관저가 어떻다고 주장하는 사람들 모두는 도참과 풍수를 모르는 것으로 삿된 거짓이다.

다시 말해서, 어떤 사람 또는 어떤 장소를 두고, 사주와 오행(五行)이 어떻고, 관상과 지세(地勢) 또는 기(氣)가 어떠하니, 어떤 성을 가진 사람 또는 어떤 관상을 가진 사람이 어떤 무엇을 하면, (건물을 짓거나 묘를 쓰거나, 또는 어떤 장사를 하거나, 어느 방향으로 대문을 내야 한다는 등등) 부자가 되고 또는 패가망신한다고 주장하는 사람들은 도참과 풍수를 빙자하여 사람을 홀리는 사악한 사기꾼들로 보면 된다.

진실로 도참과 풍수의 참뜻은, 세상을 구하고 사람을 살리는 법을 전하고 실현하는 방법론이다.

모든 사람이 알기 쉬운 대표적인 사례를 들면, 서울시 지명에서, 일본정부가 도참과 비보풍수로 조성한 일본인 집단 거주지를, 해방 후 다시 도참과 비보풍수로 깨버리고, 정확하게 활용하여 실현한 충무로(忠武路)다. (상대적인 것으로 일본과 한국의 관점에서 악용과 활용이 된다.)

일제 식민지 당시 정확히는 조선총독부 설치 이전부터 즉 1800년대 말기부터 일본 정부의 주도하에 야금야금 일본인들을 이주시켜 서울판 일본으로 만든 것이, 충무공 이순신 장군의 출생지였다.

이는 해양국 일본의 역사에서 가장 치명적이고 치욕적인 패배를 안겨준, 무패 무적으로 임진왜란을 끝장낸 조선의 명장, 이순신 장군을 욕보이고 조롱하면서, 독립을 외치는 조선인들의 기세를 꺾어버리려는 의도였다.

당시 (1914년 4월1일) 조선총독부가 조선팔도의 행정구역을 통폐합 재편하면서 전국의 주요 군명(郡名)과 지명(地名)을 고칠 때, 대부분은 조선인의 기세를 꺾어 죽이는 의도였는데, 이 자체가 도참과 비보풍수의 술법이었다.

치욕적인 을사늑약 훨씬 이전부터 이순신 장군이 출생한 땅에 일본인들이 이주 집단을 형성한 사실 하나만으로도, 일본의 조선 침탈이 얼마나 치밀하고 확고했는지를 알 수가 있다.

그리고 다시 1945년 8월 행방 후 1946년 10월 1일 일본식 지명(地名)과 동명(洞名) 정리 사업에 따라, 이곳 일본인들의 거리를 이순신 장군의 시호인 충무(忠武)를 따서 충무로(忠武路)라는 도로명으로 지어 오늘에 이어지고 있는데, 이것 역시 도참과 비보풍수의 작법이며 역할이고 활용의 정수다.

일본이 숨긴 의도를 정확히 간파한 우국지사들이 도참과 비보풍수로 일본이 숨긴 도참과 비보풍수를 깨버린 것이다.

우리의 관점에서는 일본이 악용한 도참과 비보풍수를 역으로 뒤집어서, 조선 최고의 명장 이순신 장군의 기운으로, 일본의 기세를 꺾고 대한 민국의 기개를 살리고 선양하는 활용이었으며, 다른 측면에서는 선대들이 저지른 뼈아픈 역사를 반성하면서 후대에 전하는 교훈이다.

부연하면, 중국인들의 집단 거주지를 을지로(乙支路)로 개명한 것 역시 612년(영양왕 23년) 저 유명한 살수대첩(薩水大捷)으로 수(隋)나라를 멸망의 구렁으로 내몰아버린 고구려의 명장 을지문덕(乙支文德) 장군의 기운을 빌어서 중국인들의 기세를 꺾고 나라의 기운을 바로 세우는 차원으로 충무로와 같은 의미이며 작법이다.

이것으로 전래하는 참된 도참과 풍수가 무엇이며, 무엇이어야 하는지를, 그리고 어떻게 활용해야 하는지를, 분명하게 알았을 것이다.

더는 사주와 음양오행이 어떻고 관상과 지세가 어떻다며 혹세무민하는 사악한 사람들의 사술(詐術)에 홀려, 스스로 패가망신하는 어리석은 사람이 되지 않기를 바란다.

4 혜철국사와 도선국사는
세상의 빛이 된 혁명가다

2025년 3월 11일 국보로 지정된 동리산문 조사(祖師) 혜철국사(慧哲國師 785~861년) 시호(諡號) 적인선사(寂忍禪師) 조륜청정탑(照輪淸淨塔)이다.

나라와 국민이 가장 어려웠던 시절, 진리의 빛으로 나라와 국민을 구하여 오늘의 광양(光陽)을 있게 한 혁명가 혜철국사와 도선국사를 알려면, 옥룡면에 소재한 광양시의 주산인 백운산(白雲山 1,222m) 옛 이름 백계산(白鷄山)의 역사와 책무가 무엇인지를 알아야 한다.

쉽게 설명하면, 호남정맥 제1봉이자 전라남도에서 지리산 노고단(老姑壇, 1,507m)과 만복대(萬福臺, 1,438m) 다음으로 높은 산, 백운산을 알려면 백계산을 알아야 하고, 백계산을 알려면, 9세기 중반 1,160년 전 백계산이 가진 전략적 중요성을 간파하고 백계산 남북에 절을 지어, 뜻을 일으키고 민심을 모아서, 세상을 구하는 섭리의 역사를 도참과 비보풍수로 기획 연출한 혁명가 혜철국사와 그것을 실행하여 성공시킨 제자인 도선국사의 실체가 무엇이었는지를 확실하게 알아야 한다.

결론은 혜철국사와 도선국사, 그리고 백계산과 고을의 이름인 광양 그리고 왕건의 고려창업까지 이들은 불가분의 관계로 하나, 한 몸이고 실재한 역사다.

정확히는 혜철국사가 광양 백계산을 무대로 세상을 구하는 혁명의 묘법을 도참과 비보풍수로 풀어내 기획 연출한 것으로, 큰 틀에서 보면 도선국사마저도 무대 위의 배우일 뿐이다.

한마디로 경주 출신 혜철국사가 섬진강 강변에 자리한 동리산문 태안사에 주장자를 세우고, 영산강 유역 영암 출신 젊은이 도선국사를 제자로 거두어, 그에게 무설지설(無說之說)과 무법지법(無法之法)의 법을 전했다는 것은 곧 세상을 구하는 진리의 법을 전하고 일을 맡겼다는 것이며, 바로 이것이 세상을 구하는 혁명을 성공시킨 도참과 비보풍수의 작법이다.

모든 일들이 도참과 비보풍수로 진리의 등불을 밝혀 세상을 구하게 한 혁명가 혜철국사의 치밀한 계획하에 이루어진 역사라는 의미다.

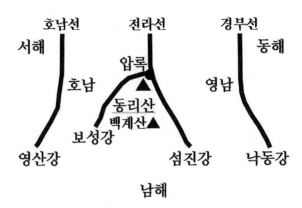

혁명가 혜철국사가 법화경 회삼귀일(會三歸一)의 묘법으로 중시한 ① 낙동강, ② 섬진강, ③ 영산강, 삼강(三江) 가운데 삼수(三水, 순자강 · 대황강 · 압록강) 즉 삼태극의 핵심을 현대적으로 되살려본 것이다. 법화경 회삼귀일 사상은 원효대사가 삼국을 통일하는 묘법이며, 핵심 전략이었고, 혜철국사가 도선국사에게 전하여 후삼국을 통일 나라와 국민을 구한 방법이었다.

의심할 것 없다. 이해를 돕기 위해 설명하면, 839년 당에서 돌아와 낙동강 유역을 두루 살핀 후 호남정맥의 서쪽 영산강 유역을 샅샅이 둘러본 후, 길고 깊은 골짜기 화순 이양면 증리 사자산문(獅子山門) 쌍봉사(雙峰寺)에 머물던 혜철국사가 846년 장보고(張保皐?~846년)가 암살되었다는 1년 후 847년 쌍봉사를 떠나, 호남정맥의 동쪽 삼수가 합하는 대황강(大荒江, 현 보성강) 깊고 깊은 골짜기 태안사(泰安寺 당시 대안사(大安寺))로 옮겨와 주장자를 세우고, 동리산문(桐裏山門)을 열어 대대적으로 중건한 후, 가장 먼저 은밀하고 조직적으로 벌인 사업이 도참과 비보풍수의 작법으로, 호남정맥의 끝 백계산 남북에 절을 지은 것은 결코 우연이 아니다. (무주별가(武州別駕) 염장(閻長)이 장보고를 죽였다는 기록만 있을 뿐, 반드시 있어야 할 물증이 없고, 이후 역사에서 드러난 정황도 그렇다.)

한반도 최대의 곡창인 호남을, 중심에서 동서로 가르며 남해안을 돌아와 백계산이 된 호남정맥과 호남의 동쪽을 영남과 가르며 온 백두대간이 만든 산악분지 사이를 흘러 남해로 드는 섬진강과, 그 중심에서 육지와 바다를 동시에 지키고 거두는 백계산은 하늘이 만들어 놓은 복지(福地)이고, 군사적으로는 천혜의 요새지다.

그림에서 보듯, 동쪽의 백두대간과 서쪽의 호남정맥이 만든 산악분지에 형성된 섬진강 유역은 한강 · 낙동강 · 금강 다음으로 큰 강이다.

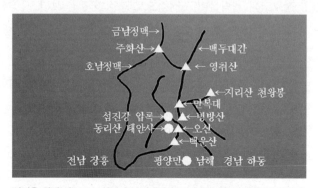

설명을 위해 선으로 그려본 호남정맥과 백두대간과 광양 백운산의 위치다.

북쪽에서 흘러온 섬진강과 남쪽에서 흘러온 보성강이 압록에서 만나 하나로 합수하여, 백두대간의 끝 병방산과 호남정맥의 끝 오산 사이를 지나, 백운산 북쪽과 동쪽을 돌아 흘러 남해 광양만으로 드는 중심에 자리한 광양과 백운산은 천혜의 요새지다.

남쪽의 여수시 반도가 가슴 깊이 안아 이중 삼중으로 지켜주고 있는 백운산과 옥룡사를 광양만과 하나로 묶어서 일을 도모하는 조건으로 보면, 동쪽의 관문인 임진왜란을 끝장냈던 노량해협은 경제활동과 적을 지키기에 더할 수 없이 좋은 조건이다.

특히 백운산으로 들어오는 (광양읍과 여수반도 사이) 바다 가운데 있는 섬을 언제부터 쥐를 잡는 묘도(猫島 고양이 섬)라고 하였는지, 기록을 찾지 못해서 단정할 수는 없지만, 백운산을 지키는 관점에서 도참과 비보풍수로 풀어보면 참으로 절묘하다. 기가 막히게 일치하고 있다.

혜철국사의 관점에서 보면, 해상왕 장보고(張保皐)의 본진인 청해진(淸海鎭)이 지키던 강진만(康津灣)보다, 즉 월출산(月出山)과 무위사(無爲寺)보다, 훨씬 더 좋은 조건이 광양만이고 백계산과 옥룡사였다.

부연하면, 신라 왕실의 기록을 보면 846년 염장(閻長)이 장보고를 암살했다는 기록만 있을 뿐, 반드시 있어야 할 물증, 즉 관례인 장보고의 시신을 확인했다는 기록이 없고, 이후 청해진을 비롯한 주변에서 벌어진 일들과 해상왕 장보고의 세력들이 조직적으로 움직인 것을 보면, 광양만은 청해진을 대체하는 더할 수 없는 요새지다.

이처럼 한반도 남부에서 최적의 조건을 갖춘 백계산을 알아본 것이 혜철국사였고, 847년 동리산 태안사에 터를 확보한 후, 은밀하고 치밀한 계획하에 막대한 자금과 인력을 동원하여 도참과 비보풍수의 작법으로 (856년부터 865년까지) 백운산 남북에 절을 지어 세상을 구하게 한 것은 탁월한 지혜이며 전략이었다.

의심할 것 없다. 이건 이렇고 저건 저렇다는 결정적인 자료는 없다. 그러나 당시 839년 당나라 유학을 마치고 돌아온 혜철국사를 중심으로 일어난 역사적 사건들과 이후 일어난 일들과 직간접으로 이어지는 관련된 인물들의 행적을 보면 알 수 있는 일이다.

처음 846년 청해진에서 암살되었다는 전남 영암군 출신 장보고(張保皐 ?~846년)를 정점으로, 경북 경주 출신 혜철국사(慧哲國師 785~861년) 그리고 이어지는 도선국사(道詵國師, 827~898년) · 형미선사(逈微禪師, 864~917년) · 통진대사(洞眞大師, 869~948년) · 최지몽(崔知夢, 907~987) 이들 영암 구림동(鳩林洞) 출신들이 담당했던 역할들과 고려 태조 왕건과의 관계를 보면, 결코 우연히 얽힌 단순한 관계가 아님을 알 수 있다.

여기에다 장보고를 필두로 (왕건을 포함) 이들 모두가 일체중생은 다 불성(佛性)이 있고, 그러므로 누구라도 그걸 깨달으면 부처가 된다는 법화경(法華經)의 신봉자들이고, 혜철국사가 동리산으로 옮겨와 무설지설과 무법지법의 주장자를 세우고, 도참과 비보풍수로 백계산 남북에 절을 지어, 세상을 구하는 핵심으로 삼은 법화경 회삼귀일의 사상과 고려창업을 연계하여 보면, 세상을 구하는 혁명의 역사가 어디서 시작되어 어떤 과정을 거쳐 이루어진 것인지를 한눈에 알 수가 있다.

다음은 당시 스승과 제자인 두 사람의 실체와 역할에 관하여, 역사가 전하는 사실의 기록을 바탕으로 간략하게 정리한 내용이다.

먼저 처음 역사가 전하는 동리산문(桐裏山門) 태안사(泰安寺 구 대안사)는 742년 2월 유가(瑜伽)의 조사(祖師)인 대현법사(大賢法師)가 처음 창건하고 대안사(大安寺)라 하였다.

이후 847년 당나라 유학을 마치고 돌아온 혜철국사가 화순 쌍봉사(雙峰寺 : 화순군 이양면(梨陽面) 계당산(桂棠山))에서 이곳으로 옮겨와 크게 중창하고 산문을 열어 구산선문(九山禪門)의 하나인 동리산파(桐裏山派)를 세우고, 도선국사에게 은밀하게 도참을 전하여 왕건으로 하여 고려를 창업하게 한 유서 깊은 절이다.

이를 증명하는 혁명가 혜철국사가 제자인 도선국사에게 세상과 사람을 동시에 구하는 진리의 법화(法華), 한 송이 회삼귀일(會三歸一)의 연꽃을 전한 동리산 태안사 사적 동리산기실(桐裏山紀實)의 기록이다.

玉龍道詵이 爲上首하야 因傳鉢焉하니라

옥 룡 도 선　　위 상 수　　　인 전 발 언

옥룡사 도선이 상수(上首)가 되어 혜철국사의 법을 전해 받았다.

상수(上首)는 대중 가운데 우두머리 또는 국사(國師)의 높임말이지만, 여기서는 혜철국사의 제자들 가운데 우두머리 즉, 기록 그대로 혜철국사의 법을 수제자인 도선국사가 전해 받았다는 뜻이다.

주목할 것은 옥룡도선(玉龍道詵)에서, 옥룡(玉龍)은 옥룡자(玉龍子)라는 해석도 가능하지만, 일반적으로 도선국사의 법호가 아니다.

동리산문 태안사 일주문과 이면(裏面)에 걸린 봉황문(鳳凰門) 현판이다.
847년 혜철국사 당시 이 문을 사문(沙門)이라 한 것은 봉황(鳳凰)을 도참으로 표기한 것으로, 세상을 구할 상제(上帝)가 머무는 도처(圖處)라는 뜻이며, 도선국사 비문에서 말하는 사도촌(沙圖村)이 여기 태안사라는 것을 분명하게 밝혀주고 있다.
태안사 남쪽 성기암 능선 넘어 골짜기가 외사리(外沙里)이며 지명이 지금도 있다.
의심의 여지가 없는 분명한 역사다.

"옥룡도선" 즉, "옥룡사 도선"으로 쓰는 사찰의 기록문화를 알지 못한 사람들의 무지에서 비롯된 것이다. 사적을 쓰는 사람의 주관이라고 하여도, 법호로 옥룡자를 써야 한다면, 왕으로부터 하사받은 선각국사(先覺國師)를 사용해야 하므로 맞지 않는다.

"혜철국사가 그의 총명함을 가상히 여기어 가까이 두고 지성으로 가르쳐 이른바 말 없는 말과 법 없는 법을 텅 빈 가운데 주고받으니 나이 23세(850년)에 환하게 깨닫고 혜철국사에게 구족계를 받았다."

=생략= "하늘과 땅의 이치와 세상의 일을 살펴보니 음기가 깃들어 백성들이 죽고 나라의 운수가 백육회의 때에 이르렀다. 이에 그 대비책을 상세히 풀어 간직하고 있던 도참이니 중히 여기고 받으라."라는 옥룡사 도선국사 비문의 내용과 일치하는 기록이니 틀림없는 역사다.

高麗藝祖가 謂以寂忍道詵之秘讖하야 逎合三韓하고 登大
고 려 예 조 위 이 적 인 도 선 지 비 참   내 합 삼 한   등 대

寶하야 勅建五百禪刹하고 嗣王承烈로 崇封禪宗하니 九
보   칙 건 오 백 선 찰   사 왕 승 열   숭 봉 선 종   구

山에 桐山이 據其一焉이라
산   동 산   거 기 일 언

고려 태조는 (적인) 혜철국사가 도선국사에게 비밀리에 전한 도참(圖讖)에 이른 대로 삼한을 통일하고 왕위에 올라 칙명을 내려 5백 개의 선찰(禪刹)을 법으로 정하고 왕위를 계승하는 후손들도 이 뜻을 이어받아 선종을 높이 받들게 하였는데 구산(九山) 중에 동리산이 그 첫 번째를 차지하였다.

혜철국사와 도선국사의 관계, 그리고 왕건과 고려창업에 관한 공적인 관계를 밝히는 기록이다. 또 다른 측면에서 도선국사와 왕건은 혜철국사가 만들어낸 작품임을 분명하게 선언하는 기록이다.

조계산 송광사지에, "고려 태조는 도선국사의 비참(秘讖)으로 3국(三國)

을 토평(討平)하고 고려를 세웠다. 태조는 그 큰 은혜에 보답하고 나라를 튼튼히 하기 위하여 특별히 훈요를 내려 삼보(三寶)와 사사(寺社)를 영원히 보호하게 하고, 선교(禪敎)로써 국가의 간성을 삼는 중, 특히 선종을 주숭하여 신라 말 당나라에 들어가 법을 받은 아홉 조사를 추존하여 구산선문을 여니, 이는 회삼귀일(會三歸一)의 대업(大業)을 성취한 도국(都局)이다"라고 하였다.

이는 태안사 사적의 내용이 사실임을 입증하는 것으로, 고려사를 비롯하여 많은 문헌에서 확인되는 정사이며 정설이다.

918년으로 시작되는 고려사절요 첫머리에 왕건은 도선국사의 신묘한 술법으로 제왕으로 태어났다. "태조의 나이 17세 때에 도선이 다시 와서 보기를 청하고서, '족하(足下)는 백육회(百六會)의 운수를 만났으니, 말세의 창생은 공이 널리 구제해 주기를 기다리오.'라고 하고, 곧이어 군사를 내고 진을 설치하는 데 필요한 지리·천시(天時)의 법과 산천에 제사 지내는 데 관한 감통(感通)과 보우(保佑)의 이치를 말하여 주었다."라는 기록에서 보듯이, 제왕의 교육까지 도선국사에 의해 이루어졌다는 기록은 태안사 사적의 진실을 증명하는 것이다.

또한 1048년(고려 문종 2) 개성 곡령(鵠嶺) 북쪽에 세운 대안사(大安寺)를 고종의 명으로 최우(崔瑀)가 중건하고 개최한 법연(法筵)에서, 우리 태조대왕이 철사비요(哲師祕要) 즉 혜철국사가 은밀히 전한 요결(要訣)에 따라 종문(宗門)을 높이 믿어서, 이에 오백선찰(五百禪刹)을 크게 열고 심법(心法)을 널리 선양하였다는 이규보(李奎報 1169~1241년)가 지은 대안사(大安寺) 담선방(談禪榜) 서두의 내용은 혜철국사가 도선국사에게 비밀리에 전하였다는 도참 즉, 세상을 구하는 혁명사업을 말하는 것이다.

동리산문 태안사 사적과 고려사, 그리고 도선국사 비문의 한결같은 기록은 역사가 사실이었음을 확인하여 주고 있다. 다음은 왕건이 박술희에게 남겼다는 훈요십조 가운데 제2조다.

"모든 사원은 도선이 산수(山水) 순역(順逆)의 형세를 추점(推占)하여 개창한 것이다. 도선이 말하기를 '내가 추점하여 정한 외에 함부로 더 창건하면 지덕(地德)을 손상시켜 왕업이 장구하지 못할 것이다.'라고 하였으니, 짐이 생각건대 후세의 국왕(國王)·공후(公侯)·후비(后妃)·조신(朝臣)들이 각기 원당(顧堂)이라 일컬으면서 행여 더 창건할까, 크게 근심스럽다. 신라 말기에 사탑(寺塔)을 앞다투어 짓다가 지덕을 손상시켜 망하기까지 하였으니, 경계하지 않아서야 되겠는가?"〈고려사절요에서 발췌〉

5백 선찰(禪刹)이라는 것은 훈요 제2조 첫머리에서 보듯이, 고려창업에 성공한 왕건이 도선국사의 유훈을 받들어 실시하는 강력한 불교개혁으로 재정비 존속시킨 사찰들을 말하는 것이다.

사적에서 훈요에 없는 5백 선찰이라는 구체적인 숫자를 밝히는 것은 당시 혁명가 혜철국사의 유훈을 받은 태안사 승려들이 불교개혁과 중흥을 주도했음을 말하는 것이다.

나머지 세간에 떠도는 도선국사와 헌강왕이 어떻다는 둥, 유사한 이야기들은 이 태안사 사적의 내용이 소문으로 떠돌면서 사람들이 저마다 필요에 따라 지어낸 허구들이다.

여기서 잠시 혜철국사와 도선국사로 이어지는 전격적이고 극단적인 국가 대개조 개혁의 실체인 5백 선찰에 관한 정책을 오늘날의 시각으로 설명하면 깜짝 놀랄 일이다.

당시 혜철국사의 유훈을 받은 동리산문의 승려들이 시행한 강력한 종교개혁 정책은 작금 21세기 빈익빈(貧益貧) 부익부(富益富)의 양극단을 심화시키고 있는 우리 대한민국의 현실에서 보면, 빈부의 격차를 줄이고 사회적 갈등을 해소하는 재원(財源) 확보와 생산적인 활동을 권장하는 것으로 국가 발전의 모범 답안이다. 단순한 도참과 풍수설이 아니다.

삼한을 통일, 고려를 창업한 태조 왕건이 가장 먼저 적시한 〔극단적인 정책) "신라 말기에 사탑(寺塔)을 앞다투어 짓다가 지덕(地德)을 손상시켜 망하기까지 하였으니, 경계하지 않아서야 되겠는가"라는 이 말이 원인이고 해결의 답이다. (이것이 통일신라의 저잣거리에 즐비했던 사찰이 산중으로 들어간 결정적인 이유다.)

백성들이 거주하고 농사를 지어야 할 좋은 땅에다 너도나도 다투어 사찰을 짓는 바람에, 백성들이 땀 흘려 일해야 할 토지의 효용가치를 없애버리고 생산성을 떨어뜨리는 것은 물론, 종내에는 백성들의 생활을 궁핍하게 하고 나라의 경제를 어렵게 하여, 온갖 부정부패로 망하는 원인이 되었다는 사실이다.

자유롭게 자기의 농사를 지어야 할 백성들이 호족(豪族)들과 한통속이 되어, 거역할 수 없는 세력이 돼버린 사찰에 노동력을 제공하고 밥을 비는 노비의 신세가 돼버렸다는 뜻이다.

왕건의 훈요 가운데 핵심 내용을 21세기 우리 시대로 가져오면, 온 나라 방방곡곡 골목골목마다 줄지어 늘어서서, 일방적인 부(富)의 축적으로 국가의 부를 편중시키고 생산성을 왜곡시키면서, 자신들이 속한 종파적 이익에만 혈안이 된 교회와 사찰은 물론, 모든 승려 · 목사 · 신부들에게 세금을 부과하는 조세 혁명을 이루어, 국가의 백년대계를 새롭게 다지는 초석으로 삼아야 할 역사의 가르침이다.

본래 종교적 성직이란 청렴과 자기희생의 봉사여야 함에도, 성직이라는 미명으로 일부 몰지각한 대한민국 승려 · 목사 · 신부들이 이기심으로 저지르고 있는, 극심한 사치와 교만과 온갖 탐욕은 물론이거니와 정치와 결탁하여 국가와 국민의 기반을 흔들고, 국가 발전을 가로막고 있는 작금의 상황은 신라와 고려가 망하던 시대와 똑같다.

더 늦기 전에 바로잡아야 한다는 의미다. 혜철국사와 도선국사를 깨워서 지금 우리 시대를 진단하게 한다면 똑같은 처방일 것이다.

신을 매개로 이름 지어진 성직자들은 무엇이든 하늘에 던져 땅에 떨어지는 것을 모두 신이 자신들에게 준 것이라며 갖지 말고, 신이 던진 땅으로 돌려주고, 자신들이 믿는 신 앞에 더욱 겸손하고 청렴해야 한다는 명쾌하고 무서운 가르침이며, 정치와 사회를 동시에 개혁하는 실천의 묘법이다. 오늘을 사는 우리가 반드시 배우고 가르쳐야 할 역사의 교훈이다.

굳이 아득한 옛적에 세상을 바르게 구하는 핵심과제의 하나인 종교개혁을 오늘 우리 시대로 끌어와 배우고 가르쳐야 한다고 강조하는 것은 혜철국사와 도선국사가 단순한 술사들이 아니고, 진실로 나라와 국민을 위하는 정치개혁의 기획자들, 시대와 민생을 더 좋은 미래로 끌어간 혁명가였음을 알리는 것이다.

寂忍下에 又有如公하고 如는 傳廣慈大師하니라
적 인 하   우 유 여 공   여   전 광 자 대 사

혜철국사는 법을 여(如)선사에게 내려주고. 여선사는 광자대사(廣慈大師)에게 전하였다.

여기서 얼핏 보면 혜철국사 밑에 또 여(如)선사가 있다고 하여, 여선사를 혜철국사의 후배이거나 또는 도선국사가 아닌 제3의 존재로 볼 수도 있다.

그러나 전체 문맥을 보면, 3대를 걸쳐 법을 전(傳)했다는 기록이므로, 전했다는 하나의 뜻을 가지고 하(下)와 우(又)로 다르게 표현한 것은, 하(下)는 상하 사제(師弟)간의 예법상 내려 "주다"의 뜻이 되고, 우(又)는 뒤에 온 전(傳)의 반복된 행위를 피하려고 쓴 것으로, 스승과 제자 사이의 일을 예를 갖춰 쓴 것이다.

1927년 10월 정호선사(鼎鎬禪師 1870~1948)가 필사한 동리산기실은 물론 여러 문헌에서 혜철국사 · 도선국사 · 광자선사 세 선사가 머무르며 법을 전한 곳이라고 밝히고 있다.

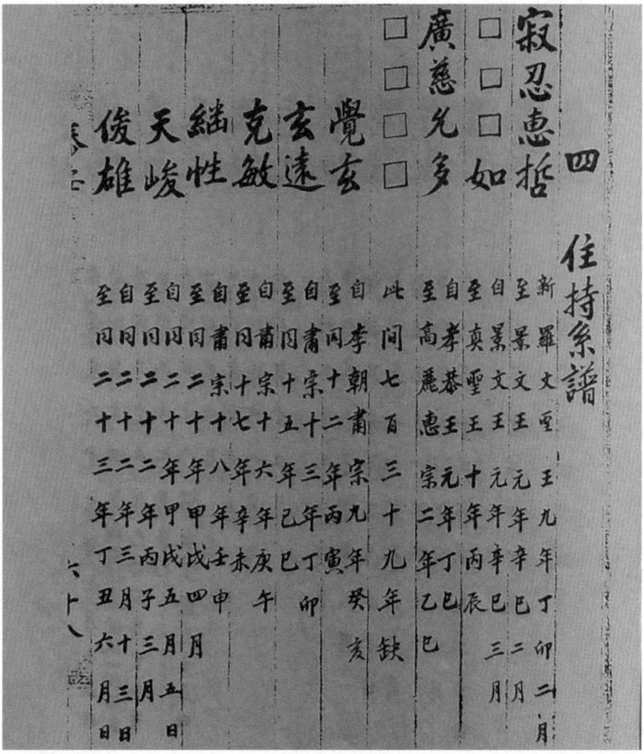

寂忍惠哲

廣慈允多

俊雄 天峻 緇性 克敏 玄遠 玄玄 覺玄 如多 如

住持系譜
四

（The image contains a vertical-text 住持系譜 genealogy chart with Chinese characters and dates.）

동리산 태안사 주지 계보다. 어떤 사고가 있었는지 광자대사 이후 739년 동안의 기록이 결락되어 전하지 못하고 1683년(숙종(肅宗) 9년)부터 이어져 있다.

누구라도 조금만 관심을 가지고 살피면 태안사 사적 주지계보(住持系譜) 명단에 결락된 "□□□여(如)"가 도선국사임을 간단하게 알 수 있지만, 그 이유를 설명하려면 상당히 난해한 문제가 또한 이것이다.

태안사 사적 주지 계보 명단을 보면, 다음과 같이 기록되어 있다.

1. 혜철국사 847년(문성왕 9) ~ 861년(경문왕 1) 2월
2. "□□□여(如)" 861년(경문왕 1) 3월 ~ 896년(진성왕 10)
3. 광자대사 897년(효공왕 1) ~ 945년(혜종 2년)
4. □□□□은 1683(숙종(肅宗) 9년) 기록이 다시 이어질 때까지 광자대사 이후 739년 동안의 명단이 (결락) 빠지고 없다는 뜻이다.

번호는 이해를 돕기 위해 내가 붙인 것이다. 사찰의 기록문화로 보아, 분명 나란히 있었을 세 사람의 기록 가운데 2대 도선국사인 "□□□여(如)"만 의도적으로 삭제되어 있다.

태안사 제3조인 광자대사의 탑과 비와, 그 기록이 상세히 전하는 것과 비교하여 보면, 당연히 있어야 할 도선국사의 기록이 태안사에 없다는 것은 삼한이 통일되고 고려가 안정된 어느 시절 방편인 도참을 신봉하면서 도선국사를 교조(教祖)로 삼은 제자들 즉, 옥룡사파(玉龍寺派)를 개산조 혜철국사의 신성(神聖)을 부정하고, 공적(功績)을 가로채는 무례한 집단이며, 선종(禪宗)의 정통성을 훼손하는 외도(外道)로 규정하여 태안사 동리산문에서 파문시켰음을 의미한다.

반대로 옥룡사파는 도선국사를 조사(祖師)로 삼아 독자적인 종파로 독립하였음을 의미한다.

불교에서 조사(祖師)는 한 종파를 세워서, 그 종지를 열어 주장한 사람의 높임말로, 개조(開祖)·초조(初祖)·원조(元祖)라고 하며, 선종의 달마대사와 같은 사람으로, 동리산파를 세운 혜철국사가 이에 해당하는데, 혜철국사의 제자인 도선국사에게 감히 조사의 칭호를 사용한 것은 곧 후대에 도선국사를 중심으로 하는 일파가 태안사에서 파문 추방되었거나, 또는 분파하여 독립했다는 증거다.

설명하면, 태안사 사적에 "옥룡사 도선이 상수가 되어 혜철국사의 법을 전해 받았다."라고 하였는데, 도선국사를 칭하여, 옥룡도선(玉龍道詵)이라 한 것은, 옥룡사 도선이라는 뜻이다.

이는 곧 어떤 연유인지 알 수는 없지만, 도선국사가 옥룡사파의 조사(祖師)임을 태안사가 인정하고 있다는 뜻이다. 스승인 혜철국사와 제자인 도선국사와는 상관없는 것으로, 후대에 추종하는 승려들이 벌인 분란, 분파의 결과다.

다른 측면에서 보면, 도선국사 이후 승속은 물론이거니와 양반 상민 너나없이 두 눈에 불을 켜고 찾았을, 자자손손 부귀영화를 누린다는 도선국사의 비기로 인하여, 시도 때도 없이 시달렸을 태안사의 처지에서 보면, 당연한 일이라고 할 것이다. 이것이 태안사에서 도선국사에 관한 모든 흔적이 사라진 이유다.

특히 조선조에 들어와 1417년(태종 17) 도참서(圖讖書)의 유포와 소지를 금지하는 영을 내리고, 음양과 도참 관련 서적들을 불사른 것을 시작으로, 1499년(연산(燕山) 5)에는 구례현의 배목인(裵目仁) · 문빈(文彬) 등이 참언을 만들어 역모를 꾀했다고 하여 참살하고, 구례현을 폐하여 유곡부곡(楡谷部曲)으로 격하여, 남원부(南原府)에다 귀속시켜 버렸다.

이후 정여립(鄭汝立)과 엮은 정감록은 물론이거니와, 조선 518년 동안 온갖 사화(士禍)와 크고 작은 옥사(獄事)에 이르기까지, 도참의 비결로 인하여 태안사가 받았을 의심과 탄압은 충분히 짐작할 수 있는 일들이다. 태안사에서 도선국사의 흔적이 사라질 수밖에 없는 이유라는 의미다.

처음 도선국사의 법호를 기록으로 찾아보면, 872년(경문왕 12년) 8월 14일 혜철국사의 비를 건립한 사문(沙門) 신종(辛宗)이 바로 도선국사다. 오랜 세월 연구해 온 나의 결론이다.

동리산 승려들을 대표하여 혜철국사의 비를 세워 주기를 왕에게 상소하고, 비문의 끝에 서명한 사문 신종이 도선국사라는 증거는 도선국사가 태안사에 들어가는 847년부터 혜철국사의 비를 세우는 872년까지의 기록을 보고, 광자대사가 주지직을 인계받은 기록을 보면 잘 알 수가 있다.

856년 29세에 신인(神人) 즉, 혜철국사를 따라 구례 오산 바위 봉우리 절벽에 약사여래를 조성하고, 이어 미점사를 세운 것을 시작으로 858년(헌안왕 2년) 31세에 구례 도선사(道詵寺)라 하였다.

이후 혜철국사를 따라 승려들과 함께 전란으로 나라가 셋이 될 것을 미리 알고, 도참에 이르는 곳에 삼국을 통일할 절을 세웠다는 기록을 끝으로, 언제나 도선국사와 함께 있던 혜철국사 즉, 신인의 존재가 사라졌으며, 아울러 계속되던 도선국사의 불사도 중단되었다.

이것은 861년 2월 6일 혜철국사가 (열반) 사망한 시기와 일치하는 것으로, 혜철국사가 제자인 도선국사를 데리고 일들을 진행하고 있었다는 기록이며 증명이다.

그러나 중단됐던 도선국사의 행적이 861년 혜철국사가 열반하고, 그 3년 후 864년(경문왕 4) 37세에 광양 백계산 옥룡사를 중수하면서 나타나는데, 이것은 제자인 도선국사가 스승인 혜철국사의 삼년상(三年喪)을 지냈다는 뜻이다.

혜철국사 사후 모든 일들을 주관하면서, 왕명을 받들어 872년(경문왕 12) 8월 14일 비를 세운 사문(沙門) 신종(辛宗)은 혜철국사 제자들 즉, 동리산문을 대표하는 우두머리 즉, 상수의 이름이며, 이 상수가 바로 사적에 기록된 "옥룡사 도선이 상수가 되어 혜철국사의 법을 전해 받았다."라는 도선국사다.

"사문(沙門) 신종(辛宗)"을 도참으로 풀어보면 새로운 세상, 새로운 왕조 즉 새로운 나라를 창업하는 막중한 소임이 있는데, 이는 결코 우연이 아니다.

도선국사 비문을 보거나, 태안사 사적과 고려사를 비롯한 문헌들이 말하는 혜철국사의 관계와 일치하므로, 법호 신종(辛宗)은 스승인 혜철국사로부터 받은 것이며, 혜철국사가 맡긴 사명(使命)으로 반드시 실천 완성해야 할 도선국사의 책무였다.

태안사 사적에 기록된 주지 계보에서 조사인 혜철국사가 문성왕 9년(847)부터 경문왕 원년(861) 2월까지 하였고, 2대 "□□□여(如)"가 경문왕 원년(861) 3월부터 진성왕 10년(896)까지 하였으며, 3대 광자대사가 효공왕(孝恭王) 원년(897)부터 고려 혜종 2년(945)까지 하였다고 기록되어 있다.

여기서 말하는 2대 "□□□여(如)"가 바로 혜철국사의 상수인 신종(辛宗) 즉, 도선국사라는 것은 861년 2월 77세의 나이로 열반한 혜철국사의 뒤를 이어, 다음 달 3월 주지직을 승계한 사실만 보아도 알 수 있다.

앞의 글자가 결락되어서 정확한 법호는 알 수는 없으나, "□□□여(如)의 주지직이 861년(경문왕 원년) 3월부터 896년(진성왕 10)까지 혜철국사가 열반한 861년 2월부터 도선국사가 열반하기 2년(898) 전까지 존속되었다는 것은 우연이 아니다.

뒤이어 주지직을 승계한 광자대사가 897년부터였으니, 혜철국사에서 도선국사를 거쳐 광자대사에 이르는 시간과 주변의 정황이 정확하게 일치하고 있다.

896~897년 사이 이때 만일 누군가 사망하거나, 직무를 수행할 수 없는 특별한 상황이라면, 당시 급박한 상황에서 막중한 태안사의 주지직을 1년 동안 비워 둘 수 없음에도 불구하고, 1년을 비워 두고 있었다는 것은 그 자리를 비워 두어도 좋을 상황이었으며, 그 상황은 광자대사의 입장에서 감히 살아있는 스승(도선국사)의 자리를 넘죽 받아들일 수 없는 겸양의 시간으로 해석하는 것이 옳다.

또 하나, 옥룡사 비문에서 이상한 것은, "효공왕이 듣고 슬퍼하며, 특별히 요공선사(了空禪師)의 시호를 하사하고, 탑 이름을 증성혜등(證聖慧燈)이라 하였다."라고 했으며, 신라왕은 물론이거니와, 고려의 역대 왕들이 내린 시호까지 기록하였으면서, 고려를 건국한 왕건이 건국의 아버지라 할 수 있는 스승 도선국사에게 당연히 바쳐야 할 시호가 없다는 것은 상식 밖의 일이다.

따라서 "□□□여(如)"에서, 앞의 결락된 글자는 알 수 없으나 끝의 여(如)는 불교에서 시공을 초월하여 변하지 않는 자체 제법(諸法)의 본체(本

신종(辛宗) 즉 도선국사 것으로 추정되는 승탑이다. 광자선사의 탑과 함께 동리산 태안사 전설의 동리(桐裏)에 있었던 것으로 보아 가능성이 높다.

體)를 뜻함으로 미루어 보건대 최고의 존경이 담긴 법호임을 짐작할 뿐이지만, 당대에 이런 대접을 주고받을 인물이라면, 도선국사와 왕건뿐이니, "□□□여(如)"는 왕건이 내린 시호 여부를 떠나서, 관계된 주변 사람들의 행적을 살펴보면 동리산의 상수였던 도선국사다.

무엇보다도 광자대사 비문에 "법조(法祖)이신 서당지장(西堂智藏735~814년)이 혜철국사에게 법을 전하였고, 혜철국사는 열반하신 여(如 도선국사) 선사에게 전하였으며, 여(如)선사는 우리 스승(광자대사)님에게 전하였으니, 곧 서당의 증손이시다."라고 하여, 도를 전한 인맥을 밝혔으니, □□□ 여(如)가 혜철국사의 법을 전해 받은 도선국사라는 사실은 추호도 의심할 바가 없다. 곧 사문 신종이 도선국사다.

즉, 혜철국사의 의발(衣鉢)이 즉 법이 이미 도선국사에게 전해졌는데, 후계자인 광자대사 비문에 의발을 전한 인맥을 밝히면서, 혜철국사가 □□ □여(如)에게 의발을 전하였다는 것은 □□□여(如)는 도선국사의 또 다른 법호임을 말하는 것으로 □□□여(如)가 도선국사라는 역사의 확인이다.

국사의 법호가 옥룡사 통진대사의 비문에 도승화상(道乘和尙)으로 바뀐 것은 864년 이후 옥룡사를 중수하고, 백계산 운암사를 건립하면서 스승인 혜철국사의 뒤를 이었다는 도선국사의 선언이며, 곧 자기완성을 뜻하는 것으로 이 또한 국사의 법호다.

불교에서 흔히 비구계를 받는 것은 한 사람이 승려가 되었다는 공식적인 인정일 뿐이고, 법을 받았을 때 비로소 도(道) 즉, 자기완성을 이룬 것으로 보는 것이 일반적인 관례다.

예로부터 누구나 처음 승려가 되면 삭발하고 받는 법호를 사용하지만, 스승 또는 어느 문파의 법을 이은 법제자가 되면 또 다른 법호를 받는 것이 관례이며, 사후(死後) 그 공적을 칭송하여 임금 또는 문중의 고승들이 추증하는 법호가 있음을 안다면 이해될 것이다.

다른 한편에서는, 승려들이 자신이 머무르는 산천의 풍수를 따라서, 또는 스스로 변화하는 마음을 따라 법호를 바꾸거나, 자신의 문파를 세우면서 법호를 바꾸는 경우도 허다한 일이다.

당장 이 동리산기실(桐裏山記實)을 필사한 박한영(朴漢永 1870~1948년) 스님의 법호가 정호(鼎鎬)·영호(映湖)·석전(石顚) 셋이라는 것을 상기하기를 바란다.

저 유명한 추사(秋史) 김정희 선생도 원춘(元春)·완당(阮堂)·예당(禮堂)·시암(詩庵)·과파(果坡)·노과(老果)·농장인(農丈人)·보담재(寶覃齋)·담연재(覃研齋)·천축고선생(天竺古先生) 등 여럿이다.

이와 같이 수행 과정과 지위 등 환경에 따라 변하는 것이 승려들의 법호이므로, 통진대사 비문에 도승화상(道乘和尚)이라고 한 것은, 도승(道乘)은 도선국사 자신이 스승인 혜철국사의 법을 이었다는 자기완성을 선언하는 의미이고, 화상(和尚)은 비로소 제자들을 거느리는 큰스님이 되었다는 세상의 존칭이다.

통진대사가 백계산을 찾았을 때, 도선국사는 이미 헌강왕으로부터 궁궐로 초청을 받았으며 국사의 지위에 있었으니, 법호가 위엄있게 바뀌고

화상이라는 칭호는 당연한 예법이다.

도승은 861년 열반한 스승인 혜철국사의 3년 상을 마친 후, 864년 옥룡사를 중건하고, 868년(경문왕 8년) 6월 어명으로 비문을 완성하고 872년 탑비를 건립하여, 스승의 사후 정리를 마친 45세 이후의 법호이며, 비로소 헌강왕으로부터 초청을 받았던 이러한 과정들을 알고 도선국사의 행적을 살펴보면, 어렵지 않게 알 수 있다.

통진대사의 스승 도승화상이 도선국사라는 결정적인 기록은 없다. 내 나름의 연구 결과 통진대사 비문에서 말하는 당시의 상황, 특히 같은 영암 구림 출신이라는 것과, 백계산 옥룡사로 돌아가는 상황의 기록을 바탕으로 연구하여 보면, 도선국사일 수밖에 없다.

도선(道詵)이라는 법명도 본래는 도선국사의 법호가 아니다. 본래 도선이라는 이름은 혜철국사가 구례 오산 절벽에 약사여래를 그리고(음각) 바위 위에 지은 도선사(道詵寺 현 사성암)에서 비롯된 것이다.

처음 혜철국사가 오산(鰲山: 큰 바다거북이) 즉 남해 용궁에서 섬진강을 거슬러 온 신령한 거북이 등에 동방(東方)을 상징하는 약사여래를 그리고(음각), 바위 절벽 위에 절을 건립하여 도선사라고 이름을 지은 뜻을 헤아려 보면, 동방에서 강림한 약사여래가 세상을 구하기 위해서 법화경을 설하고 있는 곳 도처(圖處), 이것이 도선사의 실체이고 책무이며 역사다.

도선사의 의미를 정치적으로 해석하면, 세상을 구하는 법, 즉 나라와 국민을 구하는 법을 전하는 절이고, 풍수의 해석으로는 천지 만물의 기운이 모여드는 절, 즉 하늘과 땅의 기운이 모여 상통하는 절이라는 뜻인데 이것이 훗날 도선국사의 호가 된 것이다.

도선사가 있는 오산의 풍수를 보면, 지리산을 비롯한 주변의 산들이 모여드는 형국 즉 천하의 기운이 모여드는 도선사는 정확한 산의 형세 즉, 풍수를 보고 혜철국사가 진리의 법을 전하는 방편으로, 즉 도참으로 지은

안타깝게도 사람들의 탐욕으로 원형이 훼손되어 본래의 모습을 찾기 어렵지만, 눈에 보이는 모든 건물을 마음으로 지워버리고, 절벽 가운데 서 있는 약사여래를 중심으로 주변의 산세를 보면, 동방에서 강림한 약사여래가 여러 보살과 신중(神衆)의 호위를 받으며 약사발을 들고 세상을 구하고 있는 모습을 볼 것이다. 도참과 비보풍수로 설치한 작품 영산회상도(靈山會上圖)라고 이해하면 된다.

이름이다.

광양 백계산을 중심으로, 즉 도솔봉(兜率峯)을 중심으로 남북에 지은 도선사와 옥룡사는 세상을 구하는 법 즉 진리를 실현하고 전하는 도참과 풍수의 교본이다.

도선국사 자신의 비문에 새긴 기록으로 보아도, 고금을 통틀어 살아 있는 당대의 승려들이 그것도 31세(858년 신라 헌안왕 2)의 새파란 젊은 승려가 자신의 법호로 사찰을 짓는 일은 역사에도 없는 일이거니와, 당시 스승인 혜철국사를 도와 오산 정상에 지은 것이 도선사였는데, 감히 제자가 자신의 법호를 스승과 함께 지은 신성한 사찰의 이름으로 한다는 것은 절대로 있을 수가 없는 일이다.

그러나 도선사는 도선국사에게 있어서, 스승 혜철국사로부터 도탄에 빠진 천하를 구하는 도참과 비보풍수의 비결을 전해 받고 오랫동안 관리한 사찰이니, 호를 도선이라고 한 것은 "도선사에 사는 스님" 또는 "도선사에서 도를 통달한 스님"이라는 뜻으로, 그 절에 거주하는 스님의 법호를 모르는 인근의 구례 사람들이 "도선사 스님"이라고 부르던 것이 "도선

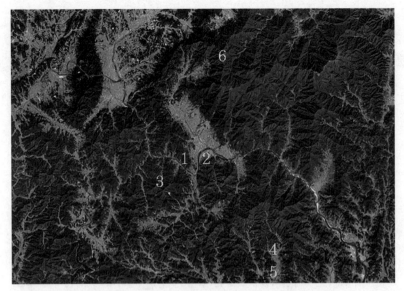

1. 백두대간의 끝(지리산의 끝 병방산) 2. 호남정맥의 끝(백운산의 끝 오산 도선사)
3. 동리산 태안사 4. 백계산 운암사 5. 현무산 옥룡사 6. 지리산 만복대다.
동그란 산 2번이 오산(鰲山)과 도선사다. 주변의 산세들이 모여드는 형국이다.

스님"이라는 법호로 일반화된 것이다.

관례로 보아 생전에 직접 사용한 법호가 아니다. 사후 도선사의 전설이
된 이름이 법호가 된 것으로 보는 것이 합리적이다. 훗날 옥룡사에서 도
선국사를 교조로 삼은 탓에 옥룡자(玉龍子)라는 이름을 얻은 것과 같은 이
치다.

옥룡사를 점지하기 전의 일들 즉 행장을 도참으로 숨겨 쓴 비문의 기록
첫머리에 구례 오산 도선사를 언급한 것을 보면, 도선이라는 법호는 오랜
세월이 흐르면서 자연스럽게 법호가 된 것이다.

다른 의미에서 도선국사의 법호는 종교적 사회적으로 도선사(현 사성암)
의 중요성을 입증하는 것으로, 혜철국사가 전한 삼한통합의 핵심이었음
을 알 수가 있다.

858년 혜철국사가 도선국사를 데리고 도선사(道詵寺)를 창건한 호남정맥의 끝, 구례 오산
(鰲山) 봉우리다. 여기서 세상을 구하는 도(道)가 시작되었고, 진각국사 혜심(眞覺國師 慧諶,
1178~1234)이 한민족 최고의 철학사상 공안집(公案集) 선문염송(禪門拈頌)을 집필한 현장이다.
종교와 사는 일들 그리고 사회적 현상을 떠나 사람들은 동서양의 철학자들과 그들의 사상에
심취하여 논하면서 선각자 혜심 진각국사의 선문염송은 모른다. 언젠가 재평가되어 한민족의
자긍심이 되는 날이 있을 것이다.

한 가지 분명한 사실은 이유가 무엇이든, 도선국사가 사실상 본거지라
고 할 수 있는 백계산 남쪽에 있는 옥룡사가 아닌 북쪽의 도선사를 법호
로 삼았다는 것은 도선사의 의미가 그만큼 중요했다는 방증이기도 하다.

오늘날에도 그 절에 거주하는 승려들의 이름을 모르는 사람들이 흔히
사용하는 명칭이며, 지금도 주변에서 흔하게 볼 수 있는 일들이다. 그러므
로 법호 도선은 도선 자신 또는 스승이나 임금이 지어 준 것이 아니다.

존경하는 사람의 이름을 함부로 입에 올리지 않는 예법도 있지만, 정확
한 법호를 모르는 인근의 구례 사람들이 도선사 스님으로 부르던 명칭이
도선 스님으로 고착된 것으로 이해하면 된다. 858년 구례현에 도선사를
세웠다는 도선국사 비음기 기록이 증명이다.

결론을 지으면, 역사 속의 도선국사는 스승인 혁명가 혜철국사로부터
전해 받은 세상을 구하는 법을 왕건에게 전하여, 나라와 국민을 구하게
한 혁명가다. 흔히 말하는 도술을 부리는 도사가 아니고, 혹세무민하는 점
쟁이 술사가 아니다.

겹겹이 덧씌워진 허구를 버리고, 알려고만 하면 간단하다. 천 년 전 도
참으로 뜻을 숨기고 풍수로 몸을 감춘, 혁명가 혜철국사와 제자인 도선국

사가 백계산 북쪽 구례 오산 절벽에다 약사여래를 조성하여 모시는 일을 시작으로, 마지막 백계산 남쪽에 있는 현무산 옥룡사를 중건하고, 이어 백계산 운암사를 지은 뜻이 무엇이고, 어떻게 활용했는지를 중시하여 보면, 현무산의 옥룡과 백계산의 백계 즉 흰 닭의 참모습이 무엇인지를 알 수가 있다.

이러한 일들의 역사는 도참으로 민심을 일으키고 풍수로 민심을 모으는 방법 방편이다.

그러나 안타깝게도 지금 세상이 아는 도선국사는 도선국사 사후 고려가 안정되고 오랜 세월이 지나면서 세상을 구하는 진리의 법, 즉 한 송이 아름다운 연꽃 법화(法華 법화경)를 전하는 도참과 풍수를 혹세무민하는 도구로 만들어버린 옥룡사파가 만들어낸 허구다.

도선국사가 어떻고, 옥룡자(玉龍子) 비기(祕記)가 어떻고, 예언이 어쨌다는 둥, 후대에 지어낸 허구에 빠지지 말라는 것이다. 어리석은 기복신앙에서 벗어나 실상으로 보면, 뜻을 일으키고 민심을 모으는 마음과 함께 결코 허황한 미신이 아님을 알 것이다.

다음은 혁명가 혜철국사가 절벽의 약사여래를 통해 내보인 한 송이 아름다운 법화(法華) 회삼귀일(會三歸一)의 연꽃이다.

글을 읽을 줄 몰라도, 눈으로 보고 마음으로 깨닫는 법화경의 핵심 사상이다.

오산 절벽에 서 있는 약사여래가 인연이 있는 이들을 위하여, 쉼 없이 법을 설하며 깨우치고 있는 진리의 꽃 한 송이 아름다운 법화(法華) 회삼귀일의 연꽃이다.
"인연이 있는 자"가 보고 깨닫는다는 것이 바로 이것이다.

도참으로 뜻을 숨기고 풍수로 몸을 감춘 혁명가, 동시에 도참으로 뜻을 일으키고 풍수로 몸을 드러낸 혁명가, 도참으로 민심을 일으키고 풍수로 뜻을 모은 혁명가, 혜철국사와 도선국사가 꿈꾸었던 나라, 분별도 없고 차별도 없는 나라, 그리하여 다 함께 즐겁고 행복한 세상, 한 송이 아름다운 회삼귀일의 연꽃, 법화(法華)의 세계이며 화엄법계(華嚴法界)이고 극락정토의 연화(蓮華) 연꽃이다.

허공 절벽에 서 있는 약사여래가 진일보하여 나가라고, 쉼 없이 깨우치고 있는 아름다운 진리의 꽃이고, 혜철국사가 현무산 옥룡사 쌍사자석등으로 밝힌 진리의 등불, 즉 세상을 구하는 진리의 빛이며, 우주에서 가장 아름다운 법화(法華) 회삼귀일의 연꽃이다.

중요한 것은 모든 중생이 부처와 함께 성불하는 회삼귀일 사상을 병든 나라를 건강한 나라로 만들고, 썩어빠진 정치를 개혁하는 방편으로 삼아, 나라와 국민을 동시에 구하려는 뜻을 가진 혁명가 혜철국사가 이 오산을 선택한 이유가 무엇이고, 약사여래를 주불(主佛)로 세운 뜻이 뭐냐는 것이다.

이제 곧 나라와 국민이 셋으로 쪼개져, 서로를 죽이는 전란의 구렁에 빠질 것을 알고, 셋을 다시 하나로 모으는 회삼귀일의 연꽃을 제자인 도

지리산 쌍계사 금당(金堂) 편액 세계일화조종육엽(世界一花祖宗六葉) 우주는 한 송이 꽃이고, 법은 초조 달마에서 육조 혜능까지 여섯 분 조사(祖師)로 인해 전해졌다는 뜻이다. 추사 김정희가 썼다.

선국사에게 전하여 세상을 구하게 한 혁명가 혜철국사가 섬진강 강변 구례 오산 바위 봉우리에 숨겨 전하는 도참과 비보풍수의 작법을 풀어보면 다음과 같다.

혜철국사가 오산에 올라 가장 먼저 한 일이 856년 허공 절벽에다 동방에서 강림한 약사여래(藥師如來)를 모시고, 동쪽 골짜기에 미점사(米岾寺)를 세웠는데, 이는 병들어 죽는 사람도 없고 굶주려 죽는 사람도 없는 세상을 염원한 것으로, 세상을 구하려는 정치혁명을 기획하는 이유가 무엇이고, 의지가 얼마나 강력한지를 분명하게 알 수가 있다.

결론은 분명하다. 먹을 것이 없는 사람에게는 양식을 주면 되고, 아픈 사람은 약을 주어 치료하면 되지만, 병든 나라 썩어빠진 정치를 치료하려면 어찌해야 하는가?

역설적으로 굶주려 죽는 사람도 없고, 병든 사람들이 제때 치료를 받는 좋은 세상은 병든 나라를 건강한 나라로 만드는 것뿐이고, 건강한 나라를 만들려면 나라를 병들게 하는 근본 원인인 썩어빠진 정치를 과감하게 개혁하여 바로 하는 것뿐이다.

그러므로 약사여래는 병든 나라를 건강한 나라로 만들고, 병의 원인인 썩어빠진 정치를 개혁하여 나라와 국민을 일시에 모두 구하여 좋은 세상을 만들려는 혁명가 혜철국사의 간절한 마음이다.

덧붙이면 신라 말기에 형성된 구산선문(九山禪門) 모두가 당시에 유행하던 철조비로자나불(鐵造毘盧舍那佛)을 조성하여 법당에 모셨는데, 유일하게 태안사만 철조약사여래(鐵造藥師如來, 6·25전쟁으로 소실되었음)를 주불(主佛)로 모셨으며, 이후 856년 오산 암벽에 약사여래를 모시고 미점사(米岾寺)를 창건한 혜철국사의 간절한 마음을 헤아려 보면, 대보살이 도탄에 빠진 세상을 구하고 중생들을 제도하려는 뜻이었음을 충분히 알 수가 있다.

이처럼 혜철국사가 섬진강 강변 구례 오산 바위 봉우리를 선택하고 중시한 이유를 불교 경전에서 찾아보면 다음 두 가지다.

첫째는 화엄경 권 45 보살주처품(菩薩住處品)에 이르기를 법기보살(法起菩薩)이 12,000의 보살을 거느리고 반야의 법문을 설하는 맞은편에 혈망봉(穴望峯)이 있고, 그 상부에는 큰 구멍이 뚫려 하늘을 마주 대하는 듯한 형상의 바위가 있다. 이를 여래의 대법안장(大法眼藏)이라고 부르는데, 법기보살이 중생을 위하여 이 법안을 따로 갖추고서 광명을 나타내어 인연이 있는 자로 하여 묘각(妙覺)을 증득(證得, 진리와 지혜를 깨닫게 함)하게 한다고 하였는데, 바로 오산이 하늘과 소통하는 혈망봉 즉 여래의 대법안장이라는 사실을 알았다는 것이다.

부연하면, 훗날 자세히 설명할 기회가 있겠지만, 화엄경을 훤히 꿰뚫어 이해하고 도참과 비보풍수를 안다면, 그리고 지리산과 반야봉과 화엄사와 오산은 물론 여타 산과 마을의 지명이 화엄경에서 비롯하는 것임을 아는 이들은 필자의 말을 이해할 것이다. (틀림없는 사실이다.)

둘째는 여래의 대법안장인 혈망봉을, 법화경의 핵심인 회삼귀일의 법 즉 삼승(三乘)이 함께하여 진리의 세계로 나가 성불하는 불승(佛乘)으로 보고, 적소(適所)에 각각의 삼승을 안배하였는데, 40여 년 전 지리산 화엄사 도광선사로부터 숙제로 받은 비기(祕記)에서 보았던, 법을 전하는 그림을 바탕으로 설명하면 다음과 같다.

허공 절벽에 서 있는 약사여래(藥師如來)는 부처님의 설법을 듣고 깨닫는 성문승(聲聞乘)의 자리다.

도선굴(道詵窟)은 스스로 수행하여 깨닫는 연각승(緣覺乘)의 자리다.

세상을 구하는 도를 전하고 실천하는 도선사 법당은 자신도 깨달음을 구하면서 사람들을 인도하여 다 함께 진리의 세계로 나가 성불하는 보살승(菩薩乘)의 자리다.

부연하면, 기본적으로 불경이 성불의 전제조건으로 반드시 실천해야할 사항으로 강조하고 있는 끝이 없는 자비심과 기독교의 실천 사항인 사랑과 봉사가 바로 보살승이다.

이들 셋이 다 함께 나가서 도달하는 누구나 즐겁고 행복한 세상 부처의세계는 이들 셋 어디서 보아도 정면에 보이는 한 송이 아름다운 연꽃으로, 법화경 회삼귀일의 법화(法華)다.

놀라운 것은, 이것을 도참과 비보풍수로 설명하면, 비기의 그림에서 보았던 것처럼 셋 모두 어떤 자리에서 보아도 각각의 자리가 지리산 반야봉과 눈앞의 연꽃과 일직선상이라는 사실이다.

지리산 반야봉과 화엄사 그리고 오산과 연꽃과 연잎 넘어 남서쪽 〈곤방(坤方)〉 기슭에 자리한 조계산(曹溪山 선암사와 송광사)이 일직선상이라는 것은 결코 우연한 현상이 아니라는 의미다. 혜철국사는 분명하게 알고, 각각의 자리 배치를 했다는 입증이다.

처음 하나인 지리산 지리(智異)의 핵심인 반야봉(般若峰) 반야(般若)에서 나와, 각각의 교법 즉 방편인 삼승(三乘)으로 갈린 것이 여기 오산 봉우리에서 불승(佛乘)으로 하나가 되어, 진리의 꽃 법화경 법화로 되돌아가는 것, 즉 다 함께 성불(成佛)하는 것으로, 도참과 비보풍수의 작법(作法)이고, 쉼 없이 중생들을 깨우치는 설법(說法)이며, 이것이 도선국사에게 전했고, 대대로 인연이 있는 이들에게 전하고 있는 법화경 회삼귀일의 묘법이며 전법(傳法)이다.

부연하면, 지금도 해마다 수많은 사람이 오산을 오르지만, 모두가 허상인 상(像 약사여래)을 보면서 탐욕을 채우는 기도에만 급급할 뿐, 정작 약사여래가 일러주고 있는 스스로 사는 길, 소원을 이루는 길, 진리의 연꽃을 보려고 하지도 않을뿐더러, 보면서도 알지를 못하니 인연이 있는 자가 보고 깨닫는다고 한 것이다.

사람들 저마다 잘못 길들어진 습성으로, 전하는 진리를 깨닫고 행한다는 것이 그만큼 어렵다는 의미다.

어렵게 생각할 것 없다. 혜철국사가 도참과 비보풍수로 성문·연각·보살, 각각이 다른 셋 삼승(三乘)을 오산 봉우리 바위틈에 배열하여 한 송이 연꽃을 향하여 나가도록 한 의미는 명확하다.

처음 반야(般若: 지리산 반야봉)에서 나와 셋으로 나눠진 각각의 삼승(三乘)이 다시 반야의 지혜로 불승(佛乘)에 올라(오산 봉우리) 다 함께 진리의 세계로 돌아가는 것, 셋이 함께 맞은편에 피어 있는 한 송이 아름다운 연꽃을 향하여 나가는 것, 즉 성불하는 것으로 이해하면 정확하다.

누구든 저 아름다운 연꽃 법화가 있어, 저 산 너머에 조계산과 선암사와 송광사가 생겼고 존재하는 것임을 알면, 혜철국사가 도참과 비보풍수로 여기 오산 도선사(현 사성암)에서 전하고 있는 법화경 회삼귀일의 설법을 들을 것이다.

덧붙이면, 화엄(華嚴)의 뜻이 수많은 세월을 갖가지 수행(修行)으로 만덕(萬德)을 쌓은 끝에 비로소 덕과(德果)로 피는 장엄(莊嚴)한 연꽃임을 안다면, 호남정맥이 법화로 돌아가는 의미는 물론, 백두대간의 끝에 자리한 화엄사의 의미가 무엇인지를 확실하게 알 것이다.

혜철국사의 관점에서 도참과 비보풍수로 설명하면, 영취산(靈鷲山) 즉

혜철국사가 도참과 비보풍수로 깨우치고 있는 한 송이 아름다운 연꽃 회삼귀일(會三歸一)의 법화(法華)다.

법화경에서 나와 수많은 보살행을 실천한 호남정맥(湖南正脈)이 여기 오산(鰲山)에서 헤어졌던 백두대간(白頭大幹)을 다시 만나, 위로는 보리(菩提)를 구하고, 아래로는 중생을 교화하여 진리의 세계로 나가려는 보살들과 함께, 아름다운 연꽃 나라 법화경의 법화로 돌아가는 것으로, 오산을 삼승(三乘)이 함께하여 진리의 세계로 나가 성불하는 불승(佛乘)의 자리로 본 것이다.

꼭 무엇을 도모하는 목적을 가진 도참과 비보풍수가 아니더라도, 1,169년 전(856년) 당시로 돌아가서 보면 마실 물 한 모금이 절박하고, 돌덩이 한 개를 들어 옮길 때마다 내딛는 한 걸음이 힘들고 숨이 찼을 험한 산봉우리 바위틈과 절벽에 각각의 자리를 안배한 그 간절한 마음을 헤아려 보면, 처음부터 그렇게 생겨난 자연의 현상도 놀랍지만, 그걸 꿰뚫어 보고 활용한 혜철국사의 혜안이 그저 놀랍기만 하다. 하늘 아래 있는 그대로가 최고의 법당이다. 감탄이 절로 나는 걸작이다.

그뿐만이 아니다. 채소 한 포기를 심을 흙 한 줌이 없는 바위와 돌뿐인 험한 산봉우리 바위틈과 절벽에 도참과 비보풍수로 세상을 구하는 불사를 이루고, 도선사(道詵寺)라 이름을 지은 혁명가 혜철국사는 법화경(法華經)만이 아니고, 화엄경(華嚴經)과 금강경(金剛經)까지도 훤히 깨달아 통달하고 있었음을 알 수가 있다.

이것을 정치적으로 보면, 나름 세상을 구하는 방법을 찾자고 하면 얼마든지 다른 방도가 있었을 것이고, 종교적으로 보아도 궁극의 목적인 가장 높고 바른 깨달음을 얻기 위한 보살행 역시 저잣거리에 많았을 것이다.

그런데 애써 군이 오르기도 힘들고, 누구나 쉽게 오를 수도 없고, 올라서도 아무나 쉽게 볼 수도 없는 험한 산봉우리 바위와 돌뿐인 절벽에 약사여래를 그려 모셔놓고, 바위틈에 절을 지어 전하는 그 마음을 헤아려 보면, 저절로 가슴이 뜨거워지는 것들이 있다.

금강경 제17 구경무아분(究境無我分) 아응멸도일체중생(我應滅度一切衆

生) 멸도일체중생이(滅度一切衆生己) 이무유일중생(而無有一衆生) 실멸도자 (實滅度者) "내가 응당 일체중생을 멸도(滅度 : 진리를 깨달아 생사윤회를 떠남) 하리라, 일체중생을 멸도하고 나서는 한 중생도 멸도함이 없다."라는 실천의 가르침을 즉 참된 보살행의 의미를 꿰뚫고 있음을 알 수가 있다.

혜철국사가 이 험한 산봉우리에서 전하고 있는 법화경의 핵심인 삼승 (三乘)을 보면, 성문(聲聞: 직접 듣고 배워서 아는 것)과 연각(緣覺: 스스로 깨달아 아는 것)은 단지 배우고 깨달아서 안다는 것이지, 그것이 곧 모든 부처와 중생이 다 함께 성불하는 불승(佛乘)이 아니며, 진리의 세계로 나가는 자동 승차권도 아니다.

오직 끝없는 자비심으로 이웃과 세상을 구하는 보살행을 통해서만이 가능하다는 것, 즉 상구보리(上求菩提) 하화중생(下化衆生) 위로는 자신을 위해 깨달음의 지혜를 구하고, 아래로는 중생을 제도하여 다 함께 성불한다는 보살승(菩薩乘)만이 진정한 불승으로 나가는 길임을 알고 실천한 것이 혜철국사이고, 여기 오산 봉우리는 혜철국사가 전하는 무설지설(無說之說) 무법지법(無法之法)의 설법전(說法殿)이다.

좀 더 쉽게 풀어 설명하면, 흔히 사람들은 분별과 차별로 성문승 · 연각승 · 보살승 이 셋 교법 가운데 성문승을 최고로 치고, 연각승을 다음으로 존중하며, 보살승을 무시한다.

이는 성문승과 연각승은 영원히 성문승과 연각승일 뿐, 성불한 것이 아니다. 결코 불승(佛乘)으로 나간 것이 아니며, 부처가 아니라는 사실을 모르기 때문에 일으키는 착각이고 분별이다.

그가 누구든 자기에게 특화되고 자신에게 길들어진 성문승과 연각승이라는 자가용을 버리지 않는 한, 일불승(一佛乘)이라는 다 함께 진리의 세계로 출발하는 버스에 타지 못하고, 불승에 오르지 못하면 지금 세상에서 성불할 방도는 없다.

성문승 · 연각승 · 보살승 각각의 삼승이 하나인 불승으로 나가는 길은 오직 하나, 한량없는 자비심으로 쉼 없이 실천하는 보살행뿐이고, 이것을 통해서 마침내 다 함께 불승에 올라 성불하는 것이며, 그것을 무정설법(無情說法)으로 쉼 없이 깨우치고 있는 것이 오산 약사여래이고 도선사 법당이다.

부처와 중생이 다 함께 성불하는 보살승이야말로 진리의 세계로 나가는 진정한 불승이며 부처가 되는 길이고, 세상을 구하는 진리의 법이라는 의미이며, 이것이 진리의 빛으로 세상을 구한 혁명가 혜철국사가 오산 산봉우리 험한 바위 절벽에 절을 지어 깨우치는 뜻이고 실천 사항이며, 그날 이후 지금까지 날마다 설하고 있는 불멸의 설법이고, 이것을 마음으로 보고 깨닫는 이가 바로 옛 조사들이 말한 진실로 인연이 있는 자이다.

바로 이 보살행을 실천하는 방편으로 대보살인 원효대사는 경주 저잣거리에서 걸림이 없는 노래 무애가(無碍歌)를 불렀으며, 김춘추와 김유신에게 각자가 고집하는 방법을 버리고 서로 협력하게 하여, 즉 성문승과 연각승에게 세상을 구하는 보살행을 권하여, 전란으로 지새는 삼국을 통일하여 나라 자체를 보살승으로 만들었고, 혜철국사는 제자인 도선국사에게 전해 후삼국을 통일하여 세상을 구하게 한 방편이었으며, 완성한 불국토가 고려라는 보살승의 나라였다.

보살이 쉼 없는 행으로 세상을 구하는 일, 그것도 나라와 국민을 동시에 구하는 방법은 단 하나, 나라 자체를 보살승으로 만들어 모든 국민이 위로는 보리를 구하고, 아래로는 중생을 교화하여 진리의 세계로 나가는 것뿐임을 원효대사와 혜철국사 그리고 도선국사와 무학대사는 정확하게 알고 실천한 것이다.

원효대사와 혜철국사가 나라와 국민을 동시에 구한 보살행의 방법을 가장 쉽게 알 수 있는 것이 옛사람들이 한 폭의 그림으로 전하는 보살이 일체중생을 차별 없이 구하여 피안(彼岸)으로 건너가는 반야선(般若船)

보살이 사공이 되어 일체중생을 차별 없이 구하여 피안으로 건네주는 지리산 쌍계사 벽화 반야선(般若船)이다. 반야선(般若船)은 죽어서 타는 배가 아니고, 살아서 타야 하는 배라는 것을 알아야 바로 보는 것이다.

이다.

반야선 뱃머리에 서서 인도하는 보살을 원효대사와 혜철국사로 보고, 배는 나라로 보고 배에 타고 있는 다양한 사람들을 국민으로 보면 될 것이다.

끝으로 요약한 연꽃의 의미다. 법화경 제15품 종지용출품(從地涌出品)에서 미륵보살이 석가모니 부처님의 설법을 듣고 "보살도를 닦아 세간법에 물들지 않음이 마치 연꽃이 물 가운데 있으면서도 물에 젖지 않음과 같다."라고 찬탄한 게송에서 의미가 잘 나타나 있다.

더러운 진흙 펄 속에 뿌리를 두고 있으면서도 진흙에 묻히지 않고, 물속에서 피면서도 물에 젖지 않고, 홀로 향기롭고 아름다운 꽃으로 피는 것이 연꽃이다. 이 의미가 무엇이겠는가?

연꽃은 대승불교에서 세상과 중생을 동시에 구하는 상징으로, 부처의 세계를 온갖 보살행으로 드러내 깨우치는 화엄경이 추구하는 궁극의 목적과 방법론이 물속에서 향기롭고 아름다운 꽃으로 피는 연꽃이지만, 이것을 세간의 저잣거리로 끌어와 정치로 해석하면, 부처와 보살이 세상을 구하고 중생을 구하는 묘법이다. 즉 성군이 세상을 구하고 국민을 살리는 정치의 비결이며 목적이다.

현대의 언어로 설명하면, 나라와 국민이 어려울 때마다 부처와 보살이 나타나서, 한 송이 연꽃을 들어 세상과 중생을 동시에 구하여 정토를 이

한 땀 한 땀 지극 정성으로 완성한 자수(刺繡) 연꽃이다. (이미숙 선생 작)

루는 방편이 가장 합리적인 정치개혁이고, 가장 적극적인 정치혁명이다. 일시에 모두를 다 구원하는 것으로, 최고 최상의 정치 요결(要訣)이다.

그러므로 천 년 전 한 송이 아름다운 법화 회삼귀일의 연꽃을 들어 세상과 국민을 동시에 구하는 법을 여기 오산 험한 산봉우리에 전하여, 왕건으로 하여 고려를 창업하게 한 혜철국사와 그 제자인 도선국사는 부처와 보살의 화신이었고, 가장 합리적인 정치 기획자이며 가장 적극적인 정치 혁명가였다.

반드시 알아야 보이는
백운산(白雲山)의 참모습

호남정맥 제1봉 광양시 백운산(白雲山)이다. (산림청 자료 인용)

대륙에서 뻗어 나와 태평양과 마주하고 있는 한반도 남해안 중심에 자리한 전라남도 광양시 옥룡면에 소재한 옛 이름 백계산(白鷄山) 호남정맥 (湖南正脈) 제1봉 백운산(白雲山 1,222m)의 역사와 책무가 무엇이었는가에 관한 설명이다. (읽는 이들의 이해를 돕기 위해, 이하 본문에서 천 년 전 당시의 지명인 백계산으로 칭함)

백계산의 역사와 책무를 알려면, 세상의 빛이 된 혁명가 혜철국사와 그 제자인 도선국사가 백계산을 중심으로, 그것도 도솔봉(兜率峯: 미륵불이 산다는 도솔천(兜率天)을 의미함)을 중심으로 남북으로 뻗어 내린 산기슭에 (856년 오산 암벽에 모신 약사여래를 시작으로 미점사 · 도선사 · 옥룡사 · 운암사) 약사여래와 4개의 절을 지어 비보(裨補)한 역사, 즉 그토록 백계산을 중시한 이유를

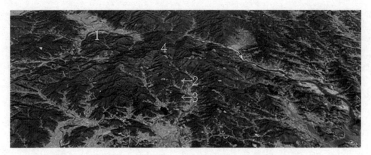

위성으로 본 백계산(白鷄山)과 전체 산의 이름이 된 (중앙 2번) 백계혈이다.
풍수로는 관세음보살의 눈이라는 다라봉(多羅峯. 1,127m)이 정상이다.
좌우 동서로 흘러내린 준령이 만들어 놓은 산세를 보면, 천상의 닭이 지상에 내려와
새로운 세상 새로운 새벽을 알리는 형국이다. 처음 사람들이 산의 이름을 하얀 흰 닭 백계
(白鷄)라고 한 뜻을 헤아려 보면, 간절한 희망이 무엇이었는지를 알 수가 있다. 1. 구례
오산 2. 백계혈 3. 현무산 4. 다라관음(多羅觀音)의 눈이라는 다라봉이다.

알아야 한다. (삼국사(三國寺)는 백계산이 아닌 용성(龍城)의 황룡사(黃龍寺)다.)

진리의 빛으로 세상을 구하는 혁명을 기획하고 성공시킨 스승과 제자
가 백계산을 중시한 이유를 알려면, (생태학적 가치는 생략) 자연과학인 지리
학적 백계산과 도참과 풍수에서 보는 백계산 두 가지를 확실하게 이해해
야 하고, 이 두 가지를 알려면 백두대간(白頭大幹)과 지리산(智異山 1,915m)
의 끝을 알아야 한다. 다음은 그에 관한 설명이다.

흔히 말하는 백두대간은 백두산(白頭山 2,744m)에서 지리산까지 이어지
는 한반도에서 가장 크고 긴 산줄기를 말하고, 백두산에서 시작된 정맥인
백두대간의 끝이 지리산이고, 지리산의 끝은 구례읍 원방리 섬진강 강변
에 자리한 병방산(丙方山 160.4m)이다.

지리산을 풍수로 설명하면, 백두산에서 흘러내린 산줄기가 섬진강, 금
강, 낙동강 삼강(三江)이 분기(分岐 갈라져)하고, 호남과 영남이 마주하는
산, 석가여래가 법화경을 강론한 영취산(靈鷲山 1,075m 경남 함양군 서상면 옥
산리)에서 호남정맥과 갈라져 남원시 운봉을 지나 만복대를 거쳐, 노고단
에서 방향을 동쪽으로 돌려 나가다가 반야봉에서 크게 용트림을 한 후 머

리를 솟구쳐 동북쪽 하늘로 치켜든 (천왕봉) 형국이다. (지리산을 풍수로 설명하면 전형적인 명당이다.)

여기서 주목해야 할 것은 백두대간의 끝 지리산의 머리와 꼬리가 어디냐는 것이다. 어디를 머리로 보고, 꼬리로 보느냐는 것이다.

현대 자연과학이나 전래하는 도참과 풍수가 다 같이 인정하는 지리산의 머리는 동쪽의 천왕봉이고, 몸통은 반야봉과 노고단이고, 꼬리는 서쪽의 만복대(萬福臺 1,433m)에서 전북 남원시 · 전남 곡성군 · 순천시 황전면 · 구례군으로 2개 시와 2개 군의 경계를 이루며 섬진강을 따라 남쪽으로 길게 뻗어 내린 (총길이 대략 35km) 산줄기가 다한 곳, 구례읍 원방리 병방산이다.

지리산을 한 마리 용으로 보는 도참과 풍수는 물론, 현대 자연과학인 지리학이 인정하는 정설이다.

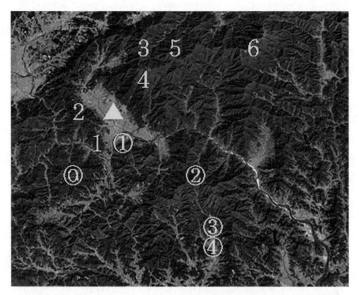

1. 백두대간의 끝 (지리산의 끝) 병방산 2. 용성(龍城) 3. 만복대 4. 노고단 5. 반야봉 6. 천왕봉이다. ① 호남정맥의 끝 오산(鰲山 백계산의 끝) ② 백계산 ③ 백계산 운암사 ④ 현무산 옥룡사 ⓪ 동리산 태안사 ▲봉성(鳳城: 현 구례읍)

전라선 구례구역 강 건너 맞은편, 섬진강 강변에 앉아있는 1. 병방산 →
2. 용성 → 3. 만복대 → 4. 노고단 → 5. 반야봉 → 6. 천왕봉으로 이어지는
산맥, 이것이 이른바 도선국사가 말한 남해에서 섬진강을 거슬러 와 승천
하는 전설의 청룡이다. 참고로 화엄사의 터를 해석하면, 승천하는 용이 우
측 뒷발로 움켜쥔 여의주라고 이해하면 된다.

전북 남원시 태초 이름인 용성(龍城)이 지리산 반야봉에서 노고단과 만
복대를 거쳐 병방산까지 흘러내린 준령에서 비롯된 것이다.

남원시 옛 역사를 기록한 용성지(龍城誌)를 보면 "용성(龍城)은 본래 백
제의 옛터요, 대방(帶方 지리산 옛 이름 방장산)의 고국(古國, 옛 나라)이다."라고
하였다.

풀이하면, 용성은 백제의 옛터이며, 지리산의 옛 나라 이름이라는 뜻이
다. 이는 남원시 이름의 근본은 지리산이 바탕임을 말한다.

동국여지승람 진주목(晉州牧) 산천(山川)에 "지리산 주 서쪽 1백 리에
있다. 상봉을 천왕봉(天王峯)이라 하는데, 남원부의 편에 자세히 적었다.
산 북쪽은 함양군 경계이다."라고 한 것으로 보아서, 예로부터 지리산은
남원부의 근본이었음을 알 수가 있다.

그리고 백두산의 맥이 흘러와 머문 곳이라 하여 두류산(頭流山)이라 하
였고, 천둥번개가 치는 구름 위로 솟은 준령을 꿈틀거리는 용의 몸통으로

전남 곡성군 곡성읍 교촌리 뒷산에서 바라본 섬진강 건너 지리산이다. 우측으로부터 노고단,
반야봉, 만복대가 솟아있고, 만복대에서 흘러내린 능선이 백두대간의 끝, 전설의 용성(龍城)으로
꿈틀거리고 있는 용의 몸통과 꼬리다. 눈앞의 능선 곡성군 고달면을 비롯하여 구례군 용방면과
광의면이 조선 말기까지 남원부의 땅이었다.

보았으며, 대방군(帶方郡) 또한 방장산(方丈山) 즉 지리산이 벼슬아치들이 관복에 차는 허리띠처럼 빙 둘러있어 생긴 지명으로, 용성과 대방이 지리산이다.

100여 년 전 조선이 멸망할 때까지 현 곡성군 고달면(古達面)과 구례군 용방면(龍方面) 그리고 천은사가 속한 광의면(光義面)까지 남원시에서 관할 했음을 안다면, 옛사람들이 지리산을 어떻게 보고 활용했는지를 잘 알 것이다. (참고: 지리산과 구례를 연구하는 사람들이 가장 많이, 그리고 결정적인 오류를 범하며 헷갈리는 이유가 이것이다.)

한마디로 자연과학은 물론 도참과 풍수 그리고 혜철국사가 백계산을 중심으로 남북에 절을 지어 부여했던 역사적 책무와 참모습을 알려면, 호남정맥의 끝 백계산(白鷄山)의 백계(白鷄)와 백두대간의 끝 용성(龍城)의 용(龍)과 그 용의 보호를 받는 성천자(聖天子)가 다스리는 태평성대의 나라 봉성(鳳城)의 봉황(鳳凰)에 대하여 분명하게 알아야 하고, 이들 셋은 불가분의 관계임을 알아야 한다.

흔히 어떤 자리를 두고 풍수를 논하면, 풍수를 안다는 사람들 저마다 주장이 다르다. 백두대간의 끝은 물론 호남정맥의 끝이 어디라는 주장 역시 사람마다 다르다.

호남정맥의 끝 구례군 오산 도선사(道詵寺 현 사성암) 약사여래 앞에서 바라본 백두대간의 끝 즉 지리산의 끝 병방산이다. (2024년 12월 이태훈 선생 촬영)

쉽게 설명하면, 예를 들어 지리산 전체를 한 마리 용으로 보는 것은 맞다. 그러나 지리산 동서남북에 있는 수많은 골짜기와 마을에 용(龍)들이 많이 있다.

이는 무엇 무엇이라고 하는 지명이 정해진 것이 아니고, 그 환경에서 살고 있는 사람들의 관점에 따라 달라지기 때문이다. 구례의 관점에서는 만복대가 용의 머리이고 병방산이 용의 꼬리다. 재밌는 것은 이 코스에서도 크고 작은 용들이 많다는 사실이다.

그뿐만이 아니다. 풍수 전문가라는 사람 백 명을 불러 어느 특정한 묘지 하나를 두고 풍수를 논하라고 하면, 좋다 나쁘다는 것은 반반이지만, 무슨 혈이고 무슨 복을 어떤 후손이 언제 어떻게 얼마나 받는지를 논하라고 하면, 같은 사람이 한 명도 없는 것이 풍수다. 저마다 지어내는 허구이기에 믿을 것이 없다는 것이다.

사실이 이러함으로 각자 다른 주장에 대하여 다툴 생각은 전혀 없다. 다만 내가 보는 것은 혁명가 혜철국사의 마음 즉 제자인 도선국사에게 전한 세상을 구하는 도참과 비보풍수가 그렇다는 것이고, 내 생각도 그러하다.

그러나 한 가지 분명한 것은 세상의 풍수들은 물론이거니와, 현대 지리학을 연구하는 학자들 모두가 인정하는 정설이 백두대간의 끝이 지리산이고, 지리산의 끝은 병방산이라는 사실이다. (도참과 풍수로는 오산(鰲山)과 봉성산(鳳城山)이 주인공이다.)

다음은 백계산(현 백운산)의 설명이다. 백계산을 이해하려면 호남정맥(湖南正脈)을 알아야 한다. 사전에서 정의하는 호남정맥은 (한반도 13 정맥의 하나다) 영취산(靈鷲山 1,075m)에서 분기, 전북 진안군 주화산(珠華山, 600m)에서 금남정맥(錦南正脈)과 갈라져, 내장산을 지나 전남 장흥의 사자산을 돌아 광양 백계산에서 끝나는 산줄기의 옛 이름이다.

백두대간의 끝 병방산과(좌) 백계산 도솔봉에서 나온 호남정맥의 끝 오산이(우) 섬진강을 사이에 두고 만나고 있다. 멀리 보이는 준령이 지리산 노고단과 반야봉이다.

 백두대간이 지리산으로 들기 전, 전북 장수군 번암면과 장계면 그리고 경남 함양군 서상면의 경계에 있는 영취산에서 지리산으로 남진하는 백두대간에서 갈라져 나온 한줄기 산맥이 서북으로 나가다가, 주화산에서 다시 분기해 서해로 흘러가는 금강을 따라간 것이 금남정맥이고, 남해로 흘러가는 섬진강을 따라온 것이 호남정맥이다.

 설명하면, 전북 장수군 팔공산(八公山, 1,151m)을 중심으로 북쪽 데미샘에서 발원하여 남쪽으로 흘러 남해로 드는 것이 섬진강이고, 팔공산 남쪽 뜬봉샘에서 발원하여 서쪽으로 흘러 서해로 드는 것이 금강이다. 금강을 따라간 산줄기를 금남정맥이라 하고, 섬진강을 따라온 산줄기를 호남정맥이라 한다.

 호남정맥은 섬진강과 영산강 사이에서 남쪽으로 흘러내리다, 장흥 사자산에서 방향을 동북으로 돌려 남해안을 따라가다, 다시 북쪽으로 머리를 돌려 광양 백계산에서 멈추었다.

 이는 현대 자연과학이 인정하는 것으로, (총길이는 462km) 남한의 9개 정맥 가운데서 가장 긴 것이 호남정맥이고, 호남정맥 제일의 산이 백계산이며, 백계산이 온 힘을 다해 받쳐 든 것이 구례 오산이라는 사실은 의심의 여지가 없다.

전해오는 산경표(山經表)에 표기된 백두대간과 호남정맥이다.

여기서 세세히 논할 건 아니지만, 산맥이 영취산(靈鷲山) 즉 법화경 법화(法華)에서 나와, 묘법(妙法)인 주화산(珠華山) 주화(珠華)에서 호남(湖南)과 금남(錦南)으로 갈린 것은 의미심장한 일이다. 호남정맥의 근본을 헤아리는 일이다.

처음 당나라 유학을 마치고 돌아와서 낙동강 유역과 영산강 유역을 차례로 널리 살핀 끝에, 847년 장차 세상을 구하는 일을 도모할 장소로 섬진강 강변에 자리한 동리산 태안사에 주장자를 세우고, 도참과 비보풍수로 백운산 남북에 절을 지어 중시한 혜철국사의 관점에서 불교적으로 해석하면, 호남정맥은 법화경 그 자체다. (호남정맥은 법화경 법화이고, 백두대간은 화엄경 화엄이다.)

석가여래가 법화경(法華經)을 강론한 영취산(靈鷲山)에서 분기(分岐 갈라진)한 맥이 주화산(珠華山)에서 금남정맥과 헤어져, 섬진강을 따라 남쪽을 돌아, 미래 세상에 나타나 중생을 구원한다는 미륵보살이 산다는 천상의 도솔천(兜率天) 즉 백계산 도솔봉(兜率峰)에서 나와, 구례읍 섬진강 남쪽 강가에서 백두대간을 맞이하고 있는 신령한 영물 오산(鰲山: 큰 바다거북이)이 끝이다.

좌측 끝에 솟은 봉우리가 백계산 다라봉이고, 우측에 솟은 산이 백계산 도솔봉에서 나와 섬진강 강변에 선 호남정맥의 끝 오산(鰲山)이다. (구례읍 봉성산에서 촬영)

전북 진안 주화산에서 갈라져 금강을 따라간 금남정맥은 계룡산을 만들고, 백마강(금강) 남쪽 부여읍 부소산(扶蘇山 106m)이 되어 멈추었는데, 계룡산이 자신의 진기로 만든 부소산은 백제가 멸망한 비극의 현장이다.

그러나 섬진강을 따라온 호남정맥은 섬진강 남쪽 (새로운 세상, 새로운 새벽을 알리는 백계산) 백계산이 되어, 법화사상(法華思想)으로 후삼국을 통일하여, 고려를 세우는 핵심이 되었다.

신기하고 절묘한 것은 호남정맥의 시작과 끝을 보면, 법화경에서 나와 한 송이 아름다운 회삼귀일의 연꽃인 법화경으로 돌아갔다는 사실이다.

법화경에서 나와 진리의 빛으로 세상을 구하고, 법화경으로 돌아가서 날마다 쉼 없는 무애행(無碍行)으로 무정설법(無情說法)을 설하고 있는 것이 호남정맥이다.

법화경에서 나와 진리의 빛으로 세상을 구하고, 법화경으로 돌아간 호남정맥이 마지막 자리한 섬진강 강변 오산에서 쉼 없는 무애행(無碍行)으로 한 송이 아름다운 회삼귀일의 연꽃을 들어 깨우치고 있는, 눈으로 보고 마음으로 듣는 무정설법(無情說法)이다.

오산 절벽 허공에서 약사여래가 바라보고 있는 연꽃의 의미를 깨닫는 사람은 혜철국사가 전한 무설지설(無設之說) 무법지법(無法之法)은 물론, 저 유명한 소동파(蘇東坡, 1036~1011년)가 흥룡사(興龍寺) 폭포 소리를 듣고 깨달았다는 무정설법(無情說法)을 눈으로 보고 마음으로 들을 것이다.

이러한 역사와 자연조건은 옛사람들이 (혜철국사와 도선국사) 호남정맥의 끝 백계산을 중시한 결정적인 이유이며, 서 있는 약사여래를 오산 절벽에 모신 뜻이다. 그 자리에 머무름이 아니고 세상을 구하기 위해 쉼 없이 앞으로 나가는 진행형임을 알아야 한다.

백계산과 오산의 관계를 21세기 오늘의 시각으로 해석하면, 평화의 상징인 비둘기가 평화와 번영의 상징인 올리브 가지를 입에 물고 날아와, 섬진강 남쪽 강변에 앉아 강 건너 봉성(鳳城)에 출현하는 성천자(聖天子 덕과 지혜를 갖춘 훌륭한 지도자)에게 바치는 것으로 보면 된다.

호남정맥의 끝 백계산 즉 상서로운 흰 닭이 새로운 세상, 새로운 새벽을 알리고 있고, 새날이 밝아 오는 동방에서 강림한 약사여래가 세상을 구하는 진리의 법을 백두대간 즉 용을 타고 오는 성천자에게 전해주기 위해 기다리고 있는 장면으로 보면 된다.

예로부터 봉황은 용, 거북이, 기린과 함께 사령(四靈)으로, 성군(聖君)이 출현하여 태평성대를 이루는 상징임을 안다면 이해가 될 것이다.

다음은 옛사람들이 중시한 백계산의 존재 가치와 역사의 책무가 무엇이냐는 고증이다. 이것을 제대로 알려면 도참과 비보풍수를 알아야 한다. 그에 관한 설명이다.

도참과 풍수의 관점에서 (도참과 비보풍수가 뭐냐는 설명은 생략, 백계산으로 한정 압축 정리) 백계산은 섬진강 서쪽을 돌아온 호남정맥이 섬진강 남쪽 오산(鰲山 541.7m)에서, 강 건너 북쪽의 병방산(丙方山 160.4m) 즉 백두산에서 뻗어 내린 백두대간의 끝과 만나, 저 유명한 전설의 태극혈(太極穴: 우주를 상징)을 만든 핵심이다.

섬진강을 사이에 두고 우측에 솟은 작은 산이 백두대간의 끝 병방산이고, 좌측이 호남정맥의 끝 백계산(오산 도선사 현 사성암)으로 전설의 태극혈(우주 상징)을 이루고 있다. 대대로 선지자들은 물론 이승만 대통령이 화엄사 사사자탑(四獅子塔)에서 보고, 전설의 태극혈을 직접 본다며 감탄했다는 이야기가 전해진다.

백두대간에서 흘러나온 호남정맥이 돌고 돌아서 백두대간을 다시 만나 태극혈을 만들었는데, 그 중심이 백계산의 정기(精氣)로 만든 구례군 오산 (鰲山)과 강 건너 백두대간의 끝 병방산(丙方山)이다.

도참과 풍수로 보면, 지리산과 반야봉과 화엄사와 태극혈 그리고 멀리 한 송이 회삼귀일의 연꽃이 일직선상으로 배열되어 있다. 이것이 이른 바 인연이 있는 자가 눈으로 보고 마음으로 깨닫는다는 법화경과 화엄 경이다.

태극(太極: 우주 무상한 법계)이라는 한 송이 연꽃이 있어 지리산(智異山)의 이름인 지리(智異)가 지어졌고, 화엄사가 존재하는 이유이며, 봉성(鳳城 : 현 구례군)은 성천자(聖天子)가 인간 세상을 다스리는 이상의 나라, 고난의 시대 난세를 벗어나 태평성세로 건너가는 중요한 〈반야선(般若船)〉 방법이 고 목적이기에, 진리의 빛으로 세상을 구한 혁명가 혜철국사가 중시하고 도선국사가 성심을 다한 결과가 왕건이 세운 불국토 고려(高麗)였다.

이 태극이 세상을 구하는 진리의 법, 원효대사의 법을 이어받은 혜철국 사가 도선국사에게 비밀리에 전한 비참(秘讖)의 핵심 사항이고, 도처(圖處) 의 핵심 결론이다. 법화경과 화엄경의 핵심이며, 동시에 이것을 현실에서 실현하는 비결이다.

어렵게 생각할 것 없다. 그냥 알기 쉽게 존재하는 유형무형의 모든 현상은 찰나의 한순간도 머무름이 없이, 서로 함께 쉼 없이 화합 융합하며 변화하는 것, 이것이 바로 쉼 없이 생멸을 반복하며 윤회하는 우주의 본질이고, 진리로 나가는 법화경의 핵심이며, 화엄법계(華嚴法界)임을 안다면 이해할 것이다.

한마디로 누구든 인연이 있는 자가 눈으로 보고 마음으로 깨닫는 진공묘유(眞空妙有) 자체이며, 동시에 쉼 없이 깨우치는 무정설법이다.

백두대간의 끝 병방산과 호남정맥의 끝 오산이 섬진강을 사이에 두고 만들어낸 태극(太極)과 봉성(鳳城)의 의미가 무엇인지를 알면, 흰 닭이 홰를 치며, 새로운 세상 새로운 역사의 새벽을 알리고 있는 백계산의 백계(흰 닭)가 무엇을 의미하는지 알 것이다.

그리하면 옛사람들이 이 셋을 세상을 구하는 묘법으로 전하는 이유도 알 것이다.

역사의 현장을 자연조건과 지명으로 설명하면, 섬진강 즉 옛 이름 압록강(鴨綠江)이 남으로 흐르며 백두대간의 끝인 병방산의 대(帶 허리에 차는 관대)를 이루다가, 북으로 방향을 돌려 잔수강(潺水江)이 되어, 호남정맥의 끝 즉 백계산의 끝인 오산(鰲山)의 대(帶)를 이루며 가다가, 동쪽으로 (동방천 東方川) 향하여 나가는, 굴곡진 S자형 모습이 태극혈이다.

혜철국사가 도선국사에게 전한 도참과 풍수로 해석하면, 백두대간은 양(陽: 남성)이 되고, 호남정맥은 음(陰: 여성)이 되어, 한 송이 법화(法華)로 피워내는 아름다운 연꽃, 태극(太極)을 만든 것이다.

그곳은 시기와 다툼도 없고, 굶주림도 없고, 병고도 없고, 전란도 없는 세상, 한 송이 아름다운 연꽃으로 피워내는 화엄법계, 즉 아름다운 인간세상으로, 봉황(鳳凰) 즉 어질고 청렴한 성군(聖君) 성천자가 다스리는 나라 봉성(鳳城)이다.

덧붙이면, 본래가 설명할 수 없는 것이라서 설명이 쉽지는 않지만, 구례에는 지리산(智異山) 지리(智異)가 피워내는 진귀하고 아름다운 4개의 꽃이 있다.

첫째는 백두대간과 호남정맥이 만나 피워내는 천지자연의 조화(造化)인 태극(太極 우주)이 쉼 없이 피워내는 불생불멸의 꽃, 한 송이 아름다운 묘화(妙華)다.

둘째는 법화경에서 나온 호남정맥이 다시 법화경으로 돌아가는 산, 다 함께 구하여 진리의 세상으로 나가 성불하는 회삼귀일의 연꽃으로 오산 약사여래가 세상을 구하고 있는 법화경의 법화(法華)다.

셋째는 백두대간이 각고의 노력으로 만덕(萬德)을 쌓은 끝에 얻는 만복(萬福 : 만복대(萬福臺))의 꽃 화엄경의 화엄(華嚴)이다.

무궁한 지혜가 한량없는 지리산(智異山) 법성봉(法性峰)에서 법기보살(法起菩薩)이 묘화(妙華)와 법화(法華)를 바라보면서, 쉼 없이 반야의 법문을 설하고 있는 법계(法界)에 핀 아름다운 인연생기(因緣生起)의 꽃 화엄경(華嚴經) 화엄(華嚴)이다.

넷째는 도리천(忉利天) 감로사(甘露寺 현 천은사) 극락보전 아미타불이 상주하여 있는 극락정토에 피어 있는 아름다운 꽃 연화(蓮華)다.

바로 이것이 옛사람들이 진리의 법을 전하는 방법으로 지리산 구례를 중시하는 이유다.

참고로 옛사람들이 활용한 도참과 비보풍수의 이해를 돕기 위해 설명하면, 후대에 액막이로 비보(裨補)한 이름, 샘이 숨었다는 천은사(泉隱寺) 본래의 이름인 감로사(甘露寺)와 산세가 만든 연꽃을 도참과 풍수로 풀어보면, 나고 죽음이 없는 정토, 영원히 사는 도리천(忉利天)을 뜻하는 것으로, 이것을 형상으로 설명하면 하늘나라 극락정토의 상징이다.

옛 이름, 지리산 감로사(甘露寺) 현 천은사(泉隱寺)의 핵심인 극락정토에 핀 연화(蓮華)다. 사계절 언제 보아도 아름답지만, 석양빛과 달빛에서 보면 아름답기가 그지없다. 아미타불이 설법을 하는 극락정토의 연꽃이다.

　나고 죽음이 없는 불생불멸의 도리천을 뜻하는 감로사와 연꽃, 그리고 액막이 비보풍수로 작명한 천은사를 동시에 보면, 옛사람들이 일상에서 그리고 인생에서 도참과 풍수를 어떻게 활용했는지를 알 수가 있다.

　더없이 아름다운 연꽃 형상의 산을 놓고, 그 속에 자리하고 있는 절의 이름을 감로사(甘露寺)라 할 때와, 천은사(泉隱寺)라 할 때, 담고 있는 뜻과, 세상에 전하는 메시지가 달라지듯, 시대와 사람과 사안에 따라 달라지는 것이 도참과 풍수의 해석이며 활용이다.

　저 아름다운 한 송이 연꽃이 날마다 시시각각 그리고 내 마음을 따라 다른 모습으로 피는 까닭을 알면, 처음 절의 이름을 왜, 감로사(甘露寺)라고 하였는지, 그리고 전각을 극락보전이라고 하여 아미타불을 모셨는지, 그리고 유행가 가사로 낯익은 저 유명한 나옹선사(懶翁禪師, 1320~1376년)가 오래도록 머물며 깊이 사랑한 이유를 알 것이다. 구한말의 선비 매천 황현(黃玹 1855~1910년) 선생이 사랑한 꽃이기도 하다.

　광양 백계산과 구례 오산의 관계를, 법을 전하여 세상을 구하는 불교적 해석이 아닌, 일반적인 풍수로 해석하면, 백계산 즉 백계산에서 나온 오산은 하늘의 신령한 수탉이 용궁의 거북이를 (오산 鰲山) 사냥하여 두 발로 움켜쥐고 강변에 앉아 주인을 기다리고 있는 형국이다.

　그러나 누가 무엇을 어떻게 해석하든, 여기서 주목해야 할 것은 혜철국사가 도참과 비보풍수로 세상을 구하는 진리의 법을 전하고 있는 현장인 호남정맥의 끝 백계산 도솔봉에서 나와, 섬진강 남쪽 강변에 자리한 오산의 의미와 역할이다.

오산에 관한 역사와 의미를 설명하려면, 많은 지면이 필요한 관계로 차후 별도로 논증하겠지만, 간단하게 정리하면 다음과 같다.

오산이 역사의 기록에 나온 것은 1149년 최유청이 쓴 도선국사 비문의 행장에 나오는 구령(甌嶺)과 신증동국여지승람 산천(山川)에 나오는 오산(鰲山)과 구례군의 역사를 기록한 봉성지(鳳城誌)에 지리산 다음으로 소개되어 있고, 그 역할은 지리산과 화엄사의 관점에서 오산과 혜철국사의 관점에서 오산, 그리고 요처인 잔수진(潺水津)을 지키는 국가방위의 오산으로 세 가지가 있다.

여기서 중시해야 할 것은 지리산과 화엄사의 관점에서, 왜 지리산이고 화엄사이어야 하는지를 입증하는 것이 오산이고, 혜철국사의 관점에서는 왜 약사여래를 암벽에 그려 모시고 세상을 구하는 도를 전하는 도선사(道詵寺)를 지은 이유가 무엇인지를 확실하게 밝혀주는 현장이라는 사실이다.

정리하면 1149년 최유청이 쓴 도선국사 비문의 행장(行狀)에 나오는 구령(甌嶺)은 오산을 도참으로 숨겨 쓴 것인데, 이를 우리말로 풀어보면 사발(沙鉢 : 도자기로 만든 밥그릇) 봉우리로, 해석하면 혜철국사가 사발을 들고 쉼 없이 모든 중생을 차별 없이 구하고 있는 약사여래를 암벽에 조성한 이유가 무엇인지를 분명하게 알 수가 있다.

다시 이것을 전통적인 도참과 풍수로 설명하면, 남쪽의 백계산 백계(白鷄) 즉 흰 닭은 새벽 즉 새로운 세상을 알리는 상서로운 영물이고, 강 건너 북쪽 봉성산(鳳城山 166m)의 봉황(鳳凰)은 천하를 태평성대로 이끌어 가는 성천자(聖天子)의 상징이니, 오산의 약사여래와 봉성(鳳城)의 성천자가 만나서 세상을 구하여 진리의 세계로 나가는 역사로 보면 된다.

백계산 도솔봉에서 흘러나온 지맥 오산(鰲山)은 큰 바다 거북이를 뜻하고, 산의 풍수 또한 거북이의 형상이다. 신령한 영물 거북이가 해가 뜨는 동방 즉 더 좋은 세상, 더 좋은 미래인 백계산 도솔천을 향하여 쉼 없이 나가는 모습이다.

백계산의 백계가 섬진강 남쪽 즉 태극의 남쪽에서 북쪽의 봉성 성천자에게 세상을 구하는 진리의 법, 즉 도(道 : 도선사(道詵寺))를 전하고 있는 장면으로 이해하면 된다.

도선국사에게 세상을 구하는 도참과 풍수를 전한 혜철국사가 856년 오산 바위 절벽에다 동방에서 강림한 약사여래를 모시고 (음각) 동쪽 계곡에 미점사(米岾寺)를 지은 후 858년 도선사(道詵寺)를 짓는 등 백계산을 중심으로 남북에 절을 지어 뜻을 전한 마음은 분명하다.

856년 혜철국사가 제자인 도선국사를 데리고 오산 암벽 절벽에 모신 약사여래다. 고려 태조 왕건은 혜철국사가 도선국사에게 전한 도참에 이른 대로 삼한을 통일하고 왕위에 올랐다는 동리산 태안사 사적 기록 그대로 여기 이 약사여래의 상징이며 화신(化身)이었다. 고려 창업의 핵심이다.

백계(白鷄) 즉 상서로운 영물인 흰 닭이 새벽 즉 새로운 세상을 알리고 있는 희양현(曦陽縣) 백계산 즉 미래에 강림하여 세상을 구하는 미륵불이 살고 있다는 도솔천(兜率天) 즉 도솔봉(兜率峯)에서 나온 산줄기 오산(鰲山)은 용궁(龍宮)에서 나온 신령한 거북이라고 이해하면 된다.

혜철국사가 도참과 비보풍수로 백계산 남북에 절을 지은 순서대로 그 마음을 따라서 가 보면 알 수 있는 것들이 있다.

신령한 영물인 거북이의 등에 모신 약사여래는 병고(病苦) 즉 아프고 병든 사람이 없는 나라, 어떠한 괴로움도 없고 고통도 없는 세상을 만드는 비결이다. (국민이 건강하고 행복한 복지국가)

도솔천을 향하여 나가는 거북이 오른쪽 어깨 즉 동쪽 골짜기에 세운 쌀고개 절, 쌀 절, 미점사(米岾寺)는 굶주려 죽는 사람이 없는 나라, 민생들이 해마다 넘어야 하는 비극적인 죽음의 보릿고개가 없는 세상을 만드는 비결이다. (국민이 잘사는 나라 경제)

거북이 등에 세운 도선사(道詵寺)는 그런 나라를 만들어서, 세상을 구하는 진리의 법, 즉 모든 사람에게 평등하고, 모든 사람을 차별 없이 구하여 살리는 도(道)를 전하는 자리다. (나라와 국민을 위하는 올바른 정치)

도솔봉 남쪽 기슭에 세운 절, 누구나 마음을 청결히 하여 소원을 빌면 다 이루어 준다는 운암사(雲巖寺)는 지치고 힘든 백성들에게 꿈과 희망과 용기를 갖게 하는 비결이다. (누구나 꿈을 이루며 사는 행복한 나라)

북방을 지키는 무신(武神) 현무산(玄武山) 옥룡사(玉龍寺)는 나라와 국민을 지키고 보호하는 힘 무력(武力)의 비결이다. (안전한 사회 굳건한 국방)

혁명가 혜철국사와 도선국사가 도참과 비보풍수로 희양현 백계산 남북에 절을 지은 목적은, 강 건너 백두대간의 끝, 즉 용을 타고 오는 임, 천하를 태평성대로 이끌어갈 봉성(鳳城)의 성천자(聖天子)를 위함이며, 기다린 임은 곧 고려 태조 왕건이었다.

희양현(曦陽縣) 백계산(白鷄山)은 새로운 세상, 새로운 새벽을 알리는 상징이라는 의미다. 도참으로 민심을 일으키고 풍수로 뜻을 모으는 방법이었다.

훗날 936년 고려 태조 왕건이 삼한을 통일한 4년 후 940년 현의 이름인 희양(晞陽)을 세상을 구한 진리의 빛이라는 광양(光陽)으로 바꾸어 바친 것은, 당시 백계산의 역할에 대하여 인정하고 보은한 것이다.

처음 백두대간의 끝인 병방산 남쪽 즉 섬진강 남쪽에 있는 호남정맥의 끝인 백계산을 백계(白鷄 흰 닭)라고 한 이유를 헤아려 보면, 전체 산의 모습이 마치 상서로운 흰 닭이 홰를 치며 세상의 새벽을 알리고 있는 형국을 그대로 표현하고, 세상을 구하는 법으로 활용한 것이다.

옛 역사를 보면 757년(경덕왕 16) 우두머리라는 마로현(馬老縣)을 햇볕이 좋은 고을 희양현(曦陽縣)으로 개칭하였는데, 고을의 이름인 희양(曦陽)과 백계산의 백계(白鷄) 즉 흰 닭은 자연과 사람 즉 고을 이름과 산이 하나가 된 것이다.

정리를 하면, 전남 해안 바닷가에 있는 광양(光陽)의 백계산(白鷄山 505m)은 예로부터 지금의 백계산을 통칭하던 이름이었으나 정확히는 알 수 없지만, 1530년 증보하여 새로이 간행한 신증동국여지승람 광양현의 기록을 보면 "백계산(白鷄山) 현의 북쪽 20리에 있는 진산(鎭山)이다"라고 하였고, 함께 첨부된 동람도(東覽圖) 전라도를 보면 백계산으로 표기되어 있다.

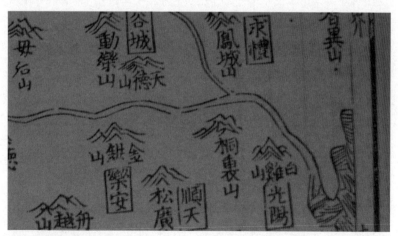

신증동국여지승람에 첨부된 전라도 지도다. 섬진강을 사이에 두고 남쪽에는 백계산(白鷄山) 북쪽에는 봉성산(鳳城山)이 표기되어 있다.

그러므로 도선국사를 연구하거나, 이 글을 읽는 사람들은 이 점에 유의하여 혼동하지 않기를 바란다.

이후 조선 후기 1872년 간행된 지도에 백계(白鷄)가 완전히 사라지고 백운산으로 바뀌었는데, 이는 오랜 세월을 두고 혼용되다가 백운산과 백계산으로 분리, 백운산으로 고착되었고, 이것이 오늘에 이른 것으로 보는 것이 합리적이다.

그러나 1499년 제작된 동여비고(東輿備考) 광양현 지도에는 "백운산(白雲山) 일명(一名) 백계(白鷄)"로 표기되어 있다.

과정이야 어찌 됐든, 지금 세상에서 말하는 백계산은 주산인 백운산의 주맥이 서북쪽 다라봉(1,127m 풍수로는 다라봉이 정상이다)을 돌아 남서쪽 도솔봉(1,125m)에서 솟구쳐 나온 한 맥이 남쪽으로 뻗어 내려 백운산 남쪽 중앙에 자리한 운암사가 있는 산을 말하고, 조선 중기 이전의 기록은 주산인 백운산과 운암사가 자리한 산을 함께 통칭했었던 말이다.

여기서 중시해야 할 것은 권력다툼으로 지새는 썩어빠진 정치를, 즉 병든 나라의 왕조를 갈아엎고, 백성들이 즐겁고 행복한 세상을 만들려는 혁명가 혜철국사와 도선국사가 중시한 백두대간과 호남정맥이 돌아와 만나는 이 코스가, 즉 동리산 태안사를 중심으로 하는 섬진강 유역이 훗날 왕건의 든든한 배경이 되었고, 군량미와 군자금 등등을 끊임없이 지원하는 근거지가 되었다는 사실이다.

의심할 것 없다. 당시를 기록한 동리산 태안사 사적 제7장 잡록(雜錄)을 보면, 경남 합천 해인사와 의령과 진주를 거쳐 고성을 비롯한 경남 서부 지역은 물론, 태백산 영주 부석사까지 태안사의 영향력 아래 있었다는 것은 태안사의 중심 세력들이 어떻게 움직였는지를 충분히 엿볼 수 있다.

당시 전남 서부인 나주와 영광은 물론 지금의 경남 내륙인 의령군과 거창군에서 남해안 고성군에 이르는 경남 서부 지역과 전남 남해안까지 태안사가 11개 지역에 대규모 토지는 물론, 심지어는 남해에서 독자적으로 소금과 미역 등을 생산하는 바다 농장과 여러 공장을 보유하고 있었다는 것은 당시 태안사의 위세가 얼마나 막강했었는지를 미루어 알 수 있는 일이며, 태안사가 고려창업의 중심에 있었음을 말해주고 있다.

혜철국사와 도선국사가 해상왕 장보고의 마음(법화경)과 실권(세력과 자금)을 이어받은 세력임을 안다면, 그것도 실세임을 안다면 의심하지 않을 것이다.

무릇 동서고금을 통틀어 일을 함에 있어서, 더구나 그것이 한 나라를 근본에서부터 뒤집고 개혁하는 일이라면, 막대한 자금과 사람이 필요한 일이다.

당시 이미 스스로 기능을 상실한 병들고 썩어빠진 나라, 신라를 개혁하려는 의지를 가진 태안사의 경제력이 이 정도라면, 아무것도 두려워할 것이 없는 일이다.

한마디로 정리하면, 남해안 일대와 경남 서부 지역을 총괄하는 본부가 현무산 옥룡사다. 문명이 발달한 21세기의 시각으로 보아도 광양시 옥룡면 현무산 옥룡사는 천혜의 요새지다.

장차 나라가 셋으로 쪼개져 (후삼국) 피를 부르는 전란으로 지새게 될 삼한을, 즉 내전(內戰)으로 지옥이 돼버릴 후삼국을 다시 하나로 통일하여, 나라와 국민을 동시에 구하는 방법으로 백계산을 중심으로, 그것도 미륵보살이 거주한다는 도솔봉(兜率峰 1,123m) 남쪽의 현무산 옥룡사에서 북쪽의 구례 오산(鰲山) 도선사로 이어지는 산맥, 즉 혈처를 나라와 국민을 지키고 보호하는 5대 비보(神補)의 도처(圖處)로 삼아 진법을 펼친 혁명가 혜철국사와 도선국사의 마음을 헤아려 보면, 백계산의 존재가 무엇이고, 옥룡사의 역할이 무엇인지 확실하게 보인다. 도참과 풍수로 해석하면, 뜻을 숨기고 몸을 숨겨 일을 도모하기에 최적이었다.

알기 쉽게 설명하면, 백계산 도솔봉을 중심으로 즉 미륵보살이 주석하는 정토, 모든 중생이 다 같이 기뻐하고 즐거운 하늘나라 도솔천(兜率天)에서 흘러나온 북쪽 산맥의 끝인 오산(鰲山) 즉 거북이의 등에는 동방에서 강림한 약사여래가 서서 쉼 없이 세상을 구하고 있고, 도솔천 남쪽 기슭에서 새로운 세상 새로운 새벽을 알리고 있는 백계(흰 닭)와 현무산 현무 즉 또 다른 거북이 등에 3층 석탑과 쌍사자석등을 세운 뜻이 무엇이겠는가를 생각해 보면, 혜철국사와 도선국사 두 사제의 전략과 간절한 마음을 알 수가 있다.

이것을 끊임없는 권력다툼과 그로 인한 온갖 부정부패로 병든 나라를 건강하고 부강한 나라로 만들어, 국민을 즐겁고 행복하게 하는 국가 건설의 차원에서 보면, 백계산 북쪽의 오산 거북이는 해가 뜨는 동방에 있는 더 좋은 세상 더 좋은 미래인 도솔천으로 나가고, 남쪽의 현무산 현무는 모든 중생이 나가야 할, 더 좋은 세상, 더 좋은 미래인, 도솔천을 지키고 보호하는 것으로 이해하면 된다. 나라의 정치와 국민이 쉼 없이 나가야 할 방향 제시다.

한마디로 혜철국사와 도선국사는 섬진강 유역 중심에 자리한 백계산의 활용도와 전략적 중요성을 간파하고, 나라와 국민을 동시에 구하는 진리의 법을, 뜻을 일으켜 민심을 모으는 진법으로 실행한 것이다.

어렵게 생각할 것 없다. 이 모든 일들은 치밀한 군사전략에서 비롯하는 일들이다. 옥룡사를 중심으로 즉 옥룡면 자체를, 즉 백계산을 하나의 비밀 기지로 만드는 작업이고, 동시에 그걸 숨기는 작업이다. 많은 사람이 드나들고 모이는 것을 도참과 비보풍수로 감추는 작업으로 이해하면 된다. 그게 답이다.

이러한 백계산의 존재와 역할을 정치적으로 해석하면, 원효대사에서 혜철국사 · 도선국사 · 무학대사로 이어지는 진리의 법, 나라와 국민이 위기에 처할 때마다 구하여 살리는 가르침은 동서로 갈리고 남북으로 대립하며 국력을 소진하고 있는 지금의 우리 시대가 받들어야 할 소중한 정신 문화 유산이다. 최고 최상의 정치철학이고 군사전략이다.

잠시 이해를 돕기 위해 설명하면, 동쪽으로는 섬진강이 있고, 서쪽은 곡창인 호남의 중심을 동서로 가르고 온 호남정맥이 돌아와 앉은 백운산은 뜻을 숨기고 몸을 숨겨 일을 도모하기에 최고의 도처, 즉 천혜의 요새지다.

이처럼 나라와 국민이 깊은 어둠 속에서 길을 잃고 헤맬 때, 새로운 세상, 새로운 새벽, 새로운 길을 알려준 백계산의 공로를 인정하고 보은한 것이 고려 태조 왕건이다.

앞서 언급했듯이, 936년 삼한을 통일한 왕건이 4년 후 940년(태조 23) 아침 해가 뜨는 고을 희양(晞陽)을 세상의 빛 진리의 빛이라는 광양(光陽)으로 이름을 바꾼 것은 삼한을 통합하는 과정에서, 백계산의 역할과 공로가 그만큼 크고 컸음을 인정하고 헌정(獻呈)한 것, 바친 것이라는 사실이다.

이것이 우리가 알아야 할 백계산(백운산)의 참모습이고, 진리의 등불을 밝혀 세상을 구한 광양의 역사이고 이름이다.

이러한 백계산의 역사는 결코 허황한 전설이 아니다. 백계산을 중심으로 혜철국사가 도선국사에게 전하여, 왕건으로 하여 세상을 구하고 백성을 살리게 한 도참과 비보풍수를, 즉 뜻을 일으키고 민심을 모아 고려를

창업하는 방법과 과정을 가장 적극적으로 정확하게 활용하여 성공한 인물이 조선을 건국한 태조 이성계다.

다음 소개하는 건원릉(健元陵: 태조 이성계의 무덤) 비석의 비문을 비롯하여 몇 가지 사례를 읽어보면, 결코 허황한 이야기가 아님을 알 것이다.

"어떤 이인(異人)이 대문에 와서 글을 바치며 이르기를, '지리산(智異山) 암석(巖石 구례 오산 도선사 약사여래) 가운데서 얻은 것이다.' 하였는데, 거기에는, '목자(木子)가 다시 삼한(三韓)을 바로잡으리라'라는 말이 있었다. 그러므로 사람을 시켜 나가서 맞이하게 하였더니, 이미 가버리고 없었다."

이성계의 비문을 보면, 혜철국사가 도선국사에게 도참으로 전하여 실행한 세상을 구하고 백성을 구하는 방법, 즉 왕건이 고려를 창업하는 과정을 그대로 반복 재현한 것임을 알 수가 있다.

이어 전설이 된 이야기, 이성계가 무너지는 커다란 기와집에서 서까래 3개를 지고 나왔다는 꿈을, 삼한의 왕(王)이 될 징조로 풀이를 해준 무학대사의 해몽 역시, 원효, 혜철, 도선으로 이어지는 법화경의 핵심 사상인 각각의 셋을 하나로 모아 진리의 세계로 나가는 한 송이 회삼귀일(會三歸一)의 연꽃, 즉 방편인 삼승(三乘)을 하나로 묶어서 진리인 일승(一乘)으로 나가 다 같이 성불하는 법을 전하여, 도탄에 빠진 세상을 구하게 한 것이다.

이성계가 기도하여 뜻을 이뤘다는 남해 금산 이씨기단(李氏祈壇)이다.

그뿐만이 아니다. 고려 말 이성계의 조선 건국의 과정을 정치적인 관점에서 살펴보면, 황산대첩(荒山大捷: 1380년 9월, 지리산 북서쪽 전북 남원시 운봉 황산 전투)을 시작으로, 섬진강의 시원(始原)인 마이산(馬耳山)과 섬진강이 바다로 드는 남해 금산(錦山 705m)에서 신(神)들로부터 개국(開國)을 인정받았다는 사실이다.

이는 끊임없는 왜구들의 노략질과 살육으로 민생들이 죽어 나가고, 안으로는 문반(文班)과 무반(武班)들이 서로를 증오하는 패거리 정치로 인한 온갖 부정부패로 국가의 기능을 잃고, 스스로 무너지는 고려의 왕실을 대체할 새로운 왕으로 하여, 나라를 지키고 민생들을 살려서, 새로운 세상을 열어가려는 섬진강 세력들로부터 나라를 창업해도 좋다는 허락을 받았다는 역사가 전설이 된 것이다.

그리고 남해 보광산(普光山) 보광사(普光寺 현 보리암)에서 100일 기도를 올리며 신령에게 언약하기를, 임금이 되면 그 보답으로 산 전체를 비단으로 덮겠다고 약속하였고, 훗날 임금이 되어서 영원히 낡지 않고 사라지지 않는 비단을 뜻하는 금산(錦山)으로 개명하여 바친 유명한 일화 역시, 936년 삼한을 통일한 왕건이 4년 후 940년(태조 23년) 희양현(晞陽縣)을, 세상을 구한 법화경 진리의 빛 광양현(光陽縣)으로 개명하여 바친 역사를 그대로 답습하고 있다.

이 밖에도 이성계가 섬진강 발원지인 전북 진안 마이산(馬耳山)에서 기도하던 중 꿈속에서 신인(神人)으로부터 임금의 징표인 칼로 된 금척(金尺, 금으로 된 자)을 하사받고 무력으로 조선 건국을 천명한 일과, 약사여래가 세상을 구하는 진리의 법을 전하고 있는 백계산 북쪽 끝 즉 호남정맥의 끝 오산을 품고 있는 지명(地名) 구례군 문척면(文尺面)의 문척(文尺)이라는 뜻을 도참으로 풀어보면, 문유승척(文有繩尺) 즉 글로서 천하의 법도(法度)를 세웠다는 뜻으로, 혜철국사와 도선국사 두 사제(師弟)를 통해 왕건으로 이어진 고려창업의 역사를 놓고 보면, 금척(金尺)과 문척(文尺)은 불

전라북도 진안군 마이산 은수사 태극전(太極殿)에 걸린 몽금척도(夢金尺圖)다. 이성계의 정성에 감동한 산신령이 삼한의 왕이 될 것을 허락하여 칼로 된 금척을 주는 장면이다.

가분의 관계임을 알 수 있다.

　결과인 제왕의 상징인 자(尺)는 같아도, 시작인 문(文)과 금(金)이 다른 금척(金尺)과 문척(文尺) 즉 글과 쇠가 다른 것은, 법도(法度)와 법력(法力)으로 세상을 바르게 개혁하여 구하는 것과, 칼을 휘둘러 왕위를 찬탈하는 것으로, 시대와 사람과 상황에 따라서 달라지고 다르게 변하는 것이 도참과 비보풍수의 묘법이며 활용이다.

　여기에다 무학대사의 해몽과 이성계를 찾아가 삼한(三韓)의 왕이 될 비급을 전해준 지리산 이인(異人)과 전북 진안(鎭安)에서 백두대간을 나온 호남정맥과 섬진강이 여기 백계산 북쪽에서 다시 백두대간을 만나 셋이 함께 어우러져 태극을 이루고 있는 장면은 결코 예사로 볼 일이 아니다.

고려 태조 왕건과 조선 태조 이성계가 건국의 과정에서 중시한 섬진강 유역을 (남해를 포함) 군사전략의 차원에서 보면, 건국의 시작과 과정에서 반드시 확보해야 할 요충으로, 저 유명한 충무공 이순신이 진영(鎭營)을 섬진강 서쪽 여수에서, 섬진강 동쪽 한산도(閑山島)로 옮기면서 설명한 이유, 호남이 없으면 나라도 없다는 약무호남(若無湖南) 시무국가(是無國家)의 원전(元典)이다. (고려는 물론 조선 왕실에서도 섬진강을 군사적으로 매우 중시하였다. 남원부를 통해서 구례현을 직접 관장하게 한 이유다.)

이처럼 전설(傳說)과 비문(碑文)과 지명(地名)과 설화(說話)로 조각조각 전해오는 이야기들을 모아보면, 이성계의 조선 건국은 조직적이고 치밀한 계획하에, 고려창업의 주역이었던 백계산(백운산)의 역사를 통째로 커닝한 것임을 알 수가 있다.

과학 문명이 발달한 21세기에서는 이해할 수 없는 일이지만, 이것이 그 옛날 도참으로 민심을 일으키고, 풍수로 민심을 모아, 나라와 백성을 동시에 구한 백계산 즉 백운산의 참모습이고 역사다.

6   도선국사 비문에서 보아야 할 허와 실

乳育夐異凡兒雖在提孩於
也母姜氏夢人遺明珠一顆
道詵俗姓金氏新羅國靈巖
汝以撰述其敬之哉臣聞
我祖宗累加封贈所以致崇
上嗣位之四年十月辛酉
朝散大夫尙書禮部侍郞翰
監修國事上柱國臣崔惟淸
翊聖同德功臣守大尉門下
海東白雞山玉龍寺贈諡

三四七、

光陽

玉龍寺

所在

年代

최유청이 쓴 도선국사 비문 서울대 소장본을 인쇄한 것이다.
(1984년 2월 발간한 한국금석전문에서 발췌)

그가 누구이고 목적이 무엇이든, 최유청이 쓴 비문을 읽고 도선국사를 알려고 한다면, 반드시 확실하게 알아야 할 것은 다음 다섯 가지의 사실 이다.

1. 기본적으로 돌을 다듬어 새기는 모든 비문은 그 사람이 누구이고 무 엇을 하며 어떻게 살았든, 생전의 공덕을 찬양하는 의례적인 것이지, 콩 이냐 팥이냐를 가리고 기록한 것이 아니며, 살았던 인생은 물론 역사와도 많은 차이가 있다. 심지어는 180도 전혀 다른 경우도 허다하다. 그런 연유 로 다만 참고할 뿐, 믿어서는 안 된다는 사실이다.

승려와 일반인을 막론하고, 고대에서 조선 말기까지 사람을 대상으로 하는 현존하는 모든 비문을 다 읽어본 나의 결론이며 생각이다.

단순한 개인적인 호기심이라면, 참고 자료로 그치는 것이 좋다. 그 비문 속의 이야기를 사실로 믿어서는 안 된다. 특히 어떤 목적으로 하는 연구 라면, 반드시 비문 밖에서 다시 검증해야 한다. 필수다.

2. 광양시 백계산 도선국사 비문과 비석은 처음부터 옥룡사에서 기획하 고 세운 것이 아니다. 고려 제17대 왕 인종(仁宗 1109~1146년)의 유지(遺志) 를 받든 제18대 왕 의종(毅宗 1127~1173년)이 1149년 최유청을 시켜 비문 을 짓고, 1150년 돌에 새긴 후 왕실의 원찰(願刹)인 개성 국청사(國淸寺)에 세우려고 했다가 실패하고, 20년 동안 처마 밑에 방치된 것을 1172년 고 려 제19대 왕 명종(明宗 1131~1202년) 당시 옥룡사로 옮겨와 세웠다는 사 실이다.

개성에서 그것도 인종(仁宗)의 원력으로 왕실의 원찰인 국청사에 세우 려고 쓴 글이라는 것을 알고 읽어야, 해석에서 오류를 범하지 않는다는 말이다. (비음기(碑陰記) 역시 1173년 명종의 명으로 최유청이 본문을 쓰고, 다시 1173 년 6월 14일 주지 지문이 왕의 허락을 얻어 승려 기준(機俊)이 도선국사가 법을 전한 4개의 사찰을 현장인 백계산 옥룡사에서 추가하여 비석에 새겼음.)

3. 비문 첫머리에서 비석을 세우는 뜻을 밝히는 글을 보면, 고려 18대 왕 의종이 최유청을 불러 비문을 지을 것을 명하면서 "우리 선대왕들이 여러 번 봉증(封贈)을 더하여 극도로 존중하였으나 대사의 높고 훌륭한 대 업을 지금까지 문장으로 전하지 못한 것을 짐은 부끄럽게 여긴다."라고 하였다.

그리고, 사망 당시의 기록에 "제자 홍적(洪寂) 등이 열반에 든 스승의 높 은 행적이 전하지 못할까, 두려워하여 눈물을 머금고 표문(表文)을 올려 기록해 주기를 청하므로, 왕이 서서학사(瑞書學士) 박인범(朴仁範)에게 비 문(碑文)을 지으라고 명하였으나, 끝내 돌에 새기지 못했다."라고 하였다.

비문 서두와 끝에 언급된 2개의 기록은 도선국사 비석은 없었음을 말함과 동시에, 운암사 주지 지문 스님이 개성 국청사에 방치된(버려진 것) 비석을 가져다 옥룡사 북쪽에 세운 것, 즉 운암사 동쪽에 세운 것, 지금 세상이 아는 비가 왕명으로 세운 최초라는 사실이다.

이 2개의 기록이야말로 옥룡사에 세우는 비석은 그냥 단순히 뜻을 기리며, 널리 선양하는 차원에서 조성하는 상징적인 탑비일 뿐, 시신(屍身) 또는 화장한 유골(遺骨)이나 사리(舍利)를 봉안한 것이 아니라는 분명한 증명이다. 개성 국청사에 세우려다 22년 동안 버려진 것을 가져다 세운 것이므로 시신이나 유골이 있을 수가 없다는 역사의 기록이며 확인이다. 근년에 발굴된 유골이 도선국사의 것이 아니라는 증명이다.

내가 처음 연구를 시작했던 80~90년대는 공개된 자료가 없어 사실 여부를 가리고 확인하는 일이 숲에서 바늘을 찾는 것과 같았다. 가장 어려웠던 것은 정사와 야사를 구분할 수도 없고, 무엇이 정사이고 전설인지조차도 가려낼 방법이 없었다.

그러나 오랜 연구 끝에 옛 선사들의 탑과 비를 모아놓은 동리산 태안사에서 도선국사의 〈혜철국사의 상수(上首 우두머리 제자) 신종(辛宗)〉 탑을 세웠던 부도지(浮屠址)와 탑(추정)을 찾았다.

중앙 잡목숲을 빙 둘러 에워싸고 있는 푸른 솔이 자연적으로 형성된 능선이다. 저 산봉우리에서 둥근 원을 이루고 있는 작은 분지가 동리산(桐裏山) 태안사(泰安寺) 북쪽에 있는 전설의 동리(桐裏 봉황의 둥지) 부도지(浮屠址)다.

동리산문의 조사인 혜철국사의 탑과 비는 경내 법당 뒤에 있다. 더없이 훌륭하고 위엄이 있는 자리다. 그러나 제2대 신종(辛宗: 도선국사)을 시작으로 제3대 광자대사의 탑과 비는 태안사 북쪽 전설의 동리(桐裏, 봉황의 둥지)에 있었다.

오랜 옛날부터 고려와 조선을 거쳐 지금 대한민국까지 저마다 날고 긴다는 풍수들이 동리산 태안사를 이 잡듯이 뒤졌으나, 눈으로 보고서도 보지 못하는 명당, 동리산 동리(桐裏)는 하늘이 가파른 산등성이에 만들어 놓은 봉황의 둥지다. 한마디로 자연이 만든 기막힌 조화로 봉황이 영생하며 번성하는 천하제일의 명당이다.

저 유명한 태종 이방원의 둘째 아들, 즉 세종의 형 효령대군(孝寧大君 1396~1486년 향년 90세) 보(補)가 승려가 되어, 동리산문 태안사에 머무르면서 도선국사의 비기를 찾으려 노력했으나, 끝내 찾지 못했다는 전설이 있다. 1872년 지도에 효령대군의 영당(影堂)이 표기되어 있다.

여담이지만 동리산 태안사로 들어가는 입구 동계(桐界: 마을이 따로 있지만 통칭 보성강을 건너 태안사 입구까지 전체 골짜기를 말함)에는 효령대군의 후손들이

1872년 지도다. 동리산 태안사 산내에 있었던 효령대군의 영당이다. (좌측 사각 담장) 동리산 골짜기에는 효령대군에 관한 이런저런 전설이 많다.

터를 이뤄 살고 있으며, 세종의 넷째아들 임영대군(臨瀛大君)의 후손들도 동리산에 터를 잡아 번성하였는데, 동리산을 찾은 동기는 달라도, 둘 다 동리산에 전하는 전설의 비기를 찾아 권력의 칼날로부터 목숨을 보전하고 후손들의 번성을 꾀함이었다.

여담이지만 1987년 6월 9일 최루탄에 맞아 사망해, 6·10민주항쟁의 기폭제가 되었던 이한열 열사의 원적이 동리산 동계로 효령대군의 후손이다.

내가 처음 전설의 동리산(桐裏山) 동리(桐裏)를 확인하고, 생존한 사람들 가운데 그곳을 잘 아는 이를 찾아 몇 년을 헤맬 때, 동리산 신령이 보내준 사람이 일제강점기 태안사 주지를 지낸, 금담(金潭?~1943년 12월 9일 열반) 스님의 아들로, 태안사에서 나고 자란 이수봉(李秀鳳 1933년 출생) 선생이었다. (당시 대처승(帶妻僧)이 국가정책이었다)

이수봉 선생의 증언에 따르면, "어렸을 때의 기억이라 세세히 알 수는 없지만, 끊임없는 도굴로 인한 파괴와 도난이 극심했던 탓에, 스님들이 더 훼손되고 도난당하기 전에 나머지라도 지키자는 뜻으로 지금의 자리로 옮기기로 하고, 해방 전 1941년 여름부터 작업을 시작하여 1943년 겨울

2008년 12월 10일 직접 답사 촬영한 동리산(桐裏山) 동리(桐裏) 현장에 버려진 석물이다. 규모와 정교함으로 보아 상당했을 거라는 생각이다. 사진 속의 인물은 일제강점기 태안사 주지 금담 스님의 아들 이수봉(李秀鳳) 선생이다.

까지 3년에 걸쳐 옮겼다"라고 한다.

아버지 금담 스님으로부터 전해 들은 이야기는 이전 작업을 하면서 동리(桐裏)에 있었다고 전해오는 도선국사의 탑과 흔적을 찾았지만, 광자대사(廣慈大師)의 탑비만 확인했다고 한다.

또 하나 확인한 것은 동리 아래 즉 지금 경찰 기념탑 뒤편에 승려들의 부도지가 별도로 있었고 많은 부도가 있었는데, 대부분 도난당해 사라졌다고 한다.

이수봉 선생의 증언은 동리산 태안사 북쪽 산등성이 동리(桐裏)는 아무나 들어갈 수 없는 특별하고 신성한 성역으로 보호되고 있었다는 증명이다.

정리해 보면, "좌탈입멸(座脫入滅)한 법구(法軀)를 (앉아서 죽은 시신을) 옮겨 절 북쪽 산등성이에 모시고 탑을 세웠으니, 대사의 유언을 따른 것이다.""왕이 서서학사(瑞書學士) 박인범(朴仁範)에게 비문(碑文)을 지으라고 명령하였으나 끝내 돌에 새기지 못하였다."라는 비문의 기록은 898년 동리산 태안사의 상황을 말하는 것이며, 역사와 비문의 기록과 풍수가 정확하게 일치한다.

사지북강(寺之北岡) 즉 "절 북쪽 산등성"이라는 말을 현장에 대비하여 보면, 백계산 옥룡사는 뭔가 어색하지만, 동리산 태안사는 아주 자연스럽게 어울린다.

굳이 혜철국사와 도선국사가 숨겨버린 도처(圖處)를 찾아 풀어내는 도참의 풀이가 아니더라도, 누구든 사물이 보여주는 이면을 헤아려 보는 지혜로운 눈이 있는 사람이라면, 현무산 옥룡사에서 탑비가 있는 백계산을 바라보고, 동리산 태안사에서 동리(桐裏)를 바라보면, 내가 도선국사 비문의 "사지북강(寺之北岡)"에서 "강(岡)을" 절 북쪽 산등성이로, 통진대사 비문의 "백계산동지운암강(白鷄山東之雲巖崗)"에서 강(崗)을 백계산 운암사 동쪽 언덕으로 해석하는 이유를 분명하게 알 것이다.

결정적인 자료를 찾지는 못했지만, 당시의 역사와 최유청이 쓴 비문, 그리고 태안사 승려들에게 전해왔던 전설을 종합하여 보면, 도선국사는 태안사에서 (사망) 열반했고, 시신이든, 탑이든, 절 북쪽 산등성이 동리(桐裏)에 안장됐다. 더 늦기 전에 발굴하여 보면, 실마리가 있을 것이다. 반드시 인연의 때가 있을 것으로 믿는다.

4. 선대왕 인종(仁宗)의 유지(遺志)를 받든 제18대 왕 의종이 왕실의 원찰인 개성 국청사에 세우려다 (밝혀지지 않은 여러 이유로) 실패하고 처마 밑에 버려진 것을, 제19대 왕 명종(明宗 1131~1202년) 당시 옥룡사 주지 지문이 공물을 싣고 간 배로 옮겨와 현재의 광양시 옥룡면 백계산에 세웠으며, 비를 세우는 과정을 상세히 기록한 (1172년(명종 2) 10월 19일) 비음기(碑陰記)도 비 본문을 지은 당사자인 최유청(崔惟淸, 1093년~1175년, 향년 82세)이 썼다는 사실이다.

보기 드문 사례다. 모함으로 정치적인 곡절이 있었고, 비문을 쓴 후 22년의 시차와 80세라는 나이가 있었음에도, 최유청이 비석을 옮기고 세우는 과정을 상세히 기록한 비음기를 쓴 것은 최유청의 복이고 비석의 복이다.

비음기를 최유청이 썼다는 사실이 중요한 것은 본문을 쓴 당사자이기도 하지만, 도선국사라는 인물과 비문을 지은 자료(사료 史料) 그리고 비를 세우는 과정이 일관성 있게 기록되어 있고, 의례적인 덕담을 제외한 나머지는 최유청 나름대로 자료와 판단에 의한 것으로 객관성을 유지하고 있기 때문이다.

5. 사람들이 가장 많이 착각하는 백계산과 백운산의 혼동이다. 언제부터 백계산이 백운산으로 바뀌었는지, 정확한 기록이 없어 알 수는 없다.

통진대사를 비롯하여 도선국사의 비를 세우는 1172년 당시는 물론 1530년(중종 26년) 완성된 동국여지승람에 "백계산(白鷄山) 현의 북쪽 20리에 있는 진산(鎭山)이다."라고 하였고, 1499년 제작된 동여비고에 백운산은 일반적인 글씨로 쓰고 일명(一名) 백계(白鷄)는 산(山)을 빼고 작은 글씨로 쓴 것으로 보아, 이미 백운산으로 바뀌었으나, 옛 이름 백계산과 혼용 사용되어 오다가, 조선 후기에 백운산이 전체의 이름이 되고, 백계산은 닭의 혈처(穴處)인 운암사가 속한 야산으로 분리되었다는 사실이다.

일반인들은 물론 처음 도선국사와 옥룡사를 연구하는 사람들 모두 100% 걸려 넘어지는 돌부리와 같은 기록물이다.

도선국사 비문에서 사람들이 착각하거나 혼동하는 "백계산유고사왈옥룡(白鷄山有古寺曰玉龍)" 즉, "백계산에 옥룡이라는 옛 절이 있다."라는 기록과 도선국사와 통진대사 두 사제의 비문에서, "해동백계산옥룡사(海東白鷄山玉龍寺) 희양현고백계산옥룡사(晞陽縣故白鷄山玉龍寺)"에서 백계산은 대표적인 돌부리에 해당한다.

지금 우리가 아는 백운산은 아득한 옛날부터 백계산이었고, 이 명칭은 조선 중기까지 이어졌다. 그리고 백계산이 백운산으로 바뀐 조선 후기에 나타나는 기록들은 백계의 혈처로 축소된 광양시 옥룡면 추산리 백계산과 혼용된 것이다.

1499년 제작된 동여비고다. 백운산(白雲山)은 큰 글씨로 쓰고 일명(一名) 백계(白鷄)는 산(山)을 빼고 조금 작은 글씨로 쓴 것은, 이미 백운산으로 바뀌었고 옛 이름 백계산이 함께 혼용되고 있음을 알 수 있다. 거북이를 상징한 그림 현무산에 옥룡사가 있고 북쪽에 운암사와 송천사가 있다.

그러므로 만약 어떤 문헌에서, 백운산 또는 백계산 또는 현무산이라는 기록을 보았다면, 먼저 어떠한 판단도 하지 말고, 언제 어느 때 어떤 사람이 어떤 상황을 기술한 것인지, 전체 내용을 보고 판단해야 한다.

그래야 오류를 범하지 않고, 정확한 사실에 접근할 수가 있다. 고려시대의 기록은 무조건 전체를 백계산으로 이해하면 된다. 확실한 건 고려시대는 물론 조선 초기까지는 전체 산 이름이 백계산이었다.

이후 기록이 없어 알 수는 없지만, 조선 중기에 들어와 백운산과 함께 혼용 사용되다가, 후기에 백운산과 백계산으로 각각의 이름이 확실하게 달라지면서, 백계산은 백계의 혈처로 알려진 운암사가 있었던 옥룡면 추산리 동백숲을 중심으로 하는 산의 이름이 되었다.

산과 사찰은 시대와 상황에 따라서 이름이 달라졌다. 그러므로 전체일 수 있고, 부분일 수 있는 것이 백계산이고 백운산이다.

한마디로 옛날에는 백계산 안에 현무산과 백계의 혈이 있었고, 지금은 백운산 안에 백계산이 있고, 현무산이 있다는 것, 이것을 확실하게 알아야 한다.

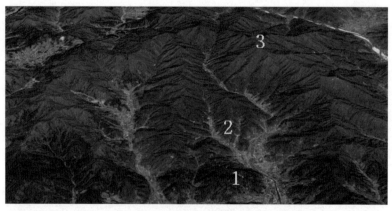

백계산 백계의 모습이다. 3번이 백계산 정상이다. 고려는 물론 조선 중기까지 백계산이 전체의 이름이었다. 조선 후기에 들어 전체는 백운산으로 백계산은 중앙 백계의 혈처인 2번 운암사로 축소 한정되었다. 1번 거북이를 닮은 산이 현무산이고 옥룡사가 있었다.

정확히 설명하면, 고려는 물론 조선 초기까지 백계산은 산 전체를 말하고, 지금의 백계산은 백계의 혈처인 추산리 동백숲이 있는 산을 말한다.

백계산이든, 백운산이든, 시대에 따라 다르고, 논하는 사람에 따라 다르기에 어떤 글을 읽거나 논할 때는 유념해야 한다. 중앙 아래 백계산으로 드는 입구, 현무(거북이)를 닮은 독립된 산이 현무산이고 옥룡사가 있다.

지금까지 설명한 다섯 가지는 내가 겪은 뼈아픈 경험이면서, 광양시와 사학자들은 물론 도선국사 비문과 옥룡사를 연구하는 사람들 모두가 오류를 범하는 이유다.

정말 고민해야 할 문제는 1150년 비문을 돌에 새겨 개성 국청사에 세우려다 실패하고, 사실상 버려진 비석을 옥룡사로 옮겨 세우는 과정을 상세히 기록한 (1172년 10월 19일) 비음기(碑陰記)다.

그것도 비 본문을 직접 지은 당사자인 최유청이 쓴 비음기의 기록이다. 다음은 비음기를 간추린 내용이다.

=중간생략= 비문을 이미 비석에 새긴 다음 해에, 나와(최유청) 정서(鄭叙)가 함께 모함당하여 혹은 유배를 가거나 혹은 공직에서 쫓겨났다.

=중간생략= 임금께서 양온서승(良醞署承)의 일을 보는 내시 박봉균(朴逢均)을 그곳으로 보내 공사를 감독하게 하고 태사국 설호정(挈壺正) 이양정(李陽靖)을 보내 그 비석을 세울 터를 정하게 하였다.

=중간생략= 돌을 다루는 석공은 구례 화엄사의 승려들을 불렀다. 인부들은 광양과 구례 두 고을의 군인들을 징발하였다. 주지 스님을 도와 장사랑 위위주부 한언방(韓彦邦)과 장사랑 위위주부 강입서(康立諝)가 감독하여 일을 시켰다.

=중간생략= 삼간(三間: 탑과 비를 보호하는 건물)을 지어 1172년(명종 2) 10월 19일 비를 세웠다.

=중간생략= 받침돌(귀부: 龜趺)을 반듯하고 튼튼한 돌로 하였으며 계단의

기초도 견고하게 만들었다. 실로 천년만년이 지나가도 기울어지거나 무너지지 않을 것이다. 그 당(堂: 탑을 보호하는 삼간 건물)을 보호할 절을 동북 200걸음쯤에 두었다. =중간생략=

최유청이 쓴 비음기를 보면, 비문은 이미 (1150년) 비석에 새겼다고 하였다. 오늘날의 시각으로 보면, 굳이 애써 비석에 새기지 않아도 좋을 내용까지 상세히 기록하면서도 중요한 부도탑(浮屠塔)과 유골에 관한 언급이 없고 비석을 세우는 기록뿐이다. 이해할 수 없는 일이다.

또 하나 중요한 것은 만사를 제치고 반드시 수정했어야 할 "입탑우사지북강(立塔于寺之北岡)" 절(寺) 북쪽 산등성이에 탑(塔)을 세웠다는 1150년 돌에 새긴 본문의 내용은 어떤 방식으로든 수정했어야 함에도 그대로 둔 것은 이미 22년 전 돌에 새긴 비문 첫머리에 "해동백계산옥룡사(海東白鷄山玉龍寺)"라고 한 것이 답이다.

최유청이 쓴 비문은 옥룡사에서 제공한 자료를 바탕으로 쓴 것으로, 도선국사를 교조로 독립한 옥룡사 승려들이 898년 동리산문 태안사의 상황을 그대로 모방한 자료를 인용한 것이다.

비음기 기록 그대로, 22년의 세월을 두고 본문과 비음기를 쓴 최유청을 비롯하여, 개성 왕실에서 파견되어 탑과 비석을 세울 터를 고르고, 비석을 세우는 일을 감독한 전문 관료들 모두가 옥룡사에서 만든 자료를 그대로 믿고 따랐다는 의미다.

이러한 사실은 이 비석 자체가 (인종·의종·명종) 3대 왕조에 걸쳐 이루는 국가적 사업임에도 불구하고, (사실은 애물단지였다) 어떤 이유에선지 국청사에 세우려다 실패하고 망신을 당한 임금과 왕실은 명분과 위엄을 되찾고, 승려들은 세상에 옥룡사의 위세를 드러내는 상징일 뿐, 통진대사처럼 유골이나 사리 등을 봉안하는 탑이 아니다.

도선국사의 유골은 애초에 없었고 (사리도 없음) 발굴된 석관과 유골은 통진대사의 것이라는 명확한 증명이다.

혹자들은 빈 돌탑을 세워놓고 그걸 지키고 보호하는 절 즉 경비소를 두는 일이 말이 되냐며 반론하는데, 이는 전통적인 불교문화를 모르기 때문이다.

유골과 사리는 없어도, 종단 또는 종파에서 추진하는 대규모 불사(佛事), 특히 임금의 원으로 추진하는 거창한 불사에는 절대적인 신성(神聖)과 함께 국가 최고의 권력자인 임금의 의지로 세우는 탑비이므로, 돌탑 안에는 반드시 탑과 비를 세우는 내력과 발원문 등을 포함하여, 임금이 바치는 이런저런 금불상들을 비롯하여 여러 진귀한 보석이 들어 있다.

무엇보다도 완성된 순간, 그 자체가 누구도 감히 함부로 할 수 없는 영적인 힘을 가진 신물(神物)이 된 탑과 비의 신령함을 널리 알리면서, 도적들과 짐승들로부터 지키고 보호하기 위함이지, 다른 이유는 없다.

현무산 옥룡사와 백계산 운암사의 정확한 위치를 찾으면서, 가장 고심했던 난제 가운데 하나가 이것을 규명하는 일이었다.

그런데 우연인지, 애초에 하늘이 정해놓은 것인지 알 수는 없지만, 도선국사가 사망한 898년 3월 봄날 동리산문 태안사에서 정한 위치와 264년 후, 1150년 개성에서 최유청이 쓰고 돌에 새긴 비문에 적시한 방향이 같은 것은 전해오는 태안사의 일들을 쓴 것이지만, 동시에 옥룡사 북쪽 어디쯤 상징적인 부도(浮屠)가 있었다고 추측해 볼 수도 있다. (전통 사찰의 관례가 그렇고 흔한 일들이다.)

왜냐하면 앞서 설명했듯이, 비문에서 말하는 장지(葬地)의 위치, 즉 절 북쪽 산등성이 "사지북강(寺之北岡)"은 현무산 옥룡사에서는 나올 수가 없고, 광양시가 옥룡사라고 주장하는 추산리 동백숲에서는 비석이 동쪽에 있으므로 방향 자체가 전혀 다르기에 처음부터 절대로 쓸 수가 없는 문장이다.

이러한 사실은 동리산 태안사의 것을 모방한 것이 아니라면, 나름 세워 놓은 것이든, 절(玉龍寺) 북쪽에 탑이 있었다고 할 수는 있다.

이런 경우 동리산 태안사를 모방하는 것은 당연한 일이고, 법을 이었다는 전통 사찰에서는 흔한 일들이다.

덧붙이면, 탑비의 위치를 밝히고 있는 이 비문의 기록은 애초에 도선국사 유골은 없었다는 것을 말하고, 발굴된 유골은 가짜라는 것 즉 통진대사의 것이라는 확인이다.

898년 3월 도선국사가 죽고, 왕건이 도선국사의 유지를 받들어 고려를 창업, 936년 전란으로 지새는 삼한을 통일하고 세월이 안정된 이후, 개산조 혜철국사와 제자인 도선국사가 온 힘을 다해 전한 세상을 구하고 백성을 구하는 한 송이 회삼귀일(會三歸一)의 연꽃인 진리의 법을 부정하고, 잘못된 풍수 놀이에 빠져 혹세무민하는 승려들이 생겨나기 시작하였다.

더구나 죽고 없는 도선국사를 교조로 삼아, 이른바 옥룡사파를 만들어 독자적인 종파로 독립하였다.

혜철국사가 시작하고 도선국사가 마무리한 삼한비보(三韓裨補)의 핵심이며 거점인 옥룡사를 도선국사가 법을 일으키고 법을 전하는 도량으로 꾸미고 만든 결과는 252년 후 1150년 어명을 받든 최유청이 비문을 짓는 바탕이 되었고, 2025년 봄 내가 옥룡사와 운암사 그리고 발굴된 유골의 주인을 찾는 글을 쓰는 사달을 (유골 바꿔치기 사건 등등) 만든 것이다. (운암사도 혜철국사가 시작하고 이름한 것이다.)

복잡하게 생각할 것 없다. 예나 지금이나 법을 이어받았다는 제자들이 스승이나 전설의 조사를 흠모하는 절을 짓고 탑을 세우는 것은 흔한 일들이다.

전국에 원효대사 또는 도선국사 등등 유명한 승려들이 창건했거나 중건했다는 절과 그들이 기도했다는 터가 많은 이유가 이것이다.

청화대종사께서 수행 정진하시면서 중건하신 동리산 태안사에 제자들이 세운 승탑이다.
(상징적인 것으로, 실물은 전남 곡성군 옥과면 설산 기슭 성륜사에 있다.)

이걸 좀 더 알기 쉽게 설명하면, 우리 시대의 진정한 선승(禪僧)이고 선사(禪師)이며, 거룩한 스승으로 뭇사람들의 존경을 받던 무주당(無住堂) 청화대종사(清華大宗師 1924년 2월 14일~2003년 11월 12일 (향년 79세))의 경우, 열반하신 성륜사(聖輪寺)에 실물인 탑비가 있고, 종사의 자취를 흠모하는 제자들이 종사(宗師)께서 중건하신 동리산 태안사와 해남 두륜산 대흥사에 탑과 비를 세웠는데, 이러한 전통 사찰의 문화에서 보듯, 옥룡사 도선국사 탑비는 상징적인 의미일 뿐, 유골을 비롯한 실물이 있을 수가 없다.

위 청화대종사의 사례에서 보듯이, 만약 상징적인 도선국사 승탑이 현무산 옥룡사 도량 안 북쪽 어디쯤 있었다면, 사세(寺勢)를 드러내는 차원에서 사람들에게 자랑하기 좋은 위치에 있었을 것이다.

문제가 된 방위의 선택 즉 북쪽의 선택은 사람이 죽어서 묻힌다는 북망산(北邙山)의 의미를 알면 당연한 일이다. 자동 선택이다.

그러나 여기서 눈여겨볼 것은 "임금께서 양온서승(良醞署承)의 일을 보는 내시 박봉균(朴逢均)을 그곳으로 보내 공사를 감독하게 하고, 태사국(太史局) 설호정(挈壷正) 이양정(李陽靖)을 보내 그 비석을 세울 터를 정하게 하였다."라는 비음기의 기록이다.

왜냐하면 1150년에 지은 비문에 "입탑우사지북강(立塔于寺之北岡)" 절 (寺) 북쪽 산등성이에 탑을 세웠다고 하였으므로, 이 기록이 898년 3월 동 리산 태안사의 상황이 아닌, 옥룡사의 상황이고 탑의 존재가 사실이라면, 왕명으로 세우는 비석은 왕보다 더 존엄한 신이 되어 있는 도선국사 탑 옆에 조용히 세우면 되는 일이다. 이건 당연한 일이며, 관례이고 상식이다.

좀 더 정확히 설명하면, 처음부터 신(神)이 되어 있는 도선국사의 유골을 안장한 승탑이 옥룡사에 존재했다면, 그곳은 임금도 건드릴 수 없는 성역이므로, 개성 국청사에서 가져온 비석은 그 옆에 가만히 세우면 그 것으로 되는 일이었고 그것이 관례다. 천재지변이 없는 한 할 수 없는 일이다.

사실이 이러함에도 굳이 임금이 전문가를 보내 비석을 세울 자리를 찾아 골랐다는 것은 처음부터 유골 또는 사리를 봉안한 승탑이 없었다는 증명이다.

혹 상징적인 승탑이 있었다고 하여도, 기존의 자리가 아닌 제3의 자리를 찾아 세웠음을 말하는 것이다.

이는 정말로 옥룡사 북쪽에 탑이 있었다면, 임금이 보낸 전문가의 눈에 자리든 탑이든 둘 다 볼품이 없었음을 뜻하는 것이다. 보호 보존의 가치가 없다는 것은 곧 신성(神聖)이 없음을 말하는 것으로 그저 단순한 상징적인 돌탑이라는 의미다.

그런 연유로 찾아 선택한 것이 옥룡사 북쪽 백계산 운암사 동쪽 산등성이 너머에 있는 천하제일의 명당이라는 백계의 혈처에 있는 제자인 통진대사 탑과 비가 있는 곳이었음을 알 수가 있다.

여기서 깊이 생각해야 할 것은 상하의 관계가 엄격했던 시절의 일이라는 사실이다. 만일 이 자리에 898년 3월 사망한 옥룡사파 교조이며 통진대사의 스승인 도선국사의 승탑이 먼저 있었다면, 절대 신성한 영역이므로 아무도 침범할 수도 없고 그 누구도 허용되지 않는다.

옥룡사파 교조인 도선국사 사후 50년 뒤 948년에 죽은 제자인 통진대사가 절대로 들어갈 수 없는 영역이다. 만일 어떠한 곡절로 들어갔다면, 비문에 스승인 도승화상 곁에 세웠다고 하였을 것이다.

그러나 통진대사의 비문에 아무런 기록이 없는 것은 그 땅은 통진대사가 처음 안장되었던 통진대사의 영역임을 말한다.

설명하면 통진대사가 먼저였고, 1172년 도선국사의 비를 제자인 통진대사 영역에 세웠다는 것이다.

제자는 절대 영역인 교조(敎祖)의 자리로 들어갈 수 없지만, 스승과 윗사람은 상황에 따라 아랫사람의 영역으로 들어가는 것이 허용되었기 때문이다.

예를 들어, 일반 백성들은 왕릉에 얼씬도 할 수 없지만, 왕은 죽은 백성이 묻힌 명당을 언제든지 취할 수 있는 경우와 같다.

여기에 더하여 일부러 의도한 일은 아니지만, 운이 좋게도 비를 세울 터를 정하고 보니, 백계산 운암사 산등성이에 세우는 방위가 이미 22년 전 돌에 새겨놓은 비문과 정확하게 맞아떨어졌고, 본문과 비음기를 쓴 최유청을 비롯하여, 일을 주관하는 옥룡사 주지와 임금의 명령으로 비석을 세울 터를 고르고 감독하는 사람까지 모두가 인정한 일이다.

이는 절(寺) 북쪽 산등성이에 탑을 세웠다는 "입탑우사지북강(立塔于寺之北岡)"은 1172년(명종 2) 10월 19일 비석을 세우며 쓴 것과 똑같은 의미이므로, 나는 그렇게 보고 해석하였다. 그랬더니 모든 어려운 문제가 저절로 술술 풀렸다.

도선국사와 옥룡사의 역사에 관심 있는 이들에게 해주고 싶은 말은 무엇을 보든 다만 실상을 볼 뿐, 스스로 도선국사라는 허구에 빠지지 말라는 것이다. 형언할 수 없는 대가를 치르고 깨달은 뼈아픈 경험담이다.

아울러 도선국사 비문은 1712년(조선 숙종 38) 3월 어느 날 광양 백계산 옥룡사에서 간행한 목판본이 정본이다. 그리고 1712년 비문 간행 당시 옥룡사는 현무산에 있었다. (현 중흥사)

당시 왜 이런 (도선국사 비문 간행 작업) 대규모 불사를 했는지 알 수는 없지만, 성종실록을 보면 (성종 38년 3월 19일) "근심과 두려움이 갑절로 더 하고 온갖 감회가 가슴속에 교차하니, 차라리 깊은 잠이 들어 깨어나지 않았으면 한다."라는 깊은 탄식을 보면, 오래전부터 온 나라가 재앙과 변고에 시달리고 있었음을 알 수가 있는데, 관례에 따라 난세를 극복하고 세상을 구한 도선국사의 음덕으로 액막이 즉 나라의 변고를 막으려는 취지로 생각된다. 고려의 왕이 비를 세우는 불사(佛事)를 했던 의미와 같은 맥락이다.

참고로 거듭 강조하지만, 나는 현무산 옥룡사와 백계산 운암사를 찾아 밝히는 모든 논증을 통진대사의 비를 바탕으로 하였고, 도선국사 비문은 (옥룡사본) 참고만 하였다. 통진대사 비문을 떠나서는 아무것도 논할 수 없으며, 의미가 없기 때문이다.

도선국사 비문은 이미 22년 전 1150년 돌에 새겨 개성 국청사에 세우려다가 실패하고, 국청사 처마 밑에 버려져 있었던 것을 가져다가 세웠다는 기록에서 보듯, 비 본문의 내용은 비석을 세운 옥룡사의 상황이 아니다. 직접적인 관련이 없음을 알아야 한다.

비석을 세우고 비를 세운 과정을 상세히 기록한 비음기 외 본문 행장(行狀)의 내용은 도선국사 사후 사람들이 지어낸 허구와 의례적인 찬사가 대부분이므로 그대로 믿어서는 안 된다.

후세의 사람들이 만들어 놓은 전설의 승려 도선국사를 보지 말고, 역사 속에서 활동했던 도선국사의 실체를 보라는 말이다.

특히 도선국사 유골 발굴은 아무런 근거도 없는 것이므로 절대로 믿어서는 안 된다. 왜냐하면 비문의 기록에서 보듯, 처음 왕의 명령으로 비문을 지었으나 끝내 세우지 못했다 하였고, 장례에 관한 기록이 없을뿐더러, 도선국사는 옥룡사에서 오래도록 주석하여 머물지도 않았고, 그곳에서 죽지도 않았다. (혹 그곳에서 죽었다고 하여도, 도선국사 유골은 아니다)

1172년 옥룡사 북쪽 산등성이에 세운 도선국사의 탑과 비는 후대의 사람들이 상징적으로 세운 것이기에 유골이 있을 수가 없다.

다시 말해서, 도선국사 비와 탑은 처음부터 옥룡사에서 기획한 것이 아니고, 고려 왕 의종이 개성 국청사에 세우려다 실패하고 처마 밑에 22년 동안 방치된 (버려진 것) 것을 옥룡사 주지인 지문 스님이 가져다 세운 것임을, 그것도 임금이 보낸 전문가가 새로이 터를 골라 세운 것임을 상기하면, 이해될 것이다.

최유청본 이외에 세상에 전하는 도선국사 비문은 동문선본과 화엄사본, 그리고 화엄사본을 그대로 필사한 태안사본을 비롯하여, 도갑사본 등이 있다.

필사하는 과정에서 오기(誤記)된 동문선본을 제외한 나머지는 모두가 최유청본을 바탕으로 고의로 왜곡 날조한 것이며, 대표적인 것이 지리산 화엄사본이다. 이것이 오랜 세월 수많은 사람이 착각하고 헤맨 원인이다.

여타 많은 사찰들의 창건 기록은 말할 것도 없지만, 대표적인 사례로 지리산 화엄사 사적에 기술된 도선국사 비문은 화엄사 스스로 도선국사 비문을 그대로 옮겼다고 하면서도, 화엄사를 위해서 고의로 왜곡 날조한 표본이다.

이로 인한 가장 큰 피해자는 화엄사 자신과 구례군이다. 이 유형무형의 피해는 과거는 물론 앞으로도 계속될 것인데, 문제는 화엄사와 구례군민들이 이러한 사실을 알면서도 외면하고 있다는 것이다.

화엄사 사적은 정유재란으로 화엄사와 함께 불타버린 후, 벽암각성(碧巖覺性, 1575~1660년) 대사가 주도하는 화엄사 중건 과정에서 승려들이 소장한 불분명한 자료와 구술(口述 이야기)을 모아 1697년 정리한 것이므로, 사실로 믿을 것이 없다. 역사적 사료는 물론 전설과 설화 등 믿을 것이 하나도 없다.

오래전 지리산 화엄사 도광선사가 내준 숙제를 푸는 과정에서, 몇 년의 세월과 많은 돈을 허비한 것이 화엄사 사적의 내용이 허구임을 입증하고 밝히는 일이었고, 가장 어려운 일이었다.

역설적으로 그 난제를 푸는 것이 숙제를 해결하는 열쇠였다면, 내가 십여 년의 세월을 허비하며 겪었던 고충을 이해할 것이다. 지금 다시 생각해도 머리가 지끈거리는 일이다.

그러므로 만일 누군가 진실로 도선국사를 보려고 한다면, 이 옥룡사본과 함께 통진대사의 비문, 그리고 동리산문 태안사 사적을 필독하기를 권한다. (태안사 사적에서 도선국사 비문은 화엄사본을 필사한 것이므로 의미가 없다.)

명심할 것은 도선국사와 옥룡사 또는 태안사 등등에 관하여 자신이 아는 것, 또는 찾고 싶은 것이 무엇인지는 몰라도, 기존에 가지고 있는 모든 지식과 생각들을 버리고, 선입견과 편견을 버리고 사심 없이 읽고 보기를 권한다.

특히 도선국사를 사람이 아닌 도술을 부리는 술사로 보면 안 된다. 그러면 정말 아무것도 보지 못할 것이다.

분명하고 확실하게 알아야 할 것은 도선국사 비문에서도 밝히고 있고, 고려사를 비롯한 문헌들과 태안사와 송광사 사지에서 비참(秘讖 : 비밀리에 전한 도참)으로 왕건을 내세워 고려를 창업, 삼한통일을 이루었다 하였고, 결정적인 역할을 했던 핵심 사찰들은 도처(圖處)로 숨겨버렸다는 사실이다.

지금 바로 지금 더 좋은 세상을 위하여, 끊임없이 전진하여 나가라는 혜철국사가 세상을 깨우치는 말이 없는 말 무설지설(無說之說)과 법이 없는 법 무법지법(無法之法)을, 발톱을 들어서 전하고 있는 동리산 태안사 혜철국사의 비를 받들고 있는 신령한 거북이다.

진실로 쉼 없는 하늘처럼 찰나의 한순간도 현상에 머무르는 바 없이, 끊임없이 자신을 개혁하고, 세상을 개혁하여 나가라는 혜철국사와 도선국사, 두 스승과 제자가 주고받은 무설지설(無說之說) 무법지법(無法之法) 즉 굳이 설명하지 않아도 뜻이(마음) 되고, 어떻게 하라는 정해진 법이 없어도 진리가 되는 이치를 아는 사람은 도선국사 비기는 처음부터 전해진 것이 없고, 전해질 수도 없다는 것을 잘 알 것이다.

이는 도선국사가 지었다는 도선비기(道詵秘記)·송악명당기(松岳明堂記)·도선답산가(道詵踏山歌) 등등 지금 세상에 전해지고 있는 각종 수많은 비기는 후대의 사람들이 만들어낸 허구일 뿐, 도선국사가 직접 지어 전하는 책은 처음부터 없었다는 증명이다. 최유청이 지은 비문 역시 후대에 왜곡되고 사람들이 꾸며낸 허구가 태반이다.

나라가 권력다툼과 온갖 부정부패로 망해가던 통일신라 말기, 어렵고 어지러운 세상을 치열하게 살았던 혜철국사와 도선국사는 장차 셋으로 쪼개져 전란의 구렁에 빠질 나라와 국민을 동시에 구하여 미래로 나가는 길을 열어 준 선지자이며, 혁명가다.

흔히 말하는 혹세무민하는 술사(術士)가 아니라는 사실을 분명하게 알아야 한다. 그래야 보이는 것이 혜철국사와 도선국사의 참모습이다.

그들 두 스승과 제자가 삼한통일을 위해 마지막으로 비보(裨補)한 현무산 옥룡사와 백계산 운암사의 책무가 무엇이었는지를 확실하게 알 수 있기에 거듭 강조하는 것이다.

7   옥룡사는 현무산에 있고
옥룡사는 백계산에 있다

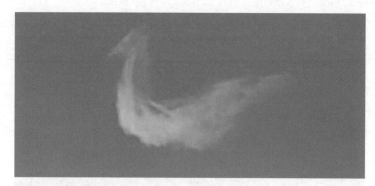
하늘이 흰 구름으로 만들어 놓은 상서로운 흰 닭 백계(白鷄)다.

본문은 오랜 시간과 각고의 노력 끝에 찾은, 현무산 옥룡사와 백계산 운암사의 위치를 찾아 밝히는 내용이다.

아울러 일러둘 말은 도선국사 비문에서 옥룡사와 운암사는 광양 백계 산(백운산)에 있었고, 개성 국청사에서 제작된 뒤 세우지 못하고 방치된 (버려진) 도선국사의 비가 광양에서 공물을 싣고 갔다 돌아오는 배에 실려 옥룡사에 도착하고, 이 비를 주관하여 세운 지문 스님이 옥룡사와 운암사의 주지직을 겸직하고 있었다는 비문의 기록에서 보듯이, 옥룡사와 운암사는 같은 산내 본사와 부속 암자의 관계임을 분명하게 알 수 있다.

앞으로 전개될 내용의 핵심이다. 관심 있는 사람들은 이러한 사실을 인식하고 이 글을 읽는다면, 이해하기가 좀 더 쉬울 것이다. 반드시 참고하기를 권한다.

앞서 설명했듯이, 언제부터 백계산이라고 하였는지는 기록이 없어 알수는 없다. 도선국사 비문에 "백계산에 옥룡이라는 옛 절이 있는데 스님이 산천을 다니다 이곳에 이르러 그 그윽한 경치를 좋아하여 당우(堂宇 : 다수의 크고 작은 건물)를 중수했다"라고 하였고, 이어 운암사를 창건했다는 기록은 백계산과 옥룡이 이미 있었음을 알 수가 있다.

현무산 옥룡사(현 중흥사) 능선에서 촬영한 백계산(白鷄山) 백계(白鷄)의 모습이다. 가운데 능선을 중심으로 좌측 빈터가 운암사지(雲巖寺址, 현 옥룡사라 하는 곳)이고, 우측은 탑을 지키고 관리하던 절이 있었다.

당시 진리의 등불을 들고 세상을 개혁하는 혁명을 꿈꾸는 혜철국사와 제자인 도선국사가 백계산을 가장 중시한 이유는 전남의 동부 즉 섬진강 유역과 경남의 서부 그리고 전남 보성에서 경남 고성군에 이르는 남해안과 바다를 관리하는 비밀기지였기 때문이다. 혁명에 필요한 병참과 자금줄이었다는 의미다.

옥룡사와 운암사를 마지막 화룡점정(畵龍點睛)으로 완성한 것은 뜻을 감추고 몸을 감추는 도참과 비보풍수의 정수로, 세상을 구하는 혁명의 승

패를 좌우하는 옥룡사가 맡을 역할과 목적을 감춘 것이다.

또 다른 의미에서 도참과 풍수로 풀어보면, 섬진강을 사이에 두고 삼신산(三神山)의 우두머리인 방장산(方丈山: 지리산) 남쪽에서 마치 머리를 치켜든 우두머리 흰 수탉이 동서(東西)로 날개를 활짝 펴고 북쪽 지리산 반야봉을 향하여 (진리를 향하여) 홰를 치며 새로운 아침 새로운 세상, 새로운 새벽을 알리고 있는 형국으로 보았기 때문이다. 새로운 미래를 향하여 선도하여 나가는 의미다.

만일 백계산을 흰 암탉이 알을 품고 있는 포란(抱卵)의 지세로, 또는 암탉이 알을 낳고 알리고 있는 형국으로, 즉 알을 낳고 홰를 치며 우는 형국으로 보았다면 전혀 다른 결론이 났을 것이다. 백운산의 활용이 달랐다는 의미다.

처음 혜철국사가 이 산을 점지하고, 남북에 약사여래 · 미점사 · 도선사 · 옥룡사를 차례대로 지은 후, 마지막에 지은 절의 이름을 운암(雲巖)이라고 한 것은 "백계산 정상 산머리에 바위가 있고, 그 바위 아래는 영험한 샘이 있고, 샘 밑에서 흰 구름이 때로 일어나는데 누구나 소원을 빌기만 하면 이루어진다."라는 신령한 바위(巖)와 샘물 속에서 일어나는 구름(雲)을 도참과 비보풍수로 합성한 이름이다.

절을 지어 운암사(雲巖寺)라 이름하고, 산신령을 모신 목적은 분명하다. 백계산 정상 샘에서 이는 기운 즉 때때로 구름이 일 때마다 누구나 소원을 빌면 이루어진다는 그 신령하고 영험한 기운을 지속적이고 왕성하게 하려는, 도참과 비보풍수의 작법이었다. (현무산과 같은 이치다.)

이것을 정치적으로 해석하면, 겉으로는 나라와 민생들에게 닥치는 수많은 재앙을 해소하고 복을 빌어 좋은 세상을 염원하는 것으로, 천 가지 재앙들은 안개처럼 사라지고, 만 가지 복된 일들은 구름처럼 모여들라는 의미다.

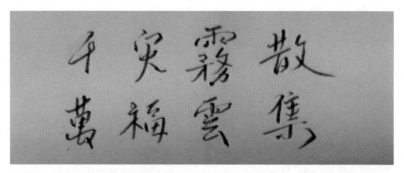

천재무산(千災霧散) 만복운집(萬福雲集) 참사랑 동강(東江) 김두재(金斗再) 선생님 서(書)

그러나 실상은 북쪽의 삼한(三韓) 즉 장차 셋으로 (후삼국) 쪼개져 서로를 죽이는 전란의 구렁에 빠질 나라를, 하나의 국가로 만들어 국민을 보호하기 위한 비보(裨補) 즉 준비하고 실행하는 핵심 전략이다. 운암사의 완성은 이 모든 일들을 위한 준비를 끝냈다는 의미다.

혜철국사가 지은 누구든 빌기만 하면 소원을 이룬다는 운암사(雲巖寺)의 의미에서 보듯, 앞으로는 백계산 신령이 도와 무조건 다 잘될 것이니, 아무 걱정하지 말고 거침없이 나가 세상을 구하라는 혁명의 시작으로 보면 된다. 한마디로 도참과 비보풍수로 누구나 바라는 꿈을 이루는 좋은 나라, 좋은 세상의 열망을 지핀 것이다.

이후 힘든 세상 소원을 이루고 싶은 민생들이 다투어 모여들어 기도하였고, 기도는 민생들이 바라는 지금보다는 더 살기 좋은 나라 새로운 세상을 향하여 나가는 원동력이 되었다.

이것으로 백계산을 중심으로 하는 세상을 구하는 기본 계획이 완성되었다. 정확히는 법화경의 핵심 사상인 각각의 셋을 모아 하나로 되돌리는 회삼귀일(會三歸一)을 활용하여, 세상을 개혁하는 진법(陣法)이 완성된 것이다.

이후 (865년) 이른바 신라 왕실을 축으로 하는 진골 귀족들 간의 끝없는 권력다툼과 온갖 부정부패로 국가의 기능이 무너지자, 지방에서 득세하는 호족들을 중심으로 반란이 일어나기 시작했고, 백성들이 서로를 죽이는 후삼국시대가 시작되었음을 안다면, 시대를 꿰뚫어 보는 혜철국사의 혜안이 얼마나 깊었고, 마음 또한 얼마나 간절했는지를 알 것이다.

이는 불타는 집에서 저마다 각각 자기의 생각과 놀이에 정신이 팔려있는 세 명의 아들을 동시에 불러내 구하는 삼승(三乘)을 일승(一乘)으로 구하는 법, 법화경의 방편과 진리의 법을 여기 백계산 운암사에서 완성한 것이다. 즉 진리의 빛으로 나라와 국민을 동시에 구하는 비법(秘法)의 실현이다.

원효대사가 전한 진리의 법, 각각의 셋을 하나의 수레에 태워 진리의 세계로 다 함께 나가는 법화경의 핵심 사상을 혜철국사가 제자인 도선국사에게 전하여 시행한 것이다.

도선국사가 생전에 스승인 혜철국사를 따라 856년 백운산 북쪽 구례 오산 암벽에 약사여래를 그려(음각) 그 모습을 세상에 드러내 보이고, 이어서 미점사 · 도선사 · 황룡사 · 운암사까지 4개의 사찰을 창건하고 옥룡사를 중건하였다고 하였는데, 비문과 실재했던 역사를 가만히 살펴보면, 이 모든 일들은 병든 나라 썩어빠진 정치를 개혁하여 세상을 구하려는 뜻을 가진 혁명가 혜철국사가 시작하고 벌인 일들임을 알 수가 있다.

부연하여 다시 또 강조하지만, 내가 당시 (옥룡사 중건과 운암사 창건까지) 백계산의 일들을 기획하고 주관하여 완성한 사람을 혜철국사라고 하는 것은 결코 황당한 주장이 아니다.

여타 관련 기록을 종합하여 보면, 혜철국사가 열반한 3년 뒤, 864년 도선국사가 중건했다는 옥룡사와 그 이듬해 865년 창건했다는 운암사는 혁명가 혜철국사에 의해 기획된 것이며, 도선국사는 스승의 유지를 받들어 세상을 구하는 혁명사업을 충실히 실행한 것뿐이다.

모든 원인은 도선국사 비문 행장에 기술된 내용들이 문제인데, 이는 훗날 옥룡사에서 교조인 도선국사를 빛내기 위해 스승인 혜철국사를 신인(神人)으로 바꾸어 도선국사를 신격화시키고, 오산 도선사를 비롯한 백운산 남북에 지은 사찰들을 도선국사가 지은 것으로 만들어버렸기 때문이다.

이러한 사실은 삼수(三水, 순자강·대황강·압록강)가 합하여, 삼태극(三太極)을 이루는 섬진강 압록을 중심으로, ①곡성 동리산(桐裏山) 태안사(泰安寺 대안사) ②구례 오산(鰲山 거북이) 약사여래 조성 ③미점사(米岾寺) ④도선사(道詵寺 현 사성암) ⑤남원(용성(龍城) 현 구례읍 논곡리) 황룡사(黃龍寺) ⑥광양 현무산(玄武山) 옥룡사(玉龍寺) ⑦백계산(白鷄山) 운암사(雲巖寺)를 차례로 세워놓고, 마지막으로 섬진강 푸른 물길을 거슬러 온 남해의 청룡이 구례 잔수진(潺水津)에서 솟구쳐 나와, 백두대간을 거슬러 개성으로 달려간 역사는 혁명가 혜철국사가 펼친 세상을 구하고 백성을 살리는 원대하고 심오한 계획이었음을 알 수가 있다.

본거지인 곡성의 동리산문 태안사와 인재들을 교육하는 역할을 했던 용성(龍城 남원시)의 황룡사 이 둘을 제외한 나머지 모두는 백운산 즉 백계산 남북에 배치되어 있다.

이는 백계산의 위치와 중요성을 말해주고 있는 것으로, 삼한통합을 성공시키는 핵심 역할이 백계산임을 말해주고 있다.

"옥룡사와 운암사는 광양 백계산에 있다."라고 동국여지승람에 그 존재가 동시에 확인된 이후, 1499년 제작된 동여비고 광양현 지도에서 백계산 남쪽에 옥룡사가 있고, 북쪽에 운암사와 송천사(松川寺)가 좌우로 나란히 그려져 있는데, 이는 지금 사람들이 말하는 옥룡사가 운암사였음을 말해주고 있다.

이후 373년 뒤, 1872년 제작된 광양현 지도에서는 앞의 동여비고에서 백계산 운암사가 있던 위치에 옥룡사가 표기되어 나올 뿐, 옥룡사를 중수한 이듬해 창건한 운암사는 이후 어떠한 문헌이나 전설에서도 확인할 길

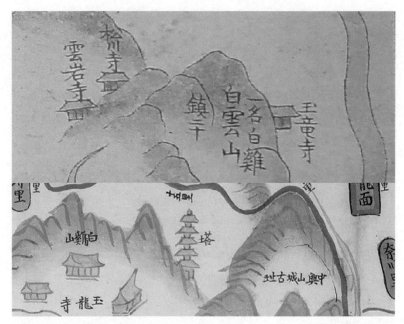

1499년 동여비고와(상) 1872년 지도다(하). 산과 절의 이름은 바뀌어도 산의 모습은 바꿀 수 없다. 현무 즉 거북이를 상징한 2장의 고지도는 현무산 옥룡사의 위치를 정확하게 일러주고 있다. 중언부언 말이 필요 없는 물증이다.

이 없이 사라지고 없다.

　이와는 달리 문화재 관련 당국과 사학자들이 추산리(秋山里) 백계산에 있다고 주장하는 옥룡사는 신라의 임금들이 받들었고, 고려의 왕들이 엎드렸던 대규모 큰 사찰이었음에도, 사찰 건물지가 작은 암자 수준으로 너무 초라하고, 아무런 유적이 없다는 것은 백 번을 다시 생각해도 이해할 수가 없는 일이다. 모든 상식을 뒤엎는 일이다.

　그러나 비문의 기록과 광양시 옥룡면 운평리(雲平里) 현무산과 추산리 백계산의 지형 그리고 1499년 제작된 지도 동여비고와 1872년 제작된 두 장의 고지도를 동시에 살펴보면, 지금의 추산리 백계산 옥룡사가 운암사이고, 본래의 옥룡사는 지금의 운평리 현무산 현무(玄武)의 혈처 즉 내성(內城)에 있는 중흥사임을 알 수가 있다.

문제는 문화재 관련 당국과 사학계가 연계된 고질적인 부정부패다. 드러난 모든 근거가 이처럼 분명함에도, 계속 아니라고 하면서 외면하고 있는 것은 절대로 드러나서는 안 될 일, 즉 발굴된 유골의 진짜 주인이 통진대사라는 사실이 세상에 드러나는 것을 막고, 감추기 위한 음모로 밖엔 달리 해석되지 않는다. 심히 안타까운 일이다.

20년 전 처음 2006년 봄날 발표한 도선국사 유골의 주인이 통진대사의 것임을 언론사에 제보하여 바로잡으려고 했었지만, 사학계와 관련 당국 사이에 형성된 견고한 고리, 카르텔 앞에서 역부족이었다.

현무산 또는 현무산 옥룡사로 검색하여 보면, 당시 내가 논박했던 내용과 취재 기자가 직접 취재한 기사가 모두 있다. 직접 확인하여 보면 여기서 차마 말하지 못하는 내용들이 많다. 관심 있는 이들은 참고하여 보기를 바란다.

중흥산성 중흥사(中興寺)가
현무산 옥룡사다

일제강점기 1930년 9월 18일 이전에 촬영된 중흥산성 3층 석탑(보물 제112호)과 쌍사자석등(국보 제103호)이다. 이 한 장의 사진은 옥룡사가 어디를 말하는 것인지를 잘 보여주고 있다. 현재 석등(石燈)은 국립광주박물관에 있고, 지금은 3층 석탑만 남아 있다. (동 보고서에 1930년 9월 18일 마을 사람이 파괴했다는 기록과 증거 사진이 있다.)

먼저 이해를 돕기 위해, "일제강점기 자료조사 보고 47집" 일본인 학자 오가와 게이키치(小川敬吉)의 실측 조사 보고서를 게재한다.

『쇼와(昭和) 6년(1931년) 3월 20일 맑음, 아침 8시 옥룡면사무소를 출발 중흥산 성에 올라갔다. 경사가 가파르지만 조금만 올라가면 산봉우리 반대편이 나온 다. 거기서 조금 완만하게 경사진 산길을 나가면 성문지에 도착한다. 더 나가 면 산꼭대기의 평탄한 곳이 나온다. 논도 있고 밭도 있다 그 서쪽 성벽에 접하 여 절터가 있다. 앞면은 작은 계곡이 있고 북쪽에 언덕이 있으며 남쪽을 향하고 있다. 규모는 작지만 조용하고 깊숙한 별천지다. 돌담이 있다. 석탑과 석등롱이 있다. 오래된 기와 파편도 흩어져 있다. 석탑은 3층으로 신라 말기 명작이다. 등롱은 쌍사자로 구성된 일품이다. 둘 다 국보의 가치가 충분하다. 실측을 마친 후 산에서 내려왔다.』

일본인 학자 오가와 게이키치의 보고서에서 눈여겨볼 것은 "논도 있고 밭도 있다. 그 서쪽 성벽에 접하여 절터가 있다. 앞면은 작은 계곡이 있고 북쪽에 언덕이 있으며 남쪽을 향하고 있다. 규모는 작지만 조용하고 깊숙한 별천지다."라는 대목에서 절 앞에 작은 계곡이 있다는 기록이다.

1931년 3월 20일 답사 실측한 오가와 게이키치가 그린 약식도다. 계곡이 3층 석탑 현장과 닿아 있다.

1931년 3월 21일 일본인 학자 오가와 게이키치가 촬영한 마을 사람들이 파괴한 석탑과 석등의 잔해 사진이다. 탑 앞에 침식되어 무너진 계곡 축대가 보인다. 이는 석탑 앞에 계곡물이 돌아 흐르고 있었다는 증명이다.

이는 통진대사(洞眞大師 869~948년) 비문 기록과 조선시대 후기의 문신 이현일(李玄逸 1627~1704)의 시와도 일치하는 것으로, 현무산 옥룡사의 위치를 알려주는 중요한 자료다.

다음은 동국여지승람의 기록이다. 옥룡사는 물론이거니와 "송천사·운암사 모두 백계산에 있다."라고 하였고, 1499년 제작한 동여비고 광양현에 백계산 남쪽의 옥룡사와 함께 북쪽의 운암사와 송천사가 있었다.

옥룡사와 운암사가 명기된 최초의 지도 1499년 제작된 동여비고다. 현무산(현 중흥산성) 현무 즉 거북이를 상징한 산 지도에 옥룡사가 표기되어 있고 북쪽에 운암사와 송천사가 표기되어 있다.

안타깝게도 도선국사 비를 세우고 왕의 허락을 받아 새긴 비음기에 법손(法孫)들에게 법을 전하는 도량으로 새길 만큼 중요한 운암사는 신증동국여지승람(1530년)과 동여비고(1499년)에 그 모습을 마지막 드러낸 이후, 비록 몇 자 빠지거나 떨어진 부분이 있기는 하지만, 1712년(조선 숙종 38) 3월 광양 백계산 옥룡사에서 도선국사의 비문을 간행하면서 열거한 사찰의 명단에서도 보이지 않고 사라지고 없다.

그러나 다음 송천사가 언급된 오가와 게이키치의 1931년 3월 19일 기록을 보면, 동국여지승람은 정확하다는 것을 알 수가 있다.

『광양읍을 출발하여 북쪽 2리 이상 떨어진 옥룡사지를 조사했다. 고려 초기의 묘탑 하나가 남아 있다. 2~3년 전까지는 통진대사의 묘비도 있었으나 파괴되어 지금은 없다. 거기서부터 더 북쪽 20정이 떨어진 송천사지를 방문했다. 승대장(僧大將) 회은장로(悔隱長老)의 비가 하나 참죽나무 밑에 세워져 있을 뿐 절터는 지금 전답으로 변하여 남아있는 것이 없다.』

1499년 제작된 동여비고에 거북이를 상징한 현무산에 옥룡사가 있고, 그 북쪽 산에 운암사와 송천사가 있다. 그리고 임진왜란으로 불타버린 후, 1712년(숙종 38) 옥룡사에서 도선국사 비문을 간행한 기록이 있다.

여기서 유념해야 할 것은 1712년 3월 도선국사 비문을 간행한 옥룡사는 운평리 현무산 옥룡사였다는 사실이다. 이때까지 옥룡사는 현무산에 있었다. 지금의 중흥사(中興寺)가 옥룡사다.

문제는 이후 알 수 없는 이유로 옥룡사는 현무산에서 사라지고, 1872년 지도에 백계산 운암사 자리가 옥룡사로 되어 있는데, 많은 생각을 하게 한다.

864년 이후 나라와 국민이 셋으로 쪼개져 서로 죽이는 전란의 구렁에 빠진 삼한을 통일하여, 불국토 고려를 창업하는 등 빛나는 공을 세운 이후, 천년의 세월 동안 곡절과 수난을 견뎌온 옥룡사가 1712년 이후 현무산에서 사라지고, 백계산 운암사 자리로 나가 앉은 이유가 뭔지 알 수는 없지만, 생각하면 할수록 안타까움만 더한다.

진리의 빛으로 세상을 구한 광양(光陽)을 있게 한 옥룡사의 터에 새로이 이름한 중흥사는 보물로 지정된 쌍사자석등과 3층 석탑 등 존재하는 유물의 역사성에 비하여, 이를 뒷받침해 줄 사지(寺誌)는 물론, 정사는 고사하고 그럴싸한 전설이나 야사로 전하는 이야기도 없다. 전혀 없다. 깜짝 놀랄 정도로 없다. 정말 아무것도 없다.

오늘날 중흥사가 전하는 자신의 역사는 신라 경문왕 때 도선국사가 세운 절이라고 하는 것뿐이다. 처음 이 절을 도선국사가 세웠다는 것도 그럴 것이라는 막연한 추측이다. 문헌을 바탕으로 한 사실의 기록이 아니다. 혜철선사가 시작하고 도선국사가 마무리한 것이다.

현재 중흥산성(中興山城)에 둘러싸여 있는 중흥사가 전하는 역사는 임진왜란 당시 의병(義兵)들과 승병(僧兵)들의 훈련장이었으며, 왜군의 침입으로 격전을 치른 끝에, 수많은 승병과 의병들이 모두 전멸하였고, 그 절은 산성이 함락될 때 불타버렸다고 한다.

　　이후 어느 해인가, 작은 암자가 건립되어 여승의 힘으로 명맥을 유지해 오다가, 여순반란사건(麗順叛亂事件)으로 다시 불바다가 되어 폐허가 돼버렸다.

　　광란의 6·25 전쟁이 끝난 후, 일제강점기 당시 학교를 건립하여 기증하는 등 (건물 7동을 지어 1935년 3월 6일 사곡국민학교로 개교하였음) 꾸준히 물심양면으로 광양 군민들을 위해 헌신하던 경산(鏡山) 하태호(河太鎬: 1922~2005년 3월 13일 사망, 광양읍 사곡리 본정마을 출생) 선생이 1958년 깊은 뜻을 세워서 중흥산성에 있는 절이라는 뜻으로 중흥사라는 이름을 짓고 불사(佛事)를 시작하였다.

임인년(壬寅年) 4월 8일 중흥사 낙성식 기념이라고 기록한 것으로 보아서, 1962년 5월 11일 초파일 행사로 대웅전 낙성식을 한 후 촬영한 것이다. 좌측 검은 양복을 입은 사람이 경산 하태호 선생이다.

1962년 음력 4월 8일(초파일 부처님 오신 날) 대웅전 낙성식 법회에 참석한 광양 군민들의 모습이다.

하태호 선생이 김공돌 스님을 초빙하여, 1962년 4월 8일 대웅전 낙성식과 함께 1963년 5~6동의 건물을 지어, 비로소 절다운 면모를 갖추었다.

소문에 의하면 예사롭지 않은 기운을 뿜어내고 있는 그곳에, 자신으로서는 알 수 없는 폐사지를 다시 일으켜, 민생들로서는 어찌할 수 없는 혼란한 시대에 (임진왜란을 포함) 반란과 전쟁으로 죽어간 불쌍한 원혼들을 위로하고, 광양을 두루 잘살게 하려는 간절한 마음이었다고 전해지고 있다.

1980년에 이르러 현재의 도성(道成: 1937년 광양 골약동 하포에서 출생 속명 강희룡(姜熙龍)) 스님이 주지직을 맡아 낡은 건물들을 헐고 1988년 대웅전을 중건하고, 이어서 13동의 건물을 건립하였다.

그러나 사찰 부지가 국유지로 되어 있어, 소유권이 이전되지 못하고 있을 뿐만 아니라, 건축물도 준공되지 못한 미등록 상태로 남아 있는 등 불사에 어려움이 많아, 1997년 하태호 선생이 도성 스님을 도와 중창위원

국립광주박물관에 전시되어 있는 국보 제103호
진리의 등불을 밝혀 든 쌍사자석등이다. 940년
고려 태조 왕건이 바친 이름, 세상을 구한 진리의
빛 광양이 된 석등이다.

회(신도 27명)를 구성하고 회장직을 수행하면서, 국유지를 매입해 소유권을
중흥사로 이전하였으며, 건물을 준공 완료하였다.

이처럼 하태호 선생의 각별한 노력과 공덕으로 중흥사는 오늘에 이르
렀으며, 현재는 광양 불교신도회 명의로 등록되어 있다.

세월도 시대도 사람도 서로를 믿지 못하고, 자기가 서 있는 자리에서
딛고 있는 발밑도 믿지 못하던 암담한 시절, 하태호 선생은 땅(현무산 옥룡
사)을 찾아 오늘에 이어주었으며, 도성 스님은 절을 지켜주었다.

그리고 지금은 광양시 시민들 가운데 새로 선출된 중창위원회 위원들
이 합심하여, 현무산 옥룡을 다시 살리기 위해 옥룡사의 이름을 찾고 있
으니, 인연의 때가 도래했다는 생각이다.

더욱 기쁜 소식은 중창위원회가 현무산 옥룡사의 이름을 되찾고 그 역
사를 바로 하려는 때에, 천 년 전 진리의 등불을 밝히고 전란의 구렁에 빠

진 삼한을 통일 고려를 창업하여, 세상을 구하고 세상의 빛 즉 진리의 빛 광양(光陽)의 이름이 된, 쌍사자석등 제자리 찾기 서명운동이 광양시 시민운동으로 일고 있는데, 가슴이 뜨거워지는 일이다.

가만히 생각해 보면, 처음 67년 전 1958년 하태호 선생이 뜻을 세워 산을 오르내리는 고생 끝에 1962년 음력 4월 8일 법당을 짓고, 1997년 도성 스님을 도와 중창위원회를 발족하여 땅을 되찾은 이후, 해체되었던 중창위원회가 근년에 다시 발족하여 위원들이 모이고, 옥룡사의 이름을 되찾아 복원하는 일에 발 벗고 나섰으니, 2025년 오늘의 중창위원회 위원들이 67년 전 하태호 선생이고, 그날의 하태호 선생이 67년 후 오늘의 중창위원회 위원들이다.

모든 일들이 하태호 선생이 생전에 베푼 공덕이고, 현무산 신선(神仙)이 되어 지키고 살펴주는 음덕이다.

끝으로 다음 사진 자료는 1926년 숭례문(崇禮門) 남쪽 연못 터 깊숙이 묻힌 석실(石室) 안에서 발굴된 도성을 지키는 청동용두귀(靑銅龍頭龜, 귀룡(龜龍) 즉 현무(玄武))와 몸속에서 발견된 팔괘도(八卦圖)다.

밀폐된 거북이 몸속에서 발견된 부적(符籍) 즉 팔괘도(八卦圖)를 보면, 중앙의 화(火)를 중심으로 8개의 수(水)와 16개의 수(水)를 써서 두 겹으로

1926년 숭례문(崇禮門) 남쪽 연못 터 깊숙이 묻힌 석실(石室) 안에서 발굴된 도성을 지키는 청동용두귀(靑銅龍頭龜) 즉 현무(玄武)와 몸통 속에서 발견된 팔괘도다.

에워싸고 있다.

청동용두귀(靑銅龍頭龜) 용머리 거북이라는 명칭에서 알 수 있듯이 학계에서 발굴된 유물이 무엇인지 정확하게 정립 확정된 것은 아니지만, 이는 화기(火氣 화재와 전란)가 도성(都城)으로 들어오는 것을 막아, 북쪽의 궁궐을 지키고 보호하는 (액막이 용도) 전통적인 비보풍수(裨補風水)의 비법(秘法)이며 비기(祕器)인 북방을 지키는 신(神) 현무(玄武)다.

부연하면, 고구려 벽화에서 보는 거북이와 뱀이 합체한 전통적인 현무의 모습이 고려시대에는 용머리 거북이로 바뀌고 조선시대에도 이를 따랐다. 왕실과 민간이 대부분 그러하였다.

절대 왕조시대 국가의 중심인 도성 남쪽을 지키는 남문 즉 숭례문 남쪽 연못 터에서 발굴된 청동 현무와 위치를, 본문의 주제인 통진대사 비문에 기록된 현무산과 비교하여 보면, 현무산의 존재와 의미가 무엇이고, 백계산(白鷄山)과 현무산(玄武山)의 관계가 무엇이며, 문제가 된 백계산과 현무산이 각각 어디에 있어야 하는지, 그리고 옥룡사가 무엇이며 어디에 있는 것인지, 즉 시대가 바뀌고 산과 절의 이름이 바뀌어도, 현무산과 옥룡사가 어디에 있어야 하는 것인지를 한눈에 알 수가 있다.

설명하면 밀폐된 몸통 속에서 발견된 부적 팔괘도처럼 옥룡사는 이 현무의 등 속에 있는 것으로 이해하면 된다.

바라건대 천 년 전 그랬던 것처럼, 현무산 옥룡사는 이름과 위용을 되찾고, 쌍사자석등은 3층 석탑 앞으로 돌아와 진리의 등불을 밝혀 세상의 빛 광양으로, 백계산 흰 닭을 깨워 다시 큰 소리로 새로운 세상, 새로운 새벽을 알리게 하면 좋겠다.

그리하면 천 년 전 그랬던 것처럼, 진리의 빛 광양(光陽)의 빛이, 21세기를 구하는 진리의 빛이 될 것이다. 그리되기를 바란다.

9 현무산 현무는 혜철국사가 만든 무신(武神)이다

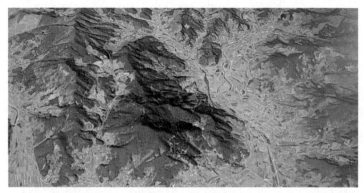

도참과 비보풍수로 거북이와 옥룡을 합체, 현무산으로 한 몸이 되어 탄생한 현무의 모습이다. 현무산 현무는 도참과 비보풍수의 교과서다.

본문은 혜철국사가 나라와 국민을 동시에 구하는 혁명적 발상으로, 하늘이 감추고 땅이 숨긴 비밀의 도처(圖處)에 있는 옥룡사를 중건하여, 도참과 비보풍수의 작법으로 3층 석탑을 세우고, 그 앞에 쌍사자석등으로 진리의 등불을 밝혀 세상을 구한 역사이며, 세상의 빛 광양(光陽)의 이름이 된 혁명의 역사를 성공시킨 불멸의 무신(武神), 현무(玄武)의 실체를 밝히고 고증하는 내용이다.

먼저 반드시 보아야 할 것은 864년 "희양현(曦陽縣) 백계산(白鷄山)에 옥룡(玉龍)이라는 옛 절이 있는데 스님께서 산천을 다니다가 이곳에 이르러 그 그윽한 경치를 좋아하여 당우(堂宇: 크고 작은 건물들을)를 중수하고 청

정하게 일생을 마칠 뜻으로 고요히 앉아서 말을 잃은 지 35년이었다."라
는 도선국사 비문이다.

여기서 유념해야 할 것은 다음 세 가지다. 첫째는 옥룡사가 좋아서 건
물들을 새로 짓고 말없이 평생을 살았다는 기록이다.

이는 의례적인 덕담이라기보다는 사실도 아닐뿐더러, 드러나서는 안
될 곳, 삼한비보(三韓裨補)의 핵심인 옥룡사의 실체를 의도적으로 숨겨버
린 것이다.

이러한 사실을 통해서 알 수 있는 것은 이른바 도선국사가 전하는 비기
(祕記)라는 것은 처음부터 없었다는 확인이다. 모두 다 후대의 사람들이
지어낸 허구라는 의미다.

둘째는 아무리 규모가 작은 사찰이라도 새로 건립하거나, 또는 기존의
사찰을 중수하는 일들은 몇 개월 또는 1년에 할 수 있는 일들이 아니라는
사실이다. (움막 또는 창고 또는 외양간을 짓는 일이 아니다.)

도선국사가 864년 옥룡사 당우(크고 작은 건물들)를 중수하고, 865년 운암
사를 창건했다는 기록은 단순히 건물을 지었다는 것이 아니다. 돈만 있으
면 뭐든 금방 다 할 수 있는 요즈음 세상에서도 절을 중수하고 새로 짓는

옥룡과 거북이와 산, 가장 이질적인 셋을 한 몸으로 묶어 무신(武神), 현무를 창조한 현무산
옥룡사 3층 석탑(보물 제112호)이다.

일은 결코 단기간에 할 수 있는 일이 아니다.

864년과 865년은 수년에 걸쳐 낡은 건물들을 해체하여 새로 짓는 것은 물론, 불상을 새로 조성하고 탑을 세우는 일들까지 모두 마치고 완공하였다는 뜻이다.

이는 혜철국사(861년 2월 6일 열반) 생존 당시 이미 옥룡사를 대대적으로 다시 짓는 작업과 함께 운암사를 짓는 대규모 불사가 동시에 진행되고 있었다는 증명이다.

864년은 861년 2월 6일 사망한 스승 혜철국사의 삼년상(三年喪)을 마친 해이므로, 도선국사가 맡은 역할과 일의 진행에 필요한 과정과 시간을 생각해 보면, 864년 옥룡사 중건과 865년 운암사 창건은 시기와 일들이 맞지도 않고, 할 수도 없는 일들이다.

여기서 삼년상은 일반적인 2년 24개월이 아니고, 3년 36개월로 보아야 한다. 전통 사찰에서 덕망이 높은 고승의 극락왕생을 위해 3년 천일기도를 하는 것이 관례이기 때문이다.

무엇보다도 중요한 것은 전통 사찰을 짓는 과정과 시간이다. 기술문명이 발달한 2025년 봄날 지금, 필요한 인력과 자재들이 모두 준비된 상태에서 한다고 하여도, 웬만한 중급 규모의 사찰을 제대로 지으려면 터를 다듬고 건물을 지을 자리를 안정시키는 등등의 일들을 시작으로, 건물을 세우고 단청까지 아무리 서두르고 빨리 잡아도 최소한 3년 이상은 걸리는 일이다.

꼭 다 그런 것은 아니지만, 도선국사 비문에서 왕명으로 1149년 비문을 쓰고 1150년 돌에 새겼다는 기록과 명종(즉위 1170년 10월 20일)의 허락을 받아 비석을 백계산으로 가져와서, 승려들과 구례와 광양의 군인들을 징발하여 (대규모 인력을 동원하여) 비석을 세우고 관련 건물을 지어 1172년 10월 19일 완성한 사례를 비롯하여, 958년 세운 통진대사 비문에서 승탑과 비를 세우는 데 2년이 걸렸다는 기록은 크고 작은 각종 불사(佛事)가 몇 개월에 뚝딱 지을 수 있는 일들이 아님을 알 수가 있다.

모든 필요한 자재들이 완비되어 있어, 돈만 있으면 무엇이든 즉시 다 구할 수가 있고, 무슨 일이든 다 할 수가 있는 요즘이라도 절을 짓는 것은 몇 개월, 1~2년 단기간에 할 수 있는 일이 아니다.

하물며 하나에서 열까지 모든 일을 사람의 힘과 손으로 해야 하는 860년대 당시를 생각하면, 처음 필요한 땅을 찾아 점지하는 일부터 시작하여, 막대한 자금과 인력을 동원하여 터를 만드는 토목공사를 비롯하여, 산에서 필요한 목재를 채취하고 그늘에 말려서 건축에 필요한 자재로 다듬어 건물을 짓고, 석공이 돌을 운반하여 정(釘)으로 쪼아 법당과 건물들의 석축을 쌓고, 정교한 손놀림과 시간이 필요한 석탑과 석등을 세우는 과정을 계산하면, 대규모 인력을 동원한다고 하여도 3년은 부족한 시간이기에, 이미 오래전부터 진행되고 있었음을 알 수가 있다. 일의 진행을 알면 훤히 보이는 과정이고 결론이다.

861년 2월 혜철국사가 사망하기 오래전부터 시작된 일이었고, (858년 구례 오산 도선사를 완공한 후, 바로 시작된 사업임) 사망 후 제자인 도선국사가 스승의 유지(遺志)를 받들어서, 쉼 없이 독려하여 864년 옥룡사 중건을 마치고, 865년 운암사를 완공했음을 알 수 있다.

임금의 허락을 받아, 도선국사가 법을 전한 4개의 사찰을 비석에 새기면서, 856년 구례 오산 암벽에 약사여래를 그린 것을 시작으로 미점사(米岾寺)를 세우고, 858년 도선사(道詵寺)와 삼국사(三國寺)를 창건한 후 865년 운암사(雲巖寺)를 창건했다는 비음기의 기록을 보면, 운암사를 제외한 세 개의 사찰은 혜철국사가 도선국사를 데리고 지은 것이다. (도선국사에게 도참과 비보풍수를 현장에서 가르치고 전수하는 과정이었다.)

그런데 세상을 구할 목적으로 847년 동리산 태안사에 주장자를 세우고 대대적으로 중건한 후, 쉴 틈이 없이 백계산 남북에 절을 짓는 일들을 서

둘러 진행하다가 858년 도선사를 끝으로 중단되었고, 6년 후 864년 옥룡사 중건과 865년 운암사 창건으로 끝났다는 사실이다.

이는 858~864년 사이, 즉 861년 2월 6일 혜철국사의 열반(사망)과 삼년상으로 천일기도를 봉행한 시간을 고려하면, 864년 옥룡사 중수와 865년 운암사 준공은 이미 혜철국사 생전에 시작된 일이었고, 사후에 유지를 받들어 더욱 노력하여, 스승 혜철국사의 극락왕생을 비는 3년 천일기도 회향에 맞춘 것임을 알 수가 있다.

정확하게 설명하면, 옥룡사 중수와 운암사 창건은 혜철국사가 시작하고, 도선국사가 마무리를 한 일이다. 처음 일을 시작한 구례 오산 약사여래와 미점사 도선사까지 전부 도선국사가 지은 것이라고 하는 것은 사실이 아닌 것으로, 후대에 옥룡사파에서 혜철국사의 존재를 신인(神人)으로 바꾸는 등 교조인 도선국사를 미화시킨 결과물이다.

여기서 깊이 생각해야 할 것은 전국에 도선국사가 창건했거나 중건했다는 크고 웅장한 사찰들이 많이 있음에도, 도선국사의 행적을 기록한 비 음기에서 왕의 허락을 받아 법을 전한 사찰을 비석에 새기면서, 그것도 백계산 남북에 있는 보잘것없는 4개의 절을 적시했고, 그것이 전부라는 사실이다. 오늘날의 시각으로 보면 거창한 것이 아니고 암자 수준에 불과하다는 말이다.

사실이 이러함에도 비를 다 세운 후, 임금의 허락을 얻어 이른바 4개의 사찰을 다시 비음기 끝에 새겼다는 것은, 이는 자신들의 교조인 도선국사의 역사와 위업을 증명하는 절대 가치로 그만큼 중대하다는 뜻이며, 역사의 사실이 그랬다.

일반적인 시각으로 흔히 말하는 보잘것없는 4개의 암자가 전부라는 사실은 역설적으로 도선국사에게 이 4개의 암자가 그만큼 중요하다는 의미이기도 하지만, 이것으로 도선국사는 스승 혜철국사를 따라간 철저한 개혁의 신봉자 혁명가였음을 알 수가 있다.

다른 측면에서 이 기록이 중요한 것은 전국에 산재한 도선국사가 짓거나 중수했다는 크고 작은 사찰들 모두가 후대에 도선국사의 이름에 의지한 것으로 허구라는 증명이기도 하다.

셋째는 최유청이 비문을 쓸 당시 1149년은 희양현(曦陽縣)이 아니고 광양현(光陽縣)이라는 사실이다.

여기서 잠시 이해를 돕기 위해 사전 설명을 하면 희양현(曦陽縣)의 희(曦)가 언제 희(晞)로 바뀌었는지 정확한 기록이 없어 알 수는 없지만, 도선국사 비문에 옥룡사를 중건한 864년 희양현(曦陽縣)이라 하였고, 958년 통진대사 비문에 희양현(晞陽縣)이라고 한 것으로 보아, 도선국사 이후 바뀌었음을 알 수가 있다. (광양시가 양론으로 결론이 없다.)

757년 개명된 당시 희(曦)와 희(晞) 어느 것이었는지, 어느 것이 옳은지, 정확한 자료도 없고, 사람마다 의견이 달라 결론을 내는 일이 쉽지 않다. 향후 완벽한 자료가 나오지 않는다면 사실상 불가능하다.

다만 하나 분명한 것은 도선국사 비문에 희양현(曦陽縣 864년)이라 하였고, 90년 후 통진대사 비문에 희양현(晞陽縣 958년)이라고 한 것으로 보아서, 아침 해를 뜻하는 희(曦)가 먼저이고, 마른 땅을 뜻하는 희(晞)가 나중임을 알 수가 있다.

특히 국가에서 공인하는 국어사전에서 희양현(曦陽縣)은 고유 명사로 광양시의 옛 이름이라고 소개되어 나오지만, 희양현(晞陽縣)은 나오지도 않고 자체가 없다. 이는 희양(曦陽)이 나라에서 정한 공식 지명임을 뜻하는 것이다.

고려가 안정됨에 따라 태조 왕건이 바친 광양(光陽 940년)과 통진대사 비문의 희양(晞陽 958년)은 지금 우리가 새로운 지번과 혼용하여 사용하듯 그런 과정이다. 이건 별문제가 아니다.

오랜 세월 백계산의 역사를 연구한 나의 결론은 기록이 분명한 희(曦)

는 나라에서 만들었고, 기록이 불분명한 희(晞)는 도선국사 이후 백계산을 중심으로 세상을 개혁하려는 세력들에 의해 비보풍수의 차원에서 백계산과 맞추어 나온 이름이라는 것이다.

닭은 습한 땅에서는 살 수가 없는 연유로, 주산인 백계산 백계를 살리는 상생의 차원에서 보면 마른 땅을 뜻하는 희(晞)가 천생연분이다.

근거는 있다. 스승인 도선국사가 사용한 희(曦)를 제자인 통진대사가 희(晞)로 바꾼 것은 바꿀 수 없는 것을 바꾼 것이므로, 이러한 예법을 뛰어넘어야 할 명분은 단 하나, 백계산에서 세상을 개혁하려는 일을 도모하는 세력의 목적에 맞춘 것이다.

정확한 자료가 없어 알 수는 없지만, 옥룡사를 중건하고 운암사를 창건한 백계산 세력이 비보풍수의 차원에서 희(曦)를 희(晞)로 바꾸었다는 것이 나의 생각이다. 혜철국사가 도선국사에게 전한 도참서, 즉 기획안에서 나왔다는 뜻이다.

동국여지승람 광양현 불우(佛宇) 옥룡사 소개 글에 최유청본을 인용한 도선국사 비문이다. '희양현(曦陽縣) 백계산유고사왈옥룡사(白鷄山有古寺曰玉龍師)'라고 하여 희양현(曦陽縣) 백계산(白鷄山)에 옛 절이 있으니 옥룡사(玉龍寺)이다. 사(師 도선국사)는 =생략= 송천사(松川寺)·운암사(雲巖寺) 모두 백계산(白鷄山)에 있다고 하였다.

무엇이 되었든 한 가지 분명한 것은 사실을 고증할 자료가 없어 단정할 수는 없지만, 처음 어디서 나왔는지 출처가 없는 희양현(晞陽縣)은 현무산(玄武山)과 함께 통진대사 비문에서 나와 이후 사라졌다는 사실이다. (940년 고려 태조 왕건이 광양으로 바꾸었음)

도참의 풀이가 아니더라도 진산(鎭山)인 백계산을 두고 희(曦)와 희(晞)가 가지는 의미를 생각해 보면 수긍할 것이다.

설명한 바와 같이 어느 것이 먼저인지 알 수는 없지만, 한 가지 분명한 것은 936년 후삼국을 통일한 고려 태조 왕건이 백계산의 헌신에 보은하는 마음으로 940년 희양현(晞陽縣)을 광양현(光陽縣)으로 바꾸었고, 오랜 세월 고을의 이름이 되었음에도 209년 후 1149년 어명으로 쓰는 도선국사 비문에 광양현이라 하지 않고, 희양현(曦陽縣)이라고 한 것은 기존의 사료(史料) 또는 사지(寺誌)의 자료를 그대로 인용한 것이므로, "희양현 백계산 옥룡사"는 864년 당시의 이름과 상황을 그대로 쓴 것임을 알 수가 있다.

광양시의 자료를 보면 757년 마로현(馬老縣)을 희양현으로 바꿀 때 어떤 희를 썼는지 양론으로 확인할 수가 없지만, 이후 가장 오래된 기록이 864년 옥룡사와 함께 나오는 희양현(曦陽縣)이다.

신증동국여지승람 불우(佛宇) 옥룡사 편에 소개된 도선국사 비문에도 희양현(曦陽縣) 백계산(白鷄山)으로 되어 있다.

864년 당시 백계산과 옥룡사가 있었음을 세상에 알린 이 비문의 기록이 중요한 것은 864년 백계산과 옥룡은 있는데, 현무산(玄武山)이 없다는 것이다.

그런데 84년 후 948년 즉 도선국사 사후 50년 뒤 옥룡사에서 사망한 통진대사 비문에 백계산 옥룡사가 아닌 현무산 옥룡사로 나온다.

이로 보아서, 처음 짝이 된 백계산과 옥룡사는 도선국사 이전에 이미 있었고, 나중에 짝이 된 현무산과 옥룡사는 도선국사 이후 비보풍수로 만든 산의 이름이고 관계임을 알 수가 있다.

왜냐하면 본래부터 현무산이 있었으면, 옥룡사를 중건한 864년의 기록에 백계산 옥룡사가 아닌 현무산 옥룡사라고 하였을 일이기에 하는 말이다. (도참과 풍수에서 산과 사찰의 명칭은 정확해야 한다. 물론 감추고 드러내는 것 또한 마찬가지다.)

사람마다 해석하기 나름이겠지만 일반적인 해석으로 보면, "희(晞)"보다 더 좋은 아침 햇볕을 의미하는 희양현(曦陽縣)을 굳이 희양현(晞陽縣)으로 바꿔야 할 이유를 찾는다면, 단 하나 879년 지증대사(智證大師) 도헌(道憲, 824~882년)이 주장자를 세운 문경시의 희양산문(曦陽山門) 희양산(曦陽山)과 이름과 문자가 겹치는 것을 회피하기 위한 것이라면 이해가 된다.

동리산문의 조사 혜철국사도 영주 부석사 출신이고, 지증대사도 부석사 출신이다. 당시 나이 차이가 있었던 두 사람의 관계가 어떠했는지 알 수는 없지만, 분명한 것은 영주 부석사는 혜철국사의 세력이었다는 사실이다.

부연하면, 또 다른 관점에서 당시 왕건과 희양산(曦陽山 가은현) 출신 견훤이 삼한의 주인 자리를 두고 치열하게 전쟁을 치르던 상황과, 921년 스승으로 모시겠다는 후백제의 왕 견훤의 제의를 거절하고 희양현(광양시) 옥룡사로 돌아가서 왕건의 고려창업을 도와 세상을 구하는 혁명사업을 완수한 통진대사의 역할을 보면, 여러 가지 살펴보아야 할 것들이 있다.

왕건을 내세워 세상을 구하려고, 온 힘을 다하고 있는 백계산 세력의 관점에서 보면, 본거지인 고을의 이름 희양현(曦陽縣)이 견훤의 출신지인 희양산(曦陽山)과 겹쳤다는 것은 민심에 악영향을 끼치는 것으로 결코 무시할 수 없는 일이다.

이 외에도 다 떠나서 한 가지 분명한 것은 고을의 이름인 희양현(曦陽

縣)과 산의 이름인 희양산(曦陽山)이 동급일 수는 없는 일이다. 특히 지금 현대인의 생각으로도 간과할 수 없는 것은 희양산이 먼저이고 희양현이 나중이라는 사실이다.

이는 고을인 희양현이 희양산을 따라간 꼴이므로, 겸사겸사하여 찾은 방법이 백계산을 중심으로 일을 도모하는 세력이 비보풍수의 차원에서 희(曦)를 희(晞)로 바꾸고, 통진대사가 사용한 것이라고 할 수 있다. (당시 광양은 태안사 세력이 통치하는 영역이라고 해도 무방하다.)

한마디로 나라에서 생각 없이 지은 이름을 깨어있는 주민들이 의미가 깊고 자존심을 살리는 이름으로 개명한 것으로 이해하면 된다.

이런 연유로 통진대사 비문에 희양현(晞陽縣)이 현무산(玄武山)과 함께 나온 것이다. 나의 생각이고 결론이다. 은밀한 밀법(密法)으로 전하는 도참과 비보풍수는 한번 정해지면 함부로 바꿀 수 없음을 안다면 이해할 것이다. 은밀히 세상을 구하는 혁명을 도모하는 도선국사는 감추었고, 삼한통일을 완성한 통진대사는 드러낸 것으로 이해하면 된다.

참고로 여기서 누가 어떻게 해석하든, 즉 현무산 옥룡사와 백계산 운암사를 부정하고 싶은 사람들은 현무산 옥룡사 상원에서 죽은 시신을 다음 날 백계산으로 옮겨 가매장(假埋葬)했다는 통진대사 비문의 기록을 먼저 확인하고, (자신들의 주장대로) 시신을 옮겨간 백계산과 시신을 묻고 탑과 비를 세운 백계산 동쪽 운암을 확실하게 찾아내 놓아야 한다는 사실이다. 그런 후 반론을 하라는 의미다.

다음은 본문의 주제인 현무산(玄武山)이 실재했는지, 그리고 위치는 어디인지, 현무(玄武)의 출처와 역할을 밝히는 내용이다.

도참과 비보풍수로 헤아려 보면, 948년 사망한 통진대사 비문에 유일하게 나왔다가 사라진 현무산은 혁명가 혜철국사가 3층 석탑을 세워, 가장 이질적인 옥룡사 옥룡과 거북이와 산, 이들 셋을 한 몸으로 합체하는

거북이와 뱀이 한 몸이 되어 북방을 지키는 무신(武神)이 된 현무의 모습이다.

술법으로 창조한 북방을 지키는 무신(武神), 현무(玄武)다.

다시 설명하면, 오랜 세월 도를 닦은 검은색의 수컷 뱀과 암컷 거북 또는 암컷 뱀과 수컷 거북이 서로 한 몸으로 합체하여, 완전히 새로운 불사신(不死身)의 신(神)으로 탈바꿈한 것이 현무(玄武)다.

생김과 사는 방식이 전혀 다른 거북이와 뱀, 두 마리 파충류가 산의 이름으로 한 몸으로 합체하여, 차원이 다른 존재가 되었다. 그것도 동서남북을 지키는 사신(四神) 가운데 우두머리인 북방을 지키는 무신(武神)이 된 것이 현무다.

백계산을 중심으로 남북에 절을 지어, 나라와 국민을 구하는 일을 도모하려는 혁명가 혜철국사의 관점에서 보면, 중요한 요새지인 산성(山城)에서 북방의 백계(흰 닭) 즉 백계산을 지키고 있는 거북이와 옥룡이 문제다.

백계산 백계를 지키는 산성에서 즉 거북이의 등 위에서 똬리를 틀고 있는 옥룡은 자신이 가진 능력을 제대로 활용하지도 못할뿐더러, 거북이가 가진 능력을 발휘하지 못하게 하면서, 동시에 백계를 죽이므로 맞지 않는다. 도참과 풍수로 보거나 자연의 이치에서 보면, 신도 아니고 영물도 아닌 단순한 파충류가 돼버린 꼴이다.

백계와 거북이와 옥룡, 즉 계(鷄)와 구(龜)와 용(龍) 이들 각각은 하늘 아래 최고의 능력을 갖췄으면서도 셋이 같은 공간에 있는 탓에, 의도하지는 않았지만, 서로를 해롭게 하는 최악의 삼각관계가 돼버렸다.

정말 난제는 같은 공간에 있으므로, 서로를 해롭게만 하는 최악의 삼각관계가 돼버린 계(鷄)와 구(龜)와 용(龍)을 따로 떼어 놓을 수도 없다는 것이다.

하늘과 땅도 어찌하지를 못하는 최악의 삼각관계인 계(鷄)와 구(龜)와 용(龍), 이들 셋을 생긴 그대로 그 자리에 두고, 각각 타고난 능력을 다하게 하면서 필요할 때마다 서로 힘을 합하여, 가진 능력을 극대화하는 상생의 관계로 만든 것이 혜철국사다.

난해한 셋의 관계를 분명하고 깔끔하게 정리하여, 본래의 목적인 산성(山城)의 기능과 위력을 살려 북방의 백계산을 지키게 하려면, 같은 공간에 있는 거북이와 옥룡의 관계를 창조적으로 정리 발전시키는 것뿐이고, 이 난제를 국민 행복을 위한 혁명적 발상으로 승화시켜 해결한 것이 원효대사에서 혜철국사로 은밀하게 이어지는 도참과 비보풍수의 비급(祕笈)이었다.

과학 문명이 발달한 오늘날의 시각으로는, 혁명가 혜철국사가 기획한 도참과 비보풍수의 작법이 황당한 일이지만, 백제 무령왕(武寧王 523년 6월 7일 사망)의 능(陵) 입구를 지키고 있는 석수(石獸) 즉 무덤을 지키고 있는 영물 진묘수(鎭墓獸)의 오른쪽 뒷다리를 부러뜨려 놓은 것이 도망가지 못하게 하여, 무덤을 침입하는 악령을 막고 왕의 혼령을 보호하는 의미임을 안다면 이해할 것이다. 이집트 피라미드를 지키는 사람 얼굴에 사자의 몸을 가진 스핑크스 역시 같은 의미이고 작법이다.

희양현 백계산을 중심으로 남북에 도처(圖處)를 만들어, 새로운 시대를 열어가는 혁명의 구심점으로 삼으려는 뜻을 가진 혁명가 혜철국사가 도참과 비보풍수로 3층 석탑을 세워 산과 거북이와 옥룡, 이들 셋을 한 몸으로 합체하여, 사신(四神) 가운데 우두머리인 북방을 지키는 무신(武神), 현무로 만들어 모든 난제를 해결하고, 바라는 북쪽의 백계산 백계를 지키는 목적을 성공시켰다. 도선국사는 스승이 처음 기획한 그대로 어긋남이 없이 실행했다.

세상을 구하는 핵심 거점인 백계산을 지키고 보호하기 위하여, 영물인 거북이와 용을 창조적으로 정리, 산과 하나인 한 몸으로 합체하여, 영원히 살아 북쪽 백계산을 지키는 완전하고 완벽한 존재인 무신(武神) 즉 영물을 차원이 다른 북방을 지키는 무신(武神), 그것도 사신(四神) 가운데 우두머리인 현무로 만들어 백계산을 지키게 하였다. (백계산을 지키는 일이 곧 삼한을 지키는 일이므로 삼한비보의 핵심이다.)

세상이 어지러울 때마다 나타나서, 백성을 구하여 태평성대로 이끌어가는 성군(聖君) 즉 성천자(聖天子)의 시대를 예고하는 하늘이 낸 신성하고 신령한 영물(靈物: 용·봉황·거북·기린) 가운데 용과 거북이가 동시에 같은 공간에 있는 것은 얼핏 보면 아주 좋은 일이지만, 도참과 풍수로 보면 대단히 불합리하고 비생산적이다. 자연의 이치도 마찬가지로 서로 불편한 관계다.

거북이와 용은 서로를 해롭게 하지도 않고, 이롭게 하지도 않는다. 그냥 서로 무관심이다. 이러한 연유로 서로가 상대방 때문에 하려는 일들이 방해받는 피곤한 관계다.

그러다 보니, 문제는 서로가 의도한 것은 아니지만, 둘이 같은 공간에 있으므로, 둘 다 타고난 능력을 발휘하지 못하고, 그저 그냥 평범한 파충류가 돼버렸다. 한마디로 기능과 능력은 물론이거니와 의욕까지 상실한 관계다.

하여 용(龍) 그것도 오방(五方) 즉 중앙과(황룡) 동서남북(청룡·백룡·적룡·흑룡) 어디에도 속하지 않고, 모두를 다스리며 영원히 죽지 않는 옥룡사 옥룡(玉龍)과 영물인 거북이와 산, 이들 셋을 한 몸으로 결합하는 술법으로, 3층 석탑과 쌍사자석등을 세워 하나로 결속시키고, 산의 이름을 현무라고 지어, 영원히 죽지 않고 북방을 지키는 무신으로 만들어서 백계산을 지키게 하였고, 성공하였다.

부연하면, 정치든, 사업이든, 소소한 인간관계든, 살아가는 일상의 현실에서 당면한 난제를 어떻게 극복하고 뛰어넘어야 하는지를 잘 보여주는 것으로, 오늘의 시각으로 보아도 지혜롭고 강력한 메시지다.

도참과 비보풍수로 백계산 백계를 지키는 산성의 혈처인 내성(內城)에 있는 옥룡사를 중건하고, 산의 이름을 현무로 이름을 지어, 즉 절과(옥룡) 거북이와 산, 가장 이질적인 셋을 하나 한 몸으로 만들어, 비로소 하늘과 땅과 사람이 원하고 인정하는 완전하고 완벽한 무신(武神), 현무(玄武)를 창조한 것이고, 이것이 바로 현무산이다.

원효대사 · 혜철국사 · 도선국사 · 무학대사로 이어오는 전래하는 도참과 비보풍수로, 현무산 옥룡사 3층 석탑과 그 앞에서 두 마리 사자가 등불을 밝혀서 들고 있는 쌍사자석등의 의미와 역할을 해석하여 보면, 3층 석탑은 산과 거북이와 옥룡 셋을 한 몸으로 합체하여 만든 북방을 지키는 신 현무의 핵심이고 동시에 삼한비보의 핵심이다.

두 마리 사자가 높이 치켜들고 있는 등불은 현무에게 맡긴 반드시 해야 할 일 즉 책무이며 역할이고, 현무는 864년부터 936년까지 72년 동안 온갖 어려움을 견뎌내며 맡겨진 임무를 잘 수행하여 고려창업을 성공시켰다.

3층 석탑을 세우고, 그 앞에 두 마리 사자(獅子)로 하여 석등을 들고 진리의 불을 밝히도록 한 혜철국사의 마음을 헤아려 보면 훤히 알 수 있는 일이고, 이후 역사가 사실임을 증명하고 있다.

현무산 옥룡사 3층 석탑(보물 제112호)과 쌍사자석등(국보 제103호)이다.
산과 거북이와 옥룡 셋을 한 몸으로 합체하여 만든 북방을 지키는 신(神)
현무의 핵심이며 역할이다. 세상을 구하는 도참과 비보풍수의 교본이다.

생각해 보라. 모든 짐승 가운데 왕이며, 제왕(帝王)과 성인(聖人)의 상징
이고, 어떠한 소리에도 놀라지 않고 산이 무너져도 흔들림이 없는 석가모
니 부처님의 마음을 상징하는 사자 두 마리가 높이 치켜들고 있는 등불과
그 앞에 서 있는 3층 석탑의 의미가 무엇이겠는가를……

사람들 저마다 3층 석탑과 그 앞에 선 쌍사자석등에 대한 해석이 다르
겠지만, 한 가지 분명한 것은 처음 일을 기획한 혁명가 혜철국사와 그 뜻
을 받들어 완벽하게 수행한 도선국사가 세상을 구원하는 방편으로 든 것
이 법화경의 핵심 사상인 회삼귀일이라는 사실이다.

어렵게 생각할 것 없다. 3층 석탑은 흩어진 각각의 셋을 하나로 모으는
법화경 회삼귀일의 작법이고, 두 마리 사자가 있는 힘을 다해 높이 치켜
들고 있는 등불은 하나로 모인 셋 즉 삼승(三乘)이 일승(一乘)으로 나가, 다
함께 성불하는 길을 밝혀주는 진리의 등불 즉 진리의 빛이라고 이해하면
된다.

꼭 도참과 비보풍수가 아니더라도 돌을 목재 다루듯 하는 것은 물론이 거니와, 컴퓨터로 작동하는 기계가 사람보다 더 정교하게 돌을 다듬고 조각하는 오늘날의 첨단 기술로 보면 별것 아니다.

그러나 9세기 중반 860년대(문명이 발달한 21세기 전문 학자들이 놀라는) 당대 최고의 걸작 3층 석탑과 쌍사자석등을 망치와 정(釘) 하나로 동시에 다듬어, 그것도 아주 정교하게 조각하여 세우는 일은 결코 아무나 할 수 있는 일이 아니다.

많은 자금과 고도의 기술 인력과 돌을 다듬어 세우는 오랜 각고의 시간은 말할 것이 없지만, 처음 기획하고 저 자리에 세운 혜철국사의 마음을 헤아려 보면 3층 석탑과 쌍사자석등에 담긴 간절한 비원(悲願)이 뭔지를 충분히 알 수가 있다.

한마디로 세상을 개혁하려는 뜻을 가진 혁명가 혜철국사가 사람이 잘못 쓰는 탓에 기능과 능력을 상실하고 버려진 천하의 영물인 거북이와 옥룡을 알아보고, 도참과 비보풍수로 옥룡사를 크게 중건하여, 산의 이름을 현무로 지어, 즉 3층 석탑을 세워 옥룡과 거북이와 산, 이들 셋을 한 몸으로 만들어 북방을 지키는 무신, 현무로 만들었다. 즉 현무산을 만들었다.

이후 현무산 현무는 북방의 백계산을 지키는 무신의 임무를 완벽하게 수행하여 전란의 구렁에 빠진 삼한을 통일, 고려를 세우는 결정적인 역할을 하였으며, 그 지대한 공로에 태조 왕건이 보은하는 뜻으로, 940년 마른 땅 희양현(晞陽縣)을, 세상을 구한 진리의 빛 광양(光陽)으로 개명하여 바쳤고, 오늘에 이어진 것이다.

여기서 생각해 보아야 할 것은 왕건이 바친 광양(光陽)의 의미다. 자연의 현상인 태양을 상징한 것인지, 아니면 쌍사자석등이 밝힌 진리의 등불 즉 진리의 빛을 상징한 것인지, 둘 가운데 어느 것이 옳으냐는 것이다.

희양(曦陽)과 희양(晞陽) 어느 것이든, 좋은 의미로 해석하면 같은 햇볕으로 자연광인데, 굳이 다시 또 같은 의미인 광양(光陽)으로 개명하여 바친 뜻을 헤아려 보면, 두 마리 사자가 높이 치켜든 진리의 등불을 그대로 이름하여 바친 것으로, 광양(光陽)은 그 몸과 이름이 진리의 빛이다.

갑골문(甲骨文)   금문(金文)   소전(小篆)

광양시의 이름인 빛 광(光)의 갑골문자를 보면, 사람이 횃불을 든 모습으로 사자가 석등을 치켜든 의미와 광양의 의미가 무엇인지를 증명하고 있다.

꼭 도참의 풀이가 아니라도, 광(光) 자가 사람이 횃불을 높이 치켜든 상형자(象形字)임을 안다면……

3층 석탑 앞에서 두 마리 사자가 있는 힘을 다해 밝혀 든 석등의 의미를 안다면……

쌍사자석등이 밝히는 등불은 그 자체가 석가모니 부처님의 설법이며 진리의 빛이라는 사실을 안다면……

3층 석탑과 쌍사자석등을 기획한 사람 즉 혜철국사의 마음과 이후(864년부터 936년까지) 진행된 역사를 안다면……

광양(光陽)으로 이름을 지어 보은한 왕건이 도참과 비보풍수에 정통한 사실을 안다면……

광양(光陽)의 의미가 법화경에서 말하는 진리의 법, 즉 온 우주를 밝히는 진리의 빛, 즉 쌍사자석등이 밝히고 있는 진리의 등불을 상징하는 것임을 알 것이다.

여기서 잠시 옛사람들이 뜻을 드러내고 몸을 드러내어 세상을 살리는 도참과 비보풍수로 지명(地名) 또는 단체 또는 건물 등의 이름을 정하는 법칙을 알기 쉽게 설명하면, 최근 광양시 교육청에서 광양여자중학교를 2025년 3월 1일 남녀공학으로 전환하면서, 교명을 희양중학교(晞陽中學校)로 바꾼 것이 좋은 사례다.

학교의 교명은 그 지역에서 자라나는 세대들이 학문을 배우는 것은 물론, 이른바 지향하여 나갈 방향, 즉 주민들이 바라는 정신문화를 담고 있는 것인데, 새로 지은 교명과 광양시의 몸이라고 할 수 있는 주산(主山) 백운산을 놓고, 도참과 비보풍수로 해석하면, 과거의 이름인 백계산(白鷄山)과 희양(晞陽)은 천생연분으로 몸과 마음과 나갈 길이 분명하게 제시되어 있지만, 오늘의 이름인 백운산(白雲山)과 희양(晞陽)은 최악의 상극으로 몸과 마음이 서로를 괴롭히는 연유로 고통스럽고 앞으로 나갈 길이 없다.

광양을 희양으로 바꾼 이유 가운데 하나가 희양(晞陽)이 먼저이고 희양(曦陽)이 나중이라는 것인데, 교명을 결정한 사람들이 희양(曦陽)이 먼저이고 희양(晞陽)이 나중임을 알았다면, 무엇보다도 희양(晞陽)이 백계산 백계 즉 흰 닭을 살리는 비보풍수에서 지어진 것으로, 마른 땅을 뜻하는 것임을 알았다면, 그리고 광양(光陽)의 의미와 역사가 무엇인지를 정확히 알았

혜철국사가 중시한 삼수(三水)
옛 이름 순자강(섬진강) · 대황강(보성강) · 압록강(섬진강) 삼수(三水)다.

다면 달라졌을 것이다. (다만 설명을 위한 알기 쉬운 사례로 이해할 뿐 특별한 오해가 없기를 바란다.)

정리를 하면, 현무산과 옥룡사는 둘이 아니다. 거북이와 옥룡과 산, 셋이 하나로 합체하여 한 몸이 된 현무는 삼강(三江: 낙동강 · 섬진강 · 영산강) 가운데, 삼수(三水: 순자강 · 대황강 · 압록강)가 합하여 삼태극을 이루는 섬진강 압록(鴨綠)을 중심으로 동리산문 태안사, 오산 약사여래, 미점사, 도선사, 용성(龍城 구례읍 논곡리) 황룡사와 함께 장차 셋으로 쪼개져서 전란의 구렁에 빠질 나라와 국민을 동시에 구하는 삼한비보(三韓裨補)의 핵심이며, 동시에 강력한 무력(武力)이다.

백계산을 잘 지키는 일이 곧 삼한비보의 핵심이고 힘이다. 백계산 자체가 동리산문 태안사에서 진행하는 모든 일들을 가능하게 하는 경제력 즉 자금줄이기 때문이다.

완벽한 무신(武神), 현무가 된 현무산을 도참과 풍수로 풀어보면, 사철 물이 마르지 않는 수량이 풍부한 계곡과 함께 산 능선 중앙에 형성된 분지는 마치 우리나라의 지도를 축소해 놓은 모습이며, 에워싸고 있는 능선들은 3층 석탑을 보호하고 있는 용들의 형국이다.

현무산과 옥룡사 그리고 3층 석탑과 어울린 주변의 능선을 현장에서 보면, 마치 살아서 꿈틀거리는 거대한 용들이 휘감아 보호하고 있는 형국으로, 가히 살아있는 신화를 보는 것처럼 장관이다.

그동안 섬진강 압록의 삼수(三水: 옛 이름 순자강 · 대황강 · 압록강 3개의 강이 하나로 합수) 가운데 자리한 동리산문 태안사에서, 혜철국사가 치켜든 집게 손가락이 가리키는 길을 힘겹게 헤집고 온 나에게, 현무산 옥룡사 3층 석탑은 마침내 확인하는 역사였다.

옥룡과 거북이와 산, 이들 셋을 하나로 묶어 북방을 지키는 무신, 현무의 핵심인 3층 석탑은 864년 도선국사가 스승 혜철국사의 유지를 받들어

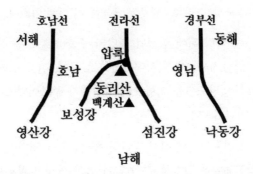

혁명가 혜철국사가 법화경 회삼귀일(會三歸一)의 묘법으로 중시한 ① 낙동강, ② 섬진강, ③ 영산강, 삼강(三江) 가운데 삼수(三水, 순자강 · 대황강 · 압록강) 즉 삼태극의 핵심을 현대적으로 되살려본 것이다. 법화경 회삼귀일 사상은 원효대사가 삼국을 통일하는 묘법이며, 핵심 전략이었고, 혜철국사가 도선국사에게 전하여 후삼국을 통일, 나라와 국민을 구한 방법이었다. 혜철국사가 백계산을 중시한 이유, 백계산이 중요한 이유를 알 수 있다.

이곳에 있던 고찰 옥룡사를 대대적으로 중건하고, 삼한을 즉 국토와 국민이 셋으로 나뉘어 (후삼국) 백성들이 서로를 죽이는 전란의 구렁에 빠질 나라와 국민을 구하려는 방책으로 세운 것이다.

한마디로 비밀리에 비보(裨補)한 국가와 국민을 위한 액막이, 즉 전략의 핵심이다. 뜻을 감추고 몸을 숨기는 동시에, 뜻을 일으키고 민심을 모으는 도참과 비보풍수의 정수다.

덧붙여 설명하면, 혜철국사가 흩어진 각각의 셋을 하나로 되돌리는 회삼귀일(會三歸一) 묘법으로 (후삼국) 장차 셋으로 쪼개져 전란의 구렁에 빠질 나라와 국민을 구하는 방책으로 중시한 한반도의 남부 영남의 낙동강과 호남의 영산강 사이 중심에서 삼태극을 이루고 있는 섬진강 압록이다. 지금 다시 생각해도 동서 화합만이 나라와 국민이 살길이라는 강력한 메시지다.

도선국사가 혜철국사의 유지를 받들어 옥룡사를 중건한 것은 썩을 대로 썩어서 곪아 터지고, 피투성이가 된 삼한을 치료하여 살리기 위한 비방(祕方: 공개적으로 알려지지 않고 비밀스럽게 전해 오는 방법)이었다.

그러므로 3층 석탑 뒤에 있었던 법당의 주불(主佛)은 동리산 태안사와 구례 오산 도선사(사성암)에 약사여래를 모셨듯이, 이곳 또한 약사여래를 모셨을 것이다. 법당도 3층 석탑도 약사여래가 주불이었고, 옥룡사는 세상을 구하는 비밀기지다.

또한 현무산 현무의 중심에서 정확히 동서남북을 정하여 탑을 세운 것은 신라가 삼국통일을 달성할 수 있었던 힘의 상징인 황룡사구층목탑(皇龍寺九層木塔)과 같은 목적으로, 거북이와 옥룡과 산 셋을 하나로 묶어 삼한을 안정시키려는 특별한 삼한비보의 목적이었다.

특히 현무산 분지는 당시 식자들은 국토에 대한 생김새를 무슨 모양으로 인식하고 있었는지 알 수는 없으나, 옥룡사 3층 석탑은 바로 지금의 한반도 광양의 백계산에 해당하는 (핵심 명당) 혈처이니, 이는 광양에서 광양으로, 즉 백계산으로 삼한을 비보한 것이며, 나라와 국민을 위하는 사업에 광양의 중요성을 인식하고 기초한 것이다.

신라 말기에 형성된 구산선문(九山禪門) 모두가 당시에 유행하던 철조비로자나불(鐵造毘盧舍那佛)을 조성하여 법당에 모실 때, 유일하게 태안사만 철조약사여래(鐵造藥師如來)를 주불(主佛)로 모셨으며, 이후 856년 오산 암벽에 약사여래를 모시고 미점사(米岾寺)를 창건한 혜철국사의 간절한 마음을 헤아려 보면, 현무산 옥룡사를 중건하고 세운 3층 석탑과 쌍사자석등의 의미와 목적을 충분히 알 수가 있다.

이것으로 세상을 개혁하려는 혁명가 혜철국사와 스승의 뜻을 받든 도선국사의 의지와 염원이 얼마나 치밀하고 강력했는지를 알 수 있다.

후대의 사람들이 덧씌워 놓은 이상한 술사(術士) 도선국사와 혹세무민하는 풍수에 빠져, 보이는 것을 보지 못하는 바보가 되지 말고, 남해안 뱃길을 통한 해상무역이라는 경제적 관점과 군사적 관점에서 옥룡사를 보면, 특히 혜철국사와 도선국사가 해상왕 장보고의 마음(법화경)과 실권(세력과 자금)을 이어받은 세력, 그것도 실세임을 안다면, 현무산 옥룡사의 역할이 얼마나 중요한지를 알 수가 있다.

남해를 오가는 배들이 동천(東川)을 따라 어디까지 드나들었는지 정확히 알 수는 없지만, 자연조건으로 보아 현무산을 기점으로 대략 4km 전방 (현 광양IC) 광양나들목 부근으로 가정하고, 현무산 옥룡사를 중심으로 형성된 현재의 옥룡면 전체를 옥룡사 소유 즉 관리지역으로 보면, 현무산 옥룡사의 역할과 중요성이 무엇인지 한눈에 알 수 있다.

단정할 수는 없지만, 백운산에서 흘러내리는 동천(東川)과 서천(西川) 사이에 형성된 광양읍과 이어진 바다까지 옥룡사의 영역으로 보아야 한다. 그래야 옥룡사와 백계산의 역사가 성립되고, 광양의 참모습이 드러난다.

백운산을 중심으로 남과 북에 핵심 사찰을 지은 혜철국사와 도선국사의 뜻과 의지, 그리고 옥룡사를 중심으로 태안사가 보유한 전남 해안과 바다는 물론, 경남 서부 고성군(固城郡)까지를 헤아려 보면, 광양과 백운산이 중심이고, 핵심 거점인 비밀기지임을 알 수가 있다.

광양과 백운산이 군량미를 비롯하여, 여러 가지 군수물자를 공급하는 사실상의 자금줄이고 병참기지라는 뜻이다.

다른 측면에서 세종실록 지리지 광양현을 보면 "호수가 228호요, 인구가 1,220명이다. 군정은 시위군이 6명이요, 순천 수호군(順天守護軍)이 15명이요, 진군이 2명이요, 선군이 105명이다."라고 한 기록을 참고하여 보면, 옥룡사를 대대적으로 중건한 864년 당시 광양현의 상황을 미루어 알 수 있다.

당시 막강한 힘으로 남해안과 경남 서부를 총괄 관리하는 본부였던 옥룡사의 역할을 군사적으로 보면, 임진왜란 발발 이듬해 1593년 7월 14일

이순신이 진영(陣營)을 여수에서 섬진강 동쪽 한산도로 옮긴 전략, 약무호남 시무국가(若無湖南 是無國家: 호남이 없으면 나라도 없다)보다 훨씬 더 치밀하고 강력한 전략이다.

이해를 돕기 위해 설명하면, 섬진강과는 거리가 먼 경북 경주 출신 혜철국사가 유학을 마치고 돌아온 후 낙동강과 영산강(한동안 화순 쌍봉사에 머물렀음) 유역을 두루 돌아서, 847년 압록강(섬진강) 강변에 자리한 동리산 태안사에 주장자를 세우고, 대대적으로 중건을 한 것은 장차 일을 도모할 도처(圖處)를 찾았고, 마음속에 간직한 세상을 구하는 진리의 법을 실천했음을 뜻한다.

이와 동시에 제자로 거둔 영산강 출신 도선국사와 함께 856년 백운산 북쪽 오산 암벽에 약사여래를 조성한 것을 시작으로, 자신이 죽은 뒤 제자인 도선국사가 864년(경문왕 4년) 현무산 옥룡사를 중건하고, 이어 이듬해 865년(경문왕 5년) 운암사 창건까지……

백운산 남북에 대규모 불사를 일으키며, 전남 동부와 경남 서부(합천, 진주, 의령, 고성) 그리고 남해안과 (전남 보성군 득량만에서 경남 고성군까지) 바다의 뱃길까지, 태안사가 단기간에 섬진강 유역을 장악한 힘과 함께 이유가 뭔지를 생각해 보면, 섬진강 유역의 중요성과 함께 육지와 바닷길의 중심에 있는 현무산 산성(山城)에 자리한 옥룡사의 역할이 무엇이고, 그 위상이

● 현무산 옥룡사 ▲ 여수 전라좌수영이다.
동쪽과 서쪽으로 준령이 에워싸고 있고, 남쪽은 남해를 오가는 뱃길이 이어져 있는 광양시 옥룡면은 지금 생각해도 천혜의 요새다. 전남 보성에서 경남 고성까지 남해안 육지와 바다 그리고 섬들까지 중요한 요처가 태안사 소유였다.

어떠했는지를 알 수가 있다.

세상을 구하는 혁명, 세상의 개혁을 기획한 혁명가 혜철국사의 관점에서 보면, 사후(死後)에도 자기의 뜻을 충실하게 실행한, 영암 출신 나이 어린 젊은이 도선국사를 제자로 거두어, 세상을 구하는 진리의 법을 전하고 일을 맡긴 것 자체가 도참과 비보풍수의 작법이다. 혜철국사가 치밀하게 기획한 그대로 이루어진 것이라는 의미다.

그뿐만이 아니다. 남해안 중심인 광양만에서 동해와 서해를 오가는 배들을 상대로 해상 교역을 자유롭게 함과 동시에, 어떻게 하려고 마음만 먹으면 언제고 즉시 신라가 당나라를 오가는 뱃길을 차단할 수도 있었음을 안다면, 옥룡사의 역할이 무엇이었는지를 알 것이다.

여기에다 내륙으로는 백운산을 넘어 구례까지 하룻길이다. 참고로 고려 후기 관료 백분화(白賁華 1180~1224년)가 남긴 시를 보면, 아침에 백계산 아래 길을 나서서, 해 질 무렵 구례 잔수진 즉 지금의 오산 아래 잔수진 건너 원방리 마을에 도착했다고 하였다.

당시 백분화가 넘어온 길을 추측하여 보면, 백계산 아래에 있는 현무산 옥룡사 즉 중흥산성 서문을 나서서 봉강 고개를 넘어 회룡마을로 내려온 것으로 대략 12시간이 걸렸다.

고려시대 백분화가 걸어갔던 길을 알 수 있는 것은 간단하다. 알기 쉽게 설명하면, 구한말의 선비 매천 황현 선생이 넘나들었던 구례군 간전면으로 이어진 백운산 새재(조령 鳥嶺)는 구례읍과 직통하는 길이므로, 잔수진으로 가야 할 이유가 없기 때문이다.

그리고 다시 구례에서 남원까지 또한 하룻길이라는 사실을 더하면, 산과 강이 바다에 닿아 있는 옥룡사는 남해안 바닷길과 내륙을 관통하는 길목을 장악 관리하는 중심지이며, 전략적으로 아주 중요한 요새지다.

오늘날 광양제철이 들어서고 광양항이 개발되어, 태평양에서 들어온 크고 작은 수많은 배들이 온갖 화물을 싣고 오고, 실어 가고, 고속도로가 남해안을 동서로 연결하는 중심에서 한반도 중앙을 남북으로 관통하고 있는 것과 같다.

지혜로운 눈으로 보면 혜철국사의 혜안이 경이롭고, 그 모든 것들을 한 치의 어긋남이 없이 그대로 실행한 도선국사의 의지를 보면 그때 백계산과 옥룡사의 역할이 무엇이었으며, 왜 그리도 중히 여겼는지를, 지금의 광양항을 보면 잘 알 수 있다. 예를 들어 광양시와 광양항 자체를 옥룡사 소유로 보면 이해가 될 것이다.

국가적 차원에서 보면, 천 년 전의 현무산 옥룡사와 현대의 광양항을 보면, 천 년 전 신인(神人)들이 나라와 국민을 구하기 위하여 이곳에 옥룡사를 중건하고 누구나 꿈을 이루는 운암사를 세운 뜻이 여전히 살아있음에 그저 놀랍기만 하다.

결론은 분명하다. 천 년 전 선지자들이 국가와 국민을 살리는 차원에서 광양 백운산의 중요성을 깊이 인식하고, 중건한 옥룡사의 역사를 올바르게 규명하여 전하는 일은 대단히 중요하다. 역사와 시대를 바로 보는 눈 밝은 사람들이라면 반드시 해야 할 실천이다.

거듭 말하면, 선지자들이 국가와 국민을 살리는 방법으로 광양시 현무산 옥룡사를 중건하여 전한 법, 즉 현무산 옥룡사와 백계산 전설을 운암사 이름으로 지어 전하고 있는 지혜로운 방책은 당장은 지금 부정하고 부패한 정치가 어지럽히고 있는 난세를 극복하고, 국가와 국민을 보다 더 좋은 세상, 미래로 이끌어가는 진리의 법, 법화경의 핵심 사항이며, 나라와 국민을 동시에 구하는 정치개혁의 방법이고, 군사전략의 하나다.

10 현무산 현무의 무서운 위력과 전쟁에 관한 고찰

현무산(玄武山) 현무(玄武)의 모습이다.
외부에서는 보이지 않지만, 옥룡사는 (○부분) 능선 너머에 형성된 분지 안에 있다.

전라남도 광양시 옥룡면 운평리에 소재한 현무산(玄武山) 현무(玄武)의 모습이다. 보기와는 달리 산 능선 너머에 커다란 분지가 있어 사철 마르지 않는 계곡물이 흐르고, 분지를 중심으로 아주 오래전 중흥산성이 있었으며, 지금 산성 안에 있는 중흥사(中興寺)가 옥룡사(玉龍寺)다.

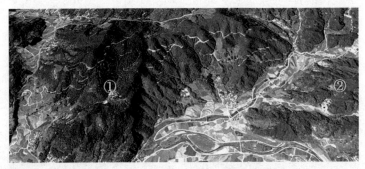

위성으로 본 현무산 능선에 형성된 분지다. ①번이 현무산 옥룡사. 상상하지 못했던 커다란 분지가 형성되어 있고, 사철 물이 마르지 않는 천혜의 요새지다. ②번이 백계산 운암사다. 방향은 정남 → 정북이다.

현무산을 풍수로 설명하면, 그 형국이 마치 남해 용궁에서 동천(東川)을 거슬러 육지로 올라온 거대한 거북이가 옥룡과 한 몸으로 합체하여, 북방을 지키는 무신(武神), 현무(玄武)가 되어 백계산 백계를 지키고 있는 엄중한 모습이다.

바로 이것이 혜철국사가 도참과 비보풍수로 현무산 현무를 만들어 새로운 아침 새로운 세상을 알리는 전령사인 북쪽의 백계산 백계를 지키게 한 것이다. 비록 자연의 현상이고, 인간이 활용한 것이지만, 참으로 자연은 경이롭고 혜철국사는 지혜롭다는 생각이다.

이걸 현무의 등 뒤, 옥룡 중학교 앞 도로에서 보면 남해 용궁에서, 삼한의 백성들을 구하기 위해 갑옷으로 무장을 하고 육지로 올라온 거북이가 옥룡과 한 몸으로 합체하여 북방의 신 현무가 되어, 북쪽을 엄중히 지키고 있는 장중한 모습이다.

그 자체가 신(神)인 현무산 현무가 가진 무서운 위력을 살펴보면, 아래 사진에서 보듯이 옥룡사가 이 현무산 현무의 능선에 형성된 분지 속에 자리하고 있다는 사실을 감히 누가 알 것인가?

일반인들은 상상도 못 할 은밀하고 강고한 도처(圖處)다. 한마디로 군사적 용어로 지키기는 쉽고, 공략하기는 어려운 천혜의 요새지다.

그곳이 어디든 모든 상황을 의자에 앉아서 직접 실시간으로 현장을 보

남쪽에서 촬영한 현무산의 모습이다.
가파른 길을 따라 올라간 곳이 옥룡사(현 중흥사)다.

듯이, 컴퓨터 화면으로 훤히 들여다보면서 미사일 한 방으로 끝내버리는 오늘날의 전쟁 방식으로 보면 별것 아니지만, 칼과 화살로 싸우던 아득한 옛날의 관점으로 돌아가서 생각해 보면, 현무가 등 속에 감추고 있는 중흥산성은 어느 곳에서도 보이지 않으며, 동서남북 어디에서 보아도 가파르고 메마른 곳으로 보일 뿐이다.

그러나 흔히 보는 별것도 아닌 산 능선에 설마 이런 분지와 수량이 풍부하고 숲이 우거진 깊은 계곡이 있을 줄 아무도 상상하지 못하는 도처(圖處)다. 이것이 현무산 현무의 무서운 힘이다.

혜철국사가 도참과 비보풍수의 술법으로, 옥룡사 옥룡과 산의 생김인 거북이와 산, 이들 셋을 한 몸으로 합체시켜 세상 그 어떤 무기도 뚫지 못하는 신령한 도력(道力)과 도기(道氣)의 갑옷으로 무장한 북방을 지키는 신(神) 현무로 창조하였고, 옥룡사는 그 현무의 심장과 같은 역할을 하는 절이다.

혜철국사가 만든 북방을 지키는 불멸의 무신(武神) 현무산 현무의 역할과 의미를 누구나 쉽게 잘 알 수 있는 역사의 기록들이 있다. 다음은 그 가운데 대표적인 것으로 충무공 이순신과 거북선에 관한 이런저런 이

고구려 고분벽화 강서대묘 현무도다.

야기다.

아주 오래전 (1980년대 초) 필사로 전하는 비기(祕記)들을 연구하는 과정에서 고려시대 거북선(귀선(龜船))이 있었다는 이야기와 함께 도선국사가 옥룡사에 숨겨 전하는 영물의 이야기 즉 용처럼 입에서 불을 뿜어내는 무시무시한 거북이의 이야기를 읽었다.

지금은 현무산 현무의 이야기가 전설이 된 것으로 이해하지만, 나라가 어려울 때마다 스스로 깨어나서 나라와 국민을 지켜낸다는 도기와 도력으로 무장한 몸으로 입에서 불을 뿜어내 적들을 물리친다는 거북이의 전설은 한마디로 황당한 이야기였다.

어차피 내가 풀어내야 할 숙제이기에 충무공 이순신이 만든 거북선보다 더 강력한 거북선의 전설이 사실인지를 규명하려고 많은 자료를 찾아보았으나, 정사(正史)에 기록이 없을뿐더러 무엇보다도 이순신이 만들었다는 공인된 학설을 뒤집을 자료를 찾지 못했다. 그래서 감히 한마디 논할 엄두도 내지 못하고 덮어버렸다. (지금의 인터넷 자료검색은 상상하지도 못했던 시절의 이야기다.)

그러나 과학이 발달하고, 인터넷이라는 정보의 바다에 공개된 조선왕조실록에서 그때 본 영물의 이야기가 결코 황당한 전설이 아니었음을 알았다.

태종실록 25권, 태종 13년(1413년) 2월 5일, "임금이 임진강 나루를 건너서 가다가 귀선(龜船)과 왜선(倭船)이 서로 싸우는 것을 구경하였다"라는 기록과 그 후 태종실록 30권 태종 15년 7월 16일 기록을 비롯하여, 정사와 야사에 꾸준히 거론되고 있는 것을 보면, 처음 거북선이 언제 어디서 나왔는지는 알 수 없지만, 1591년 이순신이 전라좌도 수군절도사로 부임하기 이전부터 즉, 고려시대부터 존재하고 있었음을 확인하였다.

이와는 별개로 눈여겨볼 것은 정사와 야사로 전해지고 있는 거북선을 비롯하여, 임진왜란 당시 이순신이 신인(神人)들과 승려들로부터 남해안 요처(要處)와 해전(海戰)에 관하여 많은 도움을 받고 있었으며, 특히 중요한 해전과 신상에 관한 중대한 일들을, 꿈을 통해서 미리 알았고, 결정적인 제보와 도움을 받고 있었다는 사실이다.

이러한 기록을 뒤집어 보면, 당시 이순신은 자신이 관장하는 남해안 일대 지형지물과 특히 수로(水路) 즉 바닷물이 들고나는 흐름에 관하여 잘 아는 현지인들과 많은 정보를 교환하고 있었으며, 동시에 곳곳에 전해오는 영물들의 이야기와 비결(祕訣) 또는 여러 비기(祕器)와 진법(陣法)에 관하여 훤히 꿰뚫고 있었음을 알 수 있다. 결코 예사로 볼 일이 아니다.

이순신의 난중일기 1592년(임진년 선조 25) 4월 12일(양력 5월 22일)의 일기를 보면 "식후기선(食後騎船) 방귀선지(放龜船地) 현자포(玄字砲) 즉 식사 후에 배를 타고 거북선의 지자포(地字砲) 현자포(玄字砲)를 쏘았다"라고 쓰여 있다.

이는 거북선을 실전함(實戰艦)으로 완성하였음을 뜻한다. 이어 13일 (양력 5월 23일) 임진왜란이 발발한 것을 보면, 이순신이 정확한 정보를 알고 있었고, 그만큼 급박한 상황이었음을 알 수가 있다.

지금 우리가 아는 입에서 불을 뿜어대는 (대포를 쏘는) 거북선은 임진왜

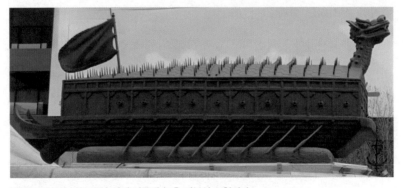

광화문 이순신 장군 동상 앞에 만들어 놓은 거북선 모형이다.

란이라는 초유의 국난에 대비해 이순신이 급조했다는 방증이다.

특히 어떠한 화살과 무기도 소용이 없는, 쇠못으로 무장한 거대한 거북이가 입을 비롯하여 좌우 몸통에서 불을 뿜어내는 (대포를 쏴대는) 거북선은 옥룡사에서 전하는 북방의 백계산을 지키고 있는 현무산(玄武山) 현무의 전설이 아니고서는 어떠한 말로도 설명되지 않는다.

참고로 광양시는 섬진강 서쪽 여수시 본영과 섬진강 동쪽 한산도 중간 길목에 있으며, 내륙으로 들어오는 입구 섬진강 하구(河口)다.

전통과 문화는 물론 일반적으로 용(龍)은 물 특히 바다의 신이며, 입에서 불을 뿜어내는 것은 용뿐이고, 이순신 또한 해군의 수장이므로 바다의 제왕(帝王)은 용(龍)이라는 사실, 이것이 전통적이면서 일반적인 해석이다.

그런데 이순신이 건조한 무적의 전함은 바다의 신(神), 용(龍)이 아니고 거북이의 몸에 용의 머리를 한 구룡(龜龍) 즉 거북이고, 이름도 귀선(龜船) 즉 거북선이라는 사실이다.

이순신의 창의력이 발휘된 것인지, 또는 어떤 자료를 보고 응용했는지는 알 수 없지만, 용의 머리에 거북이의 몸 그리고 입과 좌우 옆구리에서 대포를 쏴대는 (강력한 화기(火氣) 즉 불을 뿜어내는) 전함 거북선은 현무산의 신(神) 현무와 같은 것으로, 현무산 옥룡사의 관점에서는 결코 무시할 수 없는 중요한 자료다. 확실하게 고증할 자료가 없어 뭐라고 단정할 수는 없지만, 시사하는 바가 크다.

이순신이 제작한 거북선의 모습과 그 쓰임을 보면, 혜철국사가 현무산 옥룡사에 나라와 국민을 지키고 보호하는 3층 석탑을 세우고, 거북이 형상을 한 산과 옥룡사를 하나 한 몸으로 결합하여 백계산을 지키게 한 현무(玄武)와 똑같은데, 이는 결코 우연이 아니다.

당시로서는 상상할 수 없는 이상한 전함 거북선, 어떠한 화살과 무기로도 죽이지 못하는 거대한 바다의 거북이, 그것도 입과 좌우 몸통에서 무서운 대포를 쏴대는 (불을 뿜어대는) 거북선은 이순신의 상상력이 만든 것이 아니다.

같은 작전권이었고, 전라좌수영의 본영과 같은 광양만과 현무산에 전해오는 현무와 전설 등 여러 정보가 이순신에게 있었고, 이순신은 전설과 자료들을 가려서 현실에 적용하는 혜안이 있었다는 해석이 옳은 판단이다.

광양만(光陽灣 : 일명 묘도만(猫島灣)) 가운데 앉아 내륙인 백계산을 지키고 있는 섬을 언제부터 쥐를 잡는 고양이 섬 묘도(猫島)라고 하였는지 알 수는 없지만, 묘도(猫島)와 마로산성(馬老山城) 그리고 중흥산성(中興山城)을 차례로 이어보면, 광양의 중요성과 함께 전라좌수영이 왜 광양만 반도의 끝에 있어야 하는지를 알 수가 있는데, 명장 이순신 정도면 광양의 중요성과 전해오는 현무의 전설을 훤히 알고 있었을 것이다. 반드시 알아야하는 일이기도 하다.

1926년 숭례문(崇禮門) 남쪽 연못 터 깊숙이 묻힌 석실(石室) 안에서 발굴된 도성을 지키는 청동용두귀(靑銅龍頭龜) 즉 현무(玄武)다. 뱀과 거북이 합체한 전통적인 현무의 모습이 고려시대에 용머리 거북이로 바뀌었고 조선 왕실에서도 따랐다.
이순신이 만들었다는 거북선이 (형태는 달랐을지 몰라도) 고려시대에도 있었으며, 근원이 고려창업의 핵심이었던 현무산 옥룡사에서 나온 것임을 알 수가 있다.

예기(禮記)에서 "군대가 행진할 때는 앞에 있는 부대는 주작(朱雀)이요, 뒤에 있는 부대는 현무(玄武)"라 하였고, 고려시대 임금의 행차에 수행하는 현무대(玄武隊)가 있었으며, 조선 세종실록 1418년 11월 7일 기록을 보면, 임금의 가마 또는 수레가 움직이면, 의례(儀禮)에 따라 현무대(玄武隊) 즉 호위무사들이 따랐다고 하였고, 이후 중종 38년 9월 23일 1543년까지 현무대가 존속하였다.

이러한 기록들은 비록 임금의 행차를 호위하는 의장용이지만, 현무(玄武)의 위력과 위용이 무엇이고, 예로부터 왕실에서 얼마나 중시했는지를 알 수 있다.

뿐만이 아니다. 오늘날 북방을 지키기 위한 최고의 무기 체계로, 대한민국을 지켜주고 있는 미사일의 이름, 현무(玄武) 또한 기막히게 잘 어울리는 이름이고 쓰임이다.

옥룡사의 역사와 의미를 연구하고 믿는 나는, 현대 최첨단 무기인 현무를 개발한 관련자들이 (1971년 박정희 대통령의 극비 지시로 개발된 국산 미사일 백곰을 1986년 현무로 개명해 본격 개발함) 사신(四神) 가운데 우두머리인 북방을 지키는 신 현무를, 새로이 개발하는 미사일의 이름으로 지은 것은, 옛사람들이 전하는 비기를 참고한 결과라고 생각한다.

최첨단 과학의 산물인 미사일 현무와 혜철국사가 도참과 비보풍수의 술법으로 만든 현무산 현무와 의미가 같다. 전란을 방비하고 국민의 안녕을 지키려는 목적이 같다는 말이다.

이처럼 혜철국사가 옥룡사를 중건하여 거북이와 한 몸으로 합체하여 창조한 북방을 지키는 신 현무의 등에 3층 석탑을 세우고 약사여래를 모신 의미는, 1150년 전 신라 왕실과 관료들은 물론 토호(土豪)들까지, 나라 전체가 권력다툼과 온갖 부정부패로 국가의 기능을 잃었을 때, 나라와 국민을 동시에 구하는 진리의 법을 실행한 것이다.

과거 1150년 전 피폐한 국가를 재건하고, 도탄에 빠진 백성들을 구하려는 신인들이, 섬진강 강변에 자리한 동리산문 태안사에서 광양의 백계산 옥룡사까지, 마치 인공위성으로 내려다보듯이, 병원에서 MRI 촬영으로 환자의 숨겨진 환부(患部)를 찾아내듯이, 지세(地勢)와 그 요처(要處)를 정확하게 알고, 이른바 세상을 구하고 백성을 구하는 삼한통합의 방법으로 전했다는 것은, 지금 다시 생각해도 경이로운 역사다.

다른 차원의 이야기지만, 혜철국사가 중시한 요처의 중요성을 대략 740년 후 임진왜란을 끝장내고 조선을 구한 이순신이 정확히 꿰뚫고 있었는데, 난중일기가 그것을 입증하고 있다.

백의종군하던 이순신이 진주에서 삼도수군통제사로 부임하라는 선조(宣祖)의 명을 받고 (8월 3일) 가장 먼저 한 일이, 곧바로 하동으로 들어와 밤을 새워 섬진강을 거슬러 오면서 석주관(石柱關)을 점검하고, 구례에서 하룻밤을 보낸 후 다음 날 다시 섬진강을 거슬러 가면서 잔수진(潺水津)을 보고, 20리(8km) 상류인 압록진(鴨綠津)에서 찾아온 고산 현감(高山 縣監) 최진강(崔鎭剛)으로부터 수군(水軍)에 관한 보고를 받고, 섬진강을 계속 따라 올라가 남원부와 경계를 이루고 있는 곡성현과 옥과현을 돌아 8일 순천으로 들어갔다.

임진왜란 이후 민관 최초 승전을 이끌었던 의병장 양대박과 유팽로의 근거지인 청계동천까지, 섬진강 수로를 확인하고 갔다는 의미다.

이는 밀물처럼 밀려오는 왜군으로부터 조선을 방어하는데, 구례 석주관(石柱關: 남해에서 내륙으로 직접 들어오는 관문) 잔수진(潺水津: 남해와 순천부 그리고 남원부로 통하는 요처) 압록진(鴨綠津: 섬진강 내륙에서 남해와 나주와 남원으로 통하는 요처) 3개의 요처가 있는 구례가 그만큼 중요한 핵심이었음을 입증하는 기록이다.

왜군들이 국토를 짓밟으며 백성들을 닥치는 대로 무참하게 살육하는 7년의 전쟁을 끝장낸 저 유명한 명량해전의 구상이 여기 구례 섬진강에서 시작되었다는 것을 보여주는 역사의 기록이다.

임진년(1592년)에 일으킨 전쟁을 참패하고, 절치부심하던 왜군들이 조선의 임금 선조(宣祖)를 산채로 사냥하기 위해, 다시 정유재란을 일으켜 쳐들어왔다. (당시의 전황을 보면 사실상 짐승몰이 사냥이었다.)

이것을 미리 간파한 이순신은 백의종군하는 과정에서 삼도수군통제사(三道水軍統制使)의 교지를 받고, 가장 먼저 섬진강 하구인 하동에서 강을 거슬러 와 육로 방어의 핵심인 구례를 직접 둘러본 뒤, 왜군을 육로에서 방어하는 일이 불가능함을 알고, 바다에서 승부를 보기로, 결정한 것이다.

삼도수군통제사로 임명한다는 선조(宣祖)의 교지를 받은 순간, 일반인들은 본영으로 가서 움직일 수 있는 배는 몇 척이고 동원할 수 있는 군사는 몇 명이나 되는지 등등, 눈앞에 닥친 위기를 모면하려는 현황 파악에 급급했을 것이다.

그러나 이순신이 가장 먼저 한 일은, 여수 본영으로 가지 않고, 곧바로 섬진강 하구인 하동으로 가서, 밤을 새워 섬진강을 거슬러 와, 석주관과 잔수진 그리고 압록진을 둘러보고 돌아가서, 명량해전으로 전세를 뒤집어 끝내버렸다.

이는 왜군이 당도하기도 전에, 적의 의도와 장단점을 훤히 꿰뚫어 보고 반응하여 대책을 세운 것으로, 이것이 명장 이순신의 무서움이다. 이순신

구례읍 잔수진 전경이다. 백두대간의 끝과 호남정맥의 끝이 강을 사이에 두고 서로 만나고 있다. 잔수진 나루는 구례읍 병방마을과 문척면 동해마을 사이 강을 건너는 곳이다. 지금이야 별것 아니지만 구례 잔수진은 동국여지승람 순천부(順天府) 기록을 보면, "잔수진(潺水津) 부의 북쪽 60리 남원부(南原府) 유곡(楡谷) 경계에 있는데 요새지(要塞地)다."라며, 직접 관리할 정도로 중요한 요새지였다.

이 명장일 수밖에 없는 이유다.

그 결과가 왜군에게 속수무책으로 밀리던 전세를 뒤집고, 멸망의 구렁에 빠진 나라와 백성을 구하는 반전의 결정타가 된 (1597년(선조 30) 정유년 9월 16일) 명량해전(鳴梁海戰)이었다.

당시 전쟁의 상황을, 거침없이 쳐들어오는 왜군의 관점에서 보면, 구례 석주관만 뚫으면, 한반도 남부 중심이며, 곡창인 남원과 전주는 한나절이면 공략되는 곳이었다. 한마디로 왜군에게는 새참 나들이 꽃놀이다.

이런 연유로 백의종군하던 이순신이 삼도수군통제사의 명을 받고 가장 먼저 확인한 것이, 호남 내륙으로 곧장 들어가는 섬진강 수로를 방어하는 것으로, 첫 번째 관문인 구례 석주관이었다.

"혈류성천(血流成川) 위벽위적(爲碧爲赤) 붉은 피가 흘러서 내를 이루니 푸른 물이 붉게 물들었다."라고 하여, 정유재란 당시 구례의 (구례현 백성들 800여 명과 화엄사 승려 153명 대략 1천여 명이 순절) 의병들이 죽어 시산혈해(屍山血海)를 이루며 흘린 피가 내를 이루었다는 "피내골" 즉 피아골이라는 전설이 된 석주관 전투의 중요성이 여기에 있다.

석주관 칠의사 묘역 정유전망의병추념비(丁酉戰亡義兵追念碑)다.
몸이 불편한 나를 위해, 필요할 때마다 차를 직접 운전하는 등 많은 도움을 준 진실로 구례를 사랑한 사람 고(故) 우진 조휴봉 선생의 생전 모습이다.

정유재란 당시 시산혈해를 이루었던 구례 석주관(石柱關)과 섬진강이다.
혈류성천(血流成川) 붉은 피가 흘러서 내를 이루었다는 피내골은 이 강물이 의병들이
죽어서 흘린 피로 붉게 물들었다는 역사의 기록이다.

임진왜란 발발 후 총 5차례에 걸친 석주관 전투에서 구례 현민 3,500여 명과 화엄사 승병 153명이 순절하였다.

이처럼 역사의 사실이 분명함에도, 이곳 현무산 옥룡사를 중건하고 탑을 세운, 선인들의 교훈을 승화 발전시키지 못하고, 영호남이라는 동서 갈등을 쉼 없이 부추기면서, 남북 대립으로 지새고 있는 것이, 지금의 대한민국이다.

오히려 앞장서서 선동하면서, 선지자들이 염려했던 일들을, 다시 재현하고 있는 것은, 오늘을 사는 우리들의 탐욕이 만들어 낸 어리석음이고 부끄러움이다.

한마디로 끊임없는 남남갈등과 세계 최강의 군사력으로 맞서고 있는 남북 대립은 최악의 위험이며, 엄청난 국력 손실이고, 세상에서 가장 어리석은 짓이고 낭비다.

그러나 다행스러운 것은, 통진대사의 비문에 기록된, 천년 비기(祕器 비밀리에 감추어 둔 무기)이며, 비기(祕記 비밀리에 전하는 법 또는 기록)인 옥룡은 운평리 현무산 현무의 보호 속에 살아 있으니, 우리 시대의 복이며, 다시 또 천년의 사직(社稷)을 기초할 비보(裨補)이며 보물이다. 참으로 흐뭇한 일이다. 오늘을 살고 있는 젊은이들과 미래 세대에게 큰 복이 될 것이다.

끝으로 정유재란 당시 순국한 석주관 칠의사(七義士) 묘역 우측에 세워진 정유전망의병추념비(丁酉戰亡義兵追念碑) 후면에 글을 새기고 붉은 경면주사(鏡面朱沙)를 넣어 의병들의 단심(丹心)을 전한 명(銘)을 사진과 함께 붙였다.

잠시 읽어보고, 까마득한 옛날의 일이지만, 지금도 가슴이 저리는 추모하는 애끓는 시문(詩文)을 통해서, 당시 내륙으로 들어오는 관문인 섬진강 석주관 전투가 얼마나 처절했는지를 느껴 보기를 바란다.

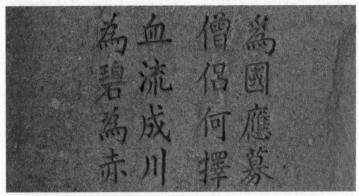

석주관 정유전망의병추념비(丁酉戰亡義兵追念碑) 후면에 새겨진 명문이다.

위국응모(爲國應募) 나라를 위한 부름에
승려하택(僧侶何擇) 승려들인들 어찌 가리겠는가.
혈류성천(血流成川) 붉은 피가 흘러서 내를 이루니
위벽위적(爲碧爲赤) 푸른 물이 붉어졌다.
위주망신(爲主忘身) 임금을 위해 몸을 버리는 것은
여대지직(輿儓之職) 신하 된 자의 직분이다.
편석추명(片石追銘) 돌 조각에 옛일을 새기노니
천추불륵(千秋不泐) 천추에 길이 남으리라.

후인들이 추모하는 가슴이 저리는 시문에서 보듯, 피아골은 정유재란 당시 이곳 석주관 전투에서 시산혈해를 이루 죽어간 의병들이 흘린 붉은 피가 흘러서 내를 이루니 푸른 물이 붉게 물들었다고 하여 지어진 것이다.

피아골은 시문(詩文)의 혈류성천(血流成川) 붉은 피가 흘러서 내를 이룬, 가슴 아픈 정유재란의 전투 상황을 순우리말로 풀어낸 것으로 '피내골'이라는 참으로 가슴 아픈 석주관 전투에서 순국한 의병들의 역사가 세월에 묻히면서 변형된 것이다.

안타깝게도 피아골의 전설은 6·25 전쟁 당시 지리산에서 암약했던 빨치산들의 영웅담으로 변질돼 버렸는데, 반드시 되찾아 바로잡아야 할 순국의 역사, 피가 흘러서 내를 이룬 석주관 전투의 역사다.

11 운암사의 역사적
      책무와 실체

현무산 옥룡사(현 중흥사) 능선에서 바라본 북쪽 백계산 백계혈과 백운산의 모습이다.
운암사지가 백계산 백계혈이고, 능선 위 봉우리가 백계산 정상이며, 풍수로는 세상 모든
중생을 고통으로부터 구하여 준다는 다라관음(多羅觀音)의 눈이라는 다라봉(多羅峯
1,127m) 일명 똬리봉이 정상이다.

앞서 설명했듯이 처음 혜철국사가 백계산을 점지하고 절을 지어 그 이
름을 운암(雲巖)이라고 한 것은 "산 정상에 바위가 있고 바위 밑에 샘이
있으며 샘 밑에서 흰 구름이 때로 일어난다. 무릇 빌기만 하면 문득 영험
이 있고 재계(齋戒)하는 것을 성실히 하지 않으면 샘이 마른다."라는 신령
한 바위(巖)와 샘 속에서 일어나는 구름(雲)을 도참과 비보풍수로 합성한
이름이다.

절을 지어 운암사(雲巖寺)라 이름하고 산신령을 모신 목적은 분명하다.

백계산 정상 바위 밑 샘에서 이는 기운 즉 때때로 흰 구름이 일 때마다 누구나 소원을 빌면 이루어진다는 그 신령하고 영험한 기운을 지속적이고 왕성하게 하려는 도참과 비보풍수의 작법이었다.

이것을 정치적으로 해석하면 겉으로는 나라와 민생들에게 닥치는 수많은 재앙을 해소하고 복을 빌어 좋은 세상을 염원하는 것으로, 천 가지 재앙들은 안개처럼 사라지고, 만 가지 복된 일들은 구름처럼 모여들라는 의미다.

어쩌면 백계산 정상에 있다는 신령한 바위와 샘 그리고 흰 구름과 누구나 소원을 빌면 이루어진다는 영험함과, 마음을 청결하게 하지 않으면 영험이 사라진다는 전설 자체가 백계산 운암사에서 민심을 결집하는 차원에서 만들어낸 것일 수도 있다는 것이 내 생각이다.

무엇이 됐든 실상은 북쪽의 삼한(三韓) 즉 장차 셋으로 (후삼국) 쪼개져 서로를 죽이고 죽는 전란의 구렁에 빠질 나라를 하나의 국가로 만들어 국민을 보호하기 위한 비보(裨補) 즉 혁명을 준비하고 실행하는 핵심 전략의 완성이다. 운암사의 완성은 세상을 구하는 혁명의 준비를 끝낸 상황으로 보면 된다.

부연하면 공교롭게도 운암사를 창건하여 준비를 마친 이 무렵, 후삼국의 주역들인 궁예(弓裔 미상~918년)가 경주에서 태어나고, 견훤(甄萱 867~936년)이 가은현(加恩縣 : 현 문경시 희양산(曦陽山))에서 태어났는데, 예사롭지 않다.

혜철국사가 도참과 비보풍수로 지은, 누구든 빌기만 하면 소원을 이룬다는 운암사(雲巖寺)의 의미에서 보듯, 앞으로는 영험한 백계산 신령이 도와 무조건 다 잘될 것이니, 아무 걱정하지 말고 거침없이 나가 세상을 구하라는 혁명의 시작으로 보면 된다.

혜철국사와 그 제자인 도선국사에게 운암사가 무엇이고 얼마나 중시했

느지는 도선국사 비음기(碑陰記) 끝에 기술된 내용을 보면 확실하게 알 수가 있다.

특히 주목할 것은 비석을 세우고 음기(陰記)까지 쓴 뒤, 즉 불사를 끝낸 뒤에 다시 임금의 허락을 얻어, 도선국사가 법을 전한 4개의 사찰을 (미점사, 도선사, 삼국사, 운암사) 순서대로 기록하면서, 전란으로 나라가 셋으로 쪼개질 것을 알고 도참에 이르는 아주 은밀하고 비밀스러운 곳에 삼국을 통일하는 목적을 달성하는 데 필요한 에너지를 제공하는 절을 창건하고, 마지막 혜철국사(785~861년) 사후 삼년상을 지낸 후 865년에 운암사를 창건하였다는 기록이다.

"획삼국(劃三國) 도처(圖處) 개창삼국사(開創三國寺)"는 "신인(神人 혜철국사)을 따라 승려들을 모아 전란으로 나라가 셋으로 쪼개질 것을 알고, 도참에 이르는 곳에 삼국을 통일하고 새로운 나라를 창업할 절을 세웠다." 라는 뜻이다.

은밀한 곳에 인재들을 교육 양성할 장소를 마련했다는 의미다. 이른바 삼국을 통일할 인재들을 교육하는 양성소는 백두대간의 끝에 자리한 용성(龍城)의 황룡사(黃龍寺)다. (현 구례읍 논곡리 3층 석탑(보물 제509호)을 중심으로 하는 골짜기 전체다. 본래 황룡사가 있었음을 알리는 본황(本黃) 마을이 지금도 있다. 오래 전 필자가 골짜기에서 작은 홍교(虹橋)도 확인하였다.)

그리고 865년 마지막으로 창건한 운암사는 백운산 남북에서 벌이는 일들을 감추기 위함이며, 동시에 북방의 섬진강 압록 삼수(三水: 순자강 · 대황강 · 압록강)에 안배한 3개의 장소, 구례군 오산의 약사여래와 미점사(米岾寺) 도선사(道詵寺) 삼국사(三國寺)를 보호하는 핵심이다. 흔히 말하는 액막이로 이해하면 된다.

여기에다 864년 옥룡사 중건과 865년 운암사 창건까지 이 모든 일들은 혜철국사 생전에 시작된 일이었으며, 옥룡사와 운암사는 사후 완공한 것이다. 혜철국사의 도참과 비보풍수가 작동된 결과이며, 동시에 진리의 빛으로 세상을 구하는 혁명을 위한 준비를 마쳤다는 의미다.

한마디로 현무산 옥룡사와 백계산 운암사의 역할이 무엇이냐를 쉽게 설명하면, 끊임없는 권력다툼과 온갖 부정부패로 왕실과 말단 시골의 관리들까지 썩을 대로 썩어 더는 지탱하기 어려운 신라가 셋으로 쪼개져 전란에 빠질 것을 알고, 이에 대비하여 다시 하나로 만들어 나라와 백성을 구하는 원대한 계획을 보호하고 실천하여 성공시키는 도참과 비보풍수의 핵심이다.

천 가지 재앙들은 안개처럼 사라지고 만 가지 복된 일들은 구름처럼 일고 모이라는 간절한 소망, 즉 국가 발전과 민생들의 행복을 위한 염원이 운암사다.

이걸 혜철국사가 기획하는 세상을 구하는 혁명사업으로 설명하면, 정치적 군사적으로 백운산을 중심으로 즉 옥룡면 자체를 하나의 비밀기지로 만드는 작업이고, 동시에 그걸 숨기는 작업이다.

많은 사람이 드나들고 모이는 것을 도참과 풍수로 감추는 작업으로 이해하면 된다. 그게 맞다.

사실이 이러함에도 도선국사가 점지했다는 백계산 운암사라는 지명과

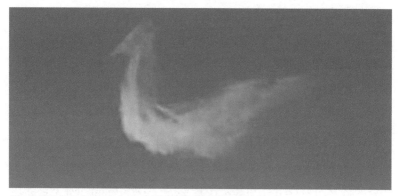

하늘이 흰 구름으로 만들어 놓은 상서로운 흰 닭 백계(白鷄)다.

풍수를 보고, 세상 사람들은 이곳이 백계가 알을 품고 홰를 치는 명당이라는 등등……

저마다 그럴듯한 설명을 하면서 명당이라고 하는데, 이는 운암사의 존재가 무엇인지, 그 실체는 물론 도참과 풍수의 기본도 모르는 잘못된 주장이다.

생각해 보라. 전설이 사실이라면, 이 계(鷄)와 수(水)는 즉 닭과 물은 상극인데, 신령한 하얀 닭이 알을 품고 있다는 백계포란(白鷄抱卵)의 혈처 즉 둥지에 결코 있어서는 안 될 운암(雲巖) 즉, 구름과 바위가 있고, 더구나 그 알을 훔쳐 먹고 사는 뱀 즉, 용(龍 옥룡사)이 똬리를 틀고 있다는 것은 패가망신하고 자손이 멸절(滅絶)될 뿐, 백해무익(百害無益)한 것이다. 통속적인 풍수로 보면 최악의 조건이다.

사실이 이러함에도, 엉뚱한 전설이 이어져 온 것은 부질없는 사람들의 허욕이 도선국사라는 이름으로 만들어낸 망상일 뿐, 이곳에 운암사를 세우도록 일을 기획한 혜철국사의 마음도 아니고, 일을 실행한 도선국사의 마음도 아니었다.

진리의 법을 전하는 전문적인 도참과 풍수는커녕 세속화된 일반적인 풍수도 모르는 것으로, 삿된 생각을 하는 사람들이 꾸며낸 망상일 뿐이다. 풍수의 기초 기본도 모르는 사람들의 말장난이라는 의미다.

일반적인 풍수로 보면 하늘을 나는 신선도(神仙圖)에서 보듯이, 이곳을 운당(雲堂) 즉, 구름집으로 삼고 운심학안(雲心鶴眼) 즉, 무욕무심(無慾無心)의 백계산 산신령이 머무르는 신성한 거처로 보고, 산신령이 편안히 머무르면서 국가의 안녕과 국민의 행복을 구하는 차원에서 지었는데, 이것이 후대에 부귀영화의 상징으로 바뀐 것은 어리석은 사람들의 부질없는 탐욕이 만든 허구이며 허상이다.

또 다른 전설에서 도선국사가 절을 세울 때, 땅의 기운이 약한 것을 보충하려고 심었다는 주위의 동백나무숲 역시 이른바 풍수들이 밥을 빌어 먹기 위한 말장난이다. 풍수를 모르는 무지의 소산이다.

세상이 이야기하는 것처럼 동백나무숲이 백계산 백계포란(白鷄抱卵)의 혈을 보호하기 위함이라면, 그곳에 구멍 즉, 우물을 파는 순간 어떠한 부정(不淨)도 없는 신령한 흰 닭이 품고 있던 알들은 깨지거나 부화하지 못하고 썩어 버린다.

그뿐만이 아니다. 사람이 머물면서 날마다 불을 지피는 것은 곧 그 백계마저 죽여 태워버리는 사혈(死穴) 즉, 사지(死地)가 되고, 사람의 시신을 그곳에 묻는 것은 신성해야 할 신의 땅을 오염시키는 일이며, 품고 있는 알을 부패시키는 일이다.

그러므로 도선국사 이후 그곳을 (운암사) 살아서 들어가 살아서 나온 이는 없었을 것이다. 오늘날까지도 그 터가 온전하게 보존되지 못하고, 끝없이 수난을 당하는 이유다.

대나무숲도 마찬가지다. 음양오행과 풍수로 풀어보면, 대나무는 찬 기운을 뜻한다. 그러므로 이현일이 말한 빙 둘러 대숲이 형성되어 있고 동백숲이 없는 현무산 옥룡사는 이치에 맞지만, 이걸 흰 닭이 알을 품고 있다는 백계혈에 심는다는 건 이치에 어긋나는 것으로, 있을 수 없는 일이다. 서로 화(和)하며 사는 상생과 서로 불화하며 죽이는 상극의 이치다.

절이든 암자든 대부분 크고 작은 대밭이 있는데, 운암사에 대나무가 없다는 것은 처음부터 풍수설에 따라 닭과 상극인 대나무를 심지 않았다는 증명이다.

문득 "산머리에 바위가 있고 바위 아래 샘이 있으며, 샘 밑에서 흰 구름이 때로 일어나는데, 소원을 빌기만 하면 문득 영험이 있고, 몸과 마음을 깨끗이 하고 부정한 일을 멀리하지 않으면 샘물이 마른다."라는 동국여지승람에 전해오는 백계산의 전설을 생각하면, 도선국사와 통진대사가 다

녀간 이후, 운암사가 수난을 당하고, 백계산에서 인물이 태어나지 않는 것은 신성한 자신의 땅에서 온갖 부정한 일들을 저지르고 있는 썩어빠진 인간들을 진노한 산신령이 벌하고 있음이라고 해야 할 것이다.

풍수의 관점에서 보면 그것이 무엇이든 백계의 혈에 우물을 파고, 구들을 만들어 불을 피우고, 죽은 시신을 묻는 것은 있을 수 없는 일이며, 절대 금기 사항이다.

흔히 묘를 잘 써야 잘 사는 걸로 믿는 어리석은 사람에게는 절대로 있을 수 없는 일이며, 살인이 날 일이다.

1980년대까지도 흔한 사건들이었고, 여전히 사람들이 믿는 미신이다. 현대사회에서 대통령 출마자들과 국회의원들이 극성이었다는 사실은 잘못된 풍수의 폐해가 무엇인지를 잘 보여주고 있다.

대표적인 사례를 소개하면, 닭이 알을 품어 부화시킨다는 포란(抱卵)의 명당으로 삼는 조건이 삶은 달걀을 땅에 묻어 다음 날 (또는 며칠 후) 수탉으로 부화하여 땅에서 나와 홰를 치며 울어야 하고, 또는 생달걀을 땅에 묻어 썩지 않아야 한다고 한다. (확인 후 집을 짓거나 묘를 써야 가문이 흥하고 후손들이 대대로 복을 받는다는 이야기다.)

만일 이런 조건이 아니면 사업과 집안이 3년 안에 망하며, 자손이 3대를 못 가서 멸절된다는 등 여러 유형의 전설들이 많다.

과연 신령한 백계포란(白鷄抱卵)으로 천하제일의 명당이라는 운암사의 혈 자리 즉 땅에다 99개의 구덩이를 파서, 삶은 달걀 또는 생달걀 99개를 묻는다면, 그 가운데 다음 날 부화하여 꼬끼오, 하고 울 달걀이 몇 개이고, 석 달 열흘 동안 썩지 않을 생달걀이 몇 개나 될지를 생각해 보면 사람들의 어리석음에 그저 헛웃음만 난다.

이름이 된 운암사(雲巖寺)의 본뜻인 바위 밑 샘에서 쉼 없이 흰 구름이 일어나 사람들의 소원을 들어준다는 백운산의 전설을 보면, 백운산에 불을 지피고 묘를 쓰는 것은 최악의 상극으로 패가망신을 자초하는 일이다.

비록 임금의 명령으로 백계산에 비를 세웠지만, 도선국사의 제자인 통진대사도 탑과 비를 세워 죽은 자신을 욕되게 하지 말라고 유언했는데, 그의 스승이며 천하 풍수의 대가라는 도선국사가 자신이 생전에 신을 위해 바친 신의 땅에, 특히 스승인 혜철국사가 가장 중시한 운암사에 자신의 시신을 묻고 탑을 세우라고 유언했는지는 근본적으로 믿을 수 없는 일이다.

백계혈이 있다는 땅을 중심으로, 동쪽과 서쪽 남쪽 골짜기에 조성된 대규모 동백숲을 가지고 굳이 풍수를 논한다면, 그것은 닭의 깃을 아름답게 장엄하여 장천(長天)을 날아가는 신선사상(神仙思想) 즉, 백계산 산신령을 위한 배려다.

그러나 실상은 동서남북을 빙 둘러 대규모 동백숲을 조성한 것은 운암사라는 감추어야 할 도처(圖處)를 보호하는 역할과 함께, 식용은 물론이거니와 등잔불을 켜는 등 여러 가지 생활에 필수인 동백기름의 재료인 동백열매를 생산하는 옥룡사 농장이다.

예로부터 수많은 사람이 백계산을 거론했지만, 혜철국사와 도선국사 그리고 통진대사 이후, 백계산 운암사의 참모습을 본 아무도 사람은 없다. 모두가 자신들의 망상으로 허상을 보았을 뿐이다.

흔히 말하는 풍수설로 해석하면, 백계산 운암사(현 추산리 옥룡사)는 국가의 안녕을 도모하기 위한 비보로써, 백계산 산신령을 위해 마련한 자리이고, 인간들의 탐욕이 만든 백계포란의 혈처라는 전설로 보아도, 사람들이 머물러 살거나 시신을 묻어서는 안 되는 지세(地勢)다. 사업이 망하고 집안이 망하고 자손이 3대를 못 가 멸절하는 혈이다.

그러므로 사람의 거처를 위한 구들을 없애고, 우물도 메우고, 냄새나는 사람의 시체까지 들어내어, 처음 그대로 솔바람 물결 소리 향기로운 청정한 도량을 만들어 백계산 주인인 산신령에게 돌려주고, 국태민안을 비는 것이 가장 좋은 일이다.

그럼 과연 언제 무슨 연유로 운평리 현무산에 있던 천년비보(千年裨補)의 옥룡사가 사라졌을까?

전설에 도선국사가 이곳 옥룡사를 떠나면서, 이 절에 백(白)씨 성을 가진 사람이 들어오면 절이 망한다고 하였고, 그 후 오랜 세월이 흐른 어느 날, 백씨 성을 가진 승려가 들어오자, 큰불이 나고 절이 타버렸다는 이야기 속에 옥룡사가 사라진 비밀이 숨어 있다.

도참으로 풀어보면, 옥룡사에 백(白)씨 성을 가진 사람이 들어오고, 옥룡사가 잿더미가 되어 사라졌다는 것은 곧 백계산에 전쟁의 재앙(災殃)이 닥쳤다는 뜻이다.

왜냐하면, 흰 백(白)은 "날이 새다 밝다"라는 뜻이며, 길흉으로는 죽어 망한다는 상(喪)이니, 백계산의 백(白)에다 다시 백(白)을 더하면, 환하게 밝은 것이며, 환한 것을 더 환하게 밝히는 것은 불 즉, 화(火)이고, 화(火)는 전쟁을 뜻함이고, 화(火)는 물의 신(神)인 현무와 옥룡의 상극이다.

그러므로 백씨 성을 가진 사람이 들어오면, 현무산 옥룡사가 불이 나서 망한다는 것은 곧 백계산에 전쟁의 참화가 이르면, 옥룡사(운평리 현무산)가 잿더미가 되어 사라진다는 뜻이므로, 전설 그대로 임진왜란과 여·순 반란 사건으로 불타버렸으니, 천 년 전의 비보는 정확한 것이었다.

더욱 안타까운 일은 여기 추산리 백계산에 남아 있던 유적들이 현무산 옥룡사와 함께 일제강점기 주민들에 의해서 (도굴 반출 등으로) 파괴되어 버렸고, 여·순 반란 사건 때는 반란군들에 의하여 다시 불바다가 되어, 바람이 간간이 전해주던 전설마저 태워버렸으니, 참으로 가슴 아픈 역사이자 정신문화의 손실이다.

부연하면 백씨(白氏) 성에 관한 전설은 예언이 아니다. 옥룡사를 중건하고 3층 석탑과 쌍사자석등을 세운 목적이 전란의 구렁에 빠지는 세상을 구하는 목적이므로, 외란(外亂)이든 내란(內亂)이든 전쟁의 방비를 도참으로 전한 것이지, 예언이 아니다.

모든 역사적 사실이 이처럼 분명함에도 사람들이 자꾸만 혼란에 빠지는 것은 도선국사 비문에 "희양현(晞陽縣) 백계산(白鷄山)에 옥룡(玉龍)이라는 옛 절이 있었다."라는 기록에서 백계산을 지금의 추산리 백계산으로 한정하여 보는 탓이다. 즉 전남 광양시 옥룡면 추산리 303번지로 (도로명: 전남 광양시 옥룡면 백계1길 71) 보기 때문이다.

앞서 설명했듯이 백계산(백운산)과 옥룡사(운평리 중흥산성 내)는 도선국사 이전부터 존재했었던 산과 절이며, 도선국사 비문에서 말하는 백계산은 추산리 백계산을 말하는 것이 아니고, 광양의 주산인 백운산을 말하는 것으로, 백계산 옥룡사는 곧 운평리 현무산 옥룡사를 말하는 것이다.

간단한 예를 들면 큰 산 즉, 지리산 준령마다 능선마다 산의 이름이 있듯이, 백계산은 지금의 백운산을 통칭한 이름이며, 현무산은 백운산에 딸린 산의 이름으로, 여기서 백계산 옥룡사라 하는 것은 곧 "태백산 부석사" 또는 "지리산 화엄사" "가야산 해인사"라고 하는 것과 같은 이치다.

어느 때부터 백계산과 옥룡이라고 이름했는지 전하는 문헌이 없어 알 길은 없지만, 지명(地名) 유래의 어원과 법칙에서 보면, 백계산(白鷄山)과 백계(白鷄) 즉 옥계(玉鷄 흰 닭) 그리고 옥룡(玉龍 흰 용)과 운암(雲巖, 흰 구름)까지 이들 모두는 하얀 흰색 흰빛을 상징하고, 산과 연계된 이름들을 보면, 완전하고 완벽한 도참과 비보풍수에 의한 작명임을 알 수가 있다.

847년 세상을 구할 목적을 가진 혁명가 혜철국사가 유가(瑜伽 밀교)의 조사(祖師)인 대현법사(大賢法師, 742년 2월)가 창건한 동리산 태안사에 주장자를 세우고 대대적으로 중건한 후, 도참과 비보풍수의 작법으로 백계산 남북의 도처에 절을 지은 뜻을 헤아려 보면, 백계산과 백계 즉 옥계와 옥룡의 의미를 정확하게 알고 활용했음을 알 수 있다.

문제는 언제 백계산이 백운산으로 바뀌었느냐는 것인데, 확실한 것은 고려시대와 조선 초기까지는, 산 전체를 백계산이라고 하였다는 사실이다. 이후 기록을 보면 조선 중기부터 혼용되어 사용하다가, 조선 후기에 전체의 이름인 백계산은 백운산으로 바뀌고, 백계산은 백계의 혈처인 운암사가 소재한 산의 이름으로 축소 한정되었다.

옥룡에 관해서는 보는 사람마다 여러 가지 뜻이 있겠으나, 여기서 말하는 백계산 남쪽에서 똬리를 틀고 있는 현무산 옥룡사가 소재한 산에 속한 마을들의 이름에 구름 운(雲)이 들어간 것은 항상 구름이 일어 승천하는 옥룡을 도와 보호하기 위한 것으로, 도참과 비보풍수로 지은 것이다.

도참과 풍수를 떠나 자연의 조건에서 보면, 좌우 동쪽과 서쪽에서 백운산 준령이 겹겹이 흘러내린 남쪽 기슭 중앙에 호로병(葫蘆甁) 모양으로 자리한 옥룡면은 기후는 온화하고 토양은 비옥한 분지이며, 산과 들과 강과 바다가 하나로 어우러진 천상의 낙원, 하늘이 만들어 놓은 천혜의 낙토다.

언제부터 백계산이라 하였고, 옥룡사가 언제 누구에 의해 창건된 것인지 알 수는 없지만, 혜철국사 이전에 백계산의 가치를 알고 꿈을 실현하려고 했었던 사람들의 역사가 있었음을 알 수가 있다.

지금까지 살펴본바 그대로, 운평리 현무산 옥룡사와 추산리 백계산 운

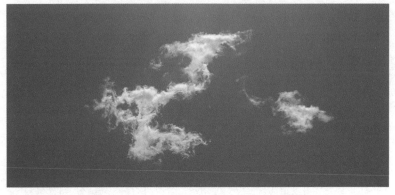

맑은 하늘 흰 구름이 만든 옥룡이다.

암사는 같은 도량(道場)으로, 운암사는 본사(本寺)인 운평리 옥룡사 경내에 있는 본사 주지가 머무는 방장실(方丈室)을 겸한 별원이었다.

지금의 추산리 옥룡사가 운암사이고, 현무산 중흥산성 내에 있었던 옥룡사는 임진왜란 때 불타버렸으며, 지금의 옥룡면과 광양시 자체가 옥룡사가 관할하던 요새지로, 진리의 빛으로 나라와 백성을 구하는 비보도량(裨補道場)이었다.

당시 옥룡사를 중건한 동리산문 태안사가 가지고 있던 토지의 현황을 기준으로 하여 보면, 지금의 옥룡면 전체를 옥룡사의 소유로 보아도 무방하다. 백운산 산줄기가 닿고 동천과 서천의 물이 흘러 닿는 광양읍과 바다까지 옥룡사 영역으로 보는 것이 합리적이다.

역사적 관점에서, 도선국사가 혜철국사의 유지를 받들어 삼한(한반도)의 뿌리인 남해의 용궁을 안정시키고, 전쟁으로 신음하는 백성들을 구하기 위해 남해의 물길이 이어진 이곳 현무산 옥룡사를 중건한 그 비결을 풀어 보면, 물의 신(神)인 남해의 현무와 옥룡을 육지로 불러내 북방의 섬진강 압록의 삼태극을 지킨 것은 곧 동서의 갈등과 남북의 대립으로 육지인 삼한에서 일어난 전쟁의 불길을 진화 안정시킨 것으로, 옥룡사가 마지막을 완성하여 주는 섭리 역사의 퍼즐이었다.

오랜 세월 대를 이어오는 왕실의 권력다툼으로 왕을 비롯하여 말단 지방의 관리들까지, 나라 전체가 온갖 부정부패로 국가의 기능을 잃어버린 신라가 장차 셋으로 쪼개져서 전란의 구렁에 빠질 것을 미리 안 혜철국사가 법화경의 핵심 사상인 각각의 셋을 하나로 모아 진리의 세계로 나가는 한 송이 회삼귀일의 연꽃을 도참과 풍수로 도선국사에 전한 것이 무엇이고, 현무산 옥룡사가 왜 중요한지를 다음 그림을 보면 누구나 쉽게 알 수가 있다.

혜철국사가 선택한 방법은 낙동강, 섬진강, 영산강, 즉, 한반도 남부를 내 천(川)으로 가르고 있는 중심에 있는 섬진강 압록 동리산 태안사에 주

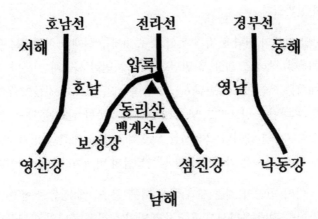

섬진강 압록 즉 삼수에 안배한 3개의 사찰을 지키는 옥룡사와 운암사는 혜철국사가 법화경의 핵심 사상인 각각의 셋을 하나로 모아 진리의 세계로 나가는 한 송이 회삼귀일(會三歸一)의 연꽃을 도참 풍수로 도선국사에 전한 핵심이다. 옥룡사와 운암사는 별개의 사찰이 아니고 하나의 도량(道場)이다.

장자를 세우고, 각각의 셋을 하나로 통합 진리의 세계로 나가는 법화경의 핵심 사상인 한 송이 회삼귀일의 연꽃이다.

유사(有史) 이래 끊임없이 갈등과 분열을 조장하며 대립하던 영산강과 낙동강을 발판으로 하는 기득권 세력을 순자강·대황강·압록강, 3개의 강이 하나로 합류하는 섬진강 압록에서 하나로 연계하여, 각각의 아집과 기득권을 위해 선량한 민생들을 전란으로 내몰아 죽이면서, 셋으로 대립하는 삼한(三韓)을 통합, 이걸 현대적인 정치 용어로 해석하면 부패한 지역 토호(土豪)들과 한통속이 된 정치세력이 벌이는 끊임없는 정쟁을 끝내고, 새로운 나라 고려를 창업하여 나라를 지키고 백성을 구하는 법을 도참과 비보풍수로 도선국사에게 전했고, 그 마지막 핵심이 현무산 옥룡사와 백계산 운암사였다.

그러나 이후 임진왜란과 여·순 반란 사건으로 옥룡사가 불타버리고, 나라가 수난을 당한 것은 후대 사람들이 옥룡과 현무의 등 뒤 즉, 근본인 남해에서 일어난 상극인 불의 신이 일으킨 전쟁의 포화에 대비하지 못한

참혹한 결과였다.

구한말 외세의 침략을 막지 못하고, 종내에는 일제의 식민지로 온갖 굴욕과 치욕을 당하고, 해방 후 발발한 여·순 반란 사건과 이른바 미 국무장관 애치슨 선언으로 촉발된 6·25 동족상잔, 이 모든 것들이 우리 스스로 갈등과 대립을 일으키고, 남해가 안정되지 못한 원인이었음을 깊이 새겨본다면, 785년 태어나 옥룡사를 일으켜 삼한을 구한 혁명가 혜철국사(785~861년)의 방책은 가히 영원한 삼한통합의 비책이라고 할 것이다.

오늘 다시 인연의 때가 도래하매, 이곳 현무산에 잠든 옥룡을 일으켜 옥룡의 머리 위에 올라서서 흩어진 북방의 삼한을 하나의 삼태극으로 융화시켜 국민 화합을 이루는 신인(神人)이 21세기 삼한통합의 영웅이 출현하리라는 것을 나는 믿어 의심치 않는다.

이에 하늘이 감추고 땅이 숨긴 비밀의 문을 열면서, 내 비록 보잘것없는 봉성산(鳳城山) 촌부(村夫)이지만, 백운산의 신령한 현무와 옥룡의 웅비를 위하여 혜철국사와 도선국사 두 스승과 제자가 불렀을 간절한 노래를 천년 후 오늘 섬진강 맑은 물에 다시 띄워 보낸다.

= 현무산 옥룡사에서 =

처음 신인(神人)이 있어
하늘이 감추고 땅이 숨긴 비밀의 문을 열고
남해의 신령한 현무와 옥룡을 불러
옥룡의 머리 위에 우뚝 서서
삼한의 피를 부르던 도적의 무리를 정벌하여
가엾은 백성들을 구하시고
누구나 차별이 없는 회삼귀일의 연꽃을 피웠네.
주인 없는 삼한이 주인을 찾고
영웅들의 분노와 함성이 전설이 되어버린 어느 해
남해를 불바다로 만들며
정토를 강탈하는 수만의 왜구들을 맞이하여

다시 또 의기(義旗)로 일어선 민생들이 제 몸을 죽여
시신(屍身)으로 성벽을 만들며 맞서 싸우다가
끝내는 살아 있는 생명들이 산채로 불타버린 그날
백계산 뜨는 해는 핏빛으로 가리어졌고
동천(東川)의 붉은 피는 남해로 흘렀네.
그날 이후
현무가 놀라 소스라치고
옥룡이 몸서리를 치며 울부짖던 이 땅을 일러
후세의 사람들이 중흥(中興)이라고 이름한 것은
현무와 옥룡이 다시 살아오기를 바라는 간절한 소망이었으니
부디 바라건대
그날 자신을 스스로 불태워 임진왜란의 살육으로
누란의 위기에 처한 나라를 구하고 쓰러진 현무는
400년 긴 잠에서 일어나
다시 또 나라를 지키는 신령한 수호신이 되고
옥룡은 남해 깊은 물길 속을 박차고 다시 날아올라
백운산에서 백두산까지
우리 민족이 하나가 되는 통일의 주체가 되고
백계는 다시 해 뜨는 신성한 나무 위로 날아올라
힘찬 목소리로 동방의 나라를
새 세상으로 인도 하소서.

12   발굴된 용문 암막새는
         재평가되어야 한다

　다음의 용문 암막새는 광양시가 의뢰한 (옥룡면 추산리 302 동백숲) 옥룡사지(운암사지) 3차 발굴 조사(1998년 12월 20일부터 1999년 2월 19일까지) 당시 발굴된 것이라고 한다. (조선시대 것으로 발표)

옥룡사지 3차 발굴 당시 출토된 용 세 마리가 어울린 용문 암막새다. 전체적으로 즐거운 흥과 넉넉한 여유와 저절로 풍겨 나는 품격까지 갖출 건 다 갖춘 용들을 통해서 알 수 있는 것은 현무산 옥룡사를 지키는 용의 모습을 상징한 것으로 현무산 옥룡사에서 제작된 것이다. (자료 제공: 광양시, 현재 순천대 박물관 소장)

　여러 개로 조각난 기와 파편들을 모아 복구한 용 세 마리가 어울린 용문 암막새를 직접 조사할 수 없는 관계로, (몇 마리인지 정확히 알 수는 없지만, 나를 포함 사람들의 눈에 세 마리로 보이는 연유로 세 마리로 표현함) 조선 어느 왕 시대의 것인지, 정확히 알 수가 없어 뭐라고 단정할 수는 없지만, (조선시대라는 발굴 조사 보고서를 사실로 믿고,) 잠시 진실 규명에 관한 모든 논쟁을 멈추고, 섬세한 터치로 정성을 다한 세 마리의 용이 어우러진 모습만을 감상하면, 가히 보기 드문 한국 최고의 걸작이다.

가만히 실눈으로 바라보며 감상하여 보라. 저절로 솟구치는 즐거운 흥과 넉넉한 여유 그리고 향기처럼 풍겨 나는 품격과 함께 느껴지는 이목구비와 몸체의 비늘은 물론 발가락 하나까지 친근함과 함께 역동적인 힘이 잘 표현되어 있다.

세 마리의 용이 여의주를(절대의 진리, 우주, 즉 태극을 상징함) 두고 하늘에서 어울린 모습이 양각된 저 암막새가 대웅전을 비롯한 전각들의 처마 끝을 장식하고 있었을 찬란한 옥룡사의 위용을 생각하면, 상상만으로도 전율이 느껴진다.

여의주(如意珠)가 아니고 태극(太極)이라는 것이 많은 생각을 하게 한다.

용문 암막새로 모습을 드러낸 세 마리의 용을 도참과 풍수로 풀어보면, 단순한 전설과 민화에 나오는 일반적인 여의주가 아니다.

전란의 구렁에 빠지는 삼한을 구하는 도참 즉 묘법을 제자인 도선국사에게 전한 혜철국사의 관점에서 보면, 태극(太極) 즉 우주를 상징한 것으로 법화경과 화엄경의 핵심이다.

현무산과 옥룡사 그리고 3층 석탑과 어울린 주변의 능선을 즉 도참과 풍수를 정확히 이해하는 것은 물론, 원효대사에서 혜철국사로 이어지고 다시 도선국사에게 이어진 법화경의 핵심 사상인 회삼귀일(會三歸一)의 묘법으로, 삼한통합 즉 삼승(三乘)이 일승(一乘)으로 돌아가는 진리의 묘법을 정확히 꿰뚫고 있는 사람이 심혈을 기울여 틀을 조각한 것으로, 마치 살아서 꿈틀거리는 거대한 용 세 마리가 옥룡사 3층 석탑을 휘감아 돌고 있는 것 같은 모습은 가히 살아있는 신화를 보는 듯 장관이다.

문제는 옛사람들이 세 마리의 용을 통해서 전하는 메시지가 무엇이냐는 것이다. 단순한 옥룡사의 풍수 즉 옥룡사의 자기 모습으로 볼 것인지, 혜철국사가 전하는 세상을 구하는 진리의 전법으로 볼 것인지, 왕건이 이룩한 삼한통합의 역사로 볼 것인지, 헤아리기가 쉽지 않다.

풍수로만 보면, 어려서부터 이 산을 오르내리며 살았던 이정연(1938년 12월 16일생, 옥룡면 운평리 상운마을 이장 역임, 부친 이용옥은 제방 공사 당시 옥룡면 부면장이었음) 선생이 설명하는 (저수지 공사로 훼손되기 전) 내성(內城) 즉 옥룡사의 모습과 같다. 산세와 똑같다.

중앙 저수지 우측 제방 옆 공터에 옥룡사 3층 석탑이 있다.

드론으로 촬영한 현무산 옥룡사(현 중흥사)다. 이정연 선생의 증언에 의하면 1947년 저수지 공사를 하면서 흘러내린 능선과 성벽을 훼손하여 제방을 만들었으며, 현재 저수지 제방이 능선이었고 성벽이었다.

저수지 물이 넘치는 수로가 깊은 계곡이었으며, 깊은 계곡에는 통진대사 비문의 기록처럼 누워서 놀기 좋은 바위도 있었고 이현일의 시처럼 사철 맑은 물이 콸콸 소리내어 흘렀다고 한다.

이어 누구나 토목공사를 쉽게 할 수 있는 굴착기 시대가 열리고 절을 확장하면서, 주변이 훼손되어 본래의 원형을 잃어버렸지만, 전체적인 산세를 보면 암막새 용문과 똑같다. 풍수를 안다는 사람들에게 용문 암막새와 현장을 보여주면 100% 동의할 것이다.

그러나 개인적으로 이 세 마리의 용들이 어울리는 용문 암막새를 보면서 가장 먼저 떠오른 것은 동리산문 3대조 광자선사(廣慈禪師 864~945) 비문(碑文) 가운데 918년 6월 15일 왕건이 포악한 궁예를 축출하고 고려를 창업하고, 936년 삼한을 통합하는 왕이 된 과정을 밝힌 기록이다.

"신라의 국운이 기울어지고 막혀있어 자주 난리가 일어났고, 궁예는 나라의 기강을 어지럽히고, 견훤은 스스로 왕이라 하여 이름을 도용하였지만, 마침내는 천명(天命)이 돌아갈 왕조(王朝)가 있었다. 새로이 성스러운 나라를 창업할 때 은혜를 저버리고 배반하는 사나운 전쟁으로 서로 오고가는 일들이 힘들고 고통스러웠으나 승려들이 (동리산문의 승려들, 더 좋은 세상을 만들려는 세력) 끝까지 비보(裨補 도와서)하여 왕을(천명을 받은 왕건) 보호하였다."라는 기록이다.

사람들이 세 마리의 용이 여의주를 두고 경연(競演)하는 용문 암막새를 혜철국사가 전한 세상을 구하는 진리의 법 회삼귀일로 볼지, 왕건이 후삼국을 통일하는 역사로 볼지, 또는 옥룡사의 풍수로 볼지 알 수는 없지만, 문제는 여의주가 아니고 태극(太極)이라는 것이 많은 생각을 하게 한다.

하늘에서 백룡이 즐겁게 놀고 있는 것 같은 구름의 형상이다.

옛사람들이 세 마리의 용을 통해서 전하는 메시지가 무엇인지 정확히 알 수는 없지만, 한 가지 분명한 것은 혜철국사가 흩어진 각각의 셋을 하나로 모아 진리의 세계로 나가는 회삼귀일의 묘법으로 기획한 삼한통합이라는 대업의 과정에서 옥룡사가 실행했던 일들과, 936년 왕건이 천명을 받고 후삼국을 통일한 4년 후, 940년 희양(曦陽)을 즉 백계산의 햇볕을 온 우주를 밝히는 법화경 진리의 빛 광양(光陽)으로 바꾸어 보은한 역사를 보면, 왕건이 회삼귀일의 묘법으로 후삼국을 통일하는 역사의 기록이며, 동시에 이것을 해냈다는 옥룡사의 자기 자랑이며 기록이다. 나의 생각이다.

다음은 조선 창업과 한양 천도를 주도했던 무학대사가 주석했고, 이성계가 마음 깊이 의지했던 조선 왕실의 원찰인 경기도 양주 회암사지에서 발굴된 용문 암막새다.

여의주를 두고 경연하는 옥룡사의 용과 여의주를 향하여 날아가는 회암사 용을 비교하여 보면, 굳이 말하지 않아도 저절로 느껴지는 것들이 있을 것이다.

양주 회암사지 출토 용문 암막새다. (양주시 제공)

개인적으로 두 개의 암막새 용문이 어떻다고 평가할 능력은 못 되지만, 단순한 시각으로 보면 기와를 굽는 장인이 대충 조각한 틀로 양산한 것 같은 회암사 용문과는 달리, 세 마리의 용이 어울린 옥룡사 용문은 전문적인 조각가가 심혈을 기울여, 수염 하나 비늘 한 개를 정성으로 조각했음이 저절로 느껴지는 작품이다. 특히 세 마리가 하늘에서 어울린 모습과 표정을 보면 그야말로 압권이다.

뭐라고 콕 집어서 설명할 수는 없지만, 여의주를 향하여 도약하는 양주 회암사 용을 힘자랑하면서 위세를 부리는 전형적인 권력의 상징이라고 한다면, 세 마리가 어우러진 옥룡사의 용은 마치 최고의 춤꾼들이 막걸리 한 잔의 취흥에 격식을 버리고, 멋들어지게 춤을 추는 춤판처럼 느껴진다.

한마디로 마을 잔치 마당에서 세 사람의 상쇠가 스스로 또는 함께 두들기는 꽹과리 장단에 맞추어 상모를 자유자재로 돌리며, 때로는 셋이 함께, 때로는 둘이 호흡을 맞추고, 때로는 혼자서 갖은 묘기를 부리며 누가 더 잘하는지를 경연하는 것처럼, 우리 민족 고유의 흥과 여유가 넘치는 걸작이다.

어쩌면 국보인 3층 석탑과 쌍사자석등을 능가하는 백계산 최고의 작품이고 보물이라는 생각이 든다. 전하고 있는 메시지가 그렇다는 의미다.

푸른 하늘 흰 구름이 만든 형상이 기이하다.

　1931년 3월 20일 답사 실측한 오가와 게이키치가 "석탑은 3층으로 신라 말기 명작이다. 등룡은 쌍사자로 구성된 일품이다. 둘 다 국보의 가치가 충분하다."라고 하였는데, 만일 이 용문 암막새를 보았다면 어떤 평을 했을지 궁금하다. 개인적으로는 3층 석탑과 쌍사자석등에 버금가는 명작명품이라는 생각이다.

　좀 더 양심적이고 전문적인 학자들의 연구가 진행된다면, 훗날 국가의 보물이 되지 않을까 싶다. 최소한 사료와 미술사적 가치에서 재평가가 이루어지는 계기는 될 것이다. 그러기를 바란다.

　또 하나 주목할 것은 백계산에서 발굴된 용문 암막새가 더 놀라운 것은 용의 발가락이다. 오늘날의 문화에서는 이해할 수 없는 일이지만 용이라고 하여 다 같은 용이 아니기 때문이다.

　중국의 황제는 오방(五方)의 중심이며 하늘이 내린 천자(天子) 즉 황제의 상징인 황룡(黃龍)의 발가락은 5개이고, 변방의 제후들 즉 조선의 임금은 황룡포(黃龍袍)를 입을 수 없으며, 청포(靑布)나 홍포(紅布)에 용의 발가락은 4개여야 한다. 일반인들이 그리거나 수를 놓는 용의 발가락은 3개 이하여야 한다. (시대와 정치적 변화에 따라 달랐음)

　좀 더 알기 쉽게 설명하면, 정치적으로 용은 최고 권위를 지닌 최상의 존재이다. 상상의 동물인 황룡(黃龍)은 사방의 용들이 〈청룡(靑龍), 백룡(白龍), 적룡(赤龍), 흑룡(黑龍)〉 서로 충돌하지 않도록 중재하는 역을 맡는 것은 물론, 중앙 중심을 수호하는 역할을 하는 절대적인 존재다. 누른빛이 도는 황룡은 제왕 중에서도 중앙을 관장하는 황제의 권위를 묘사하는 상징이다.

그런데 백계산에서 발가락이 4개인 용문 암막새가 발굴되었다. 그것도 여의주를 두고 신나게 어울리는 용들이 발굴되었다. 정확히 어느 시대 것인지 특정되지 않아 뭐라고 논하기가 조심스럽다.

일반적으로 도선국사의 참서(讖書)와 비기(秘記)를 보는 것은 물론이거니와, 소지하는 것만으로도 역모로 보고 이른바 3족을 멸하는 등 가혹하게 벌하였던 조선왕조에서 옥룡사 암막새에 짜임새가 있고, 보는 사람으로 하여, 살아 있는 용의 기운을 저절로 느끼게 하는 세 마리의 용을 양각하는 일, 그것도 임금을 상징하는 발가락이 4개인 용을 추녀 끝을 장식하는 암막새로 사용했다는 사실이 놀랍기만 하다.

대표적 역사 기록으로 연산군 당시, 참서를 보고 믿었다는 것만으로 역모로 보았고, 구례현과 남해현 주민들을 죽음으로 몰아간 참혹한 사건을 비롯하여, 1762년 영조 38년 2월 29일 (영조실록 99권) "참서(讖書)와 비기(秘記)를 감추어 두었다가 탄로 난 자는 도신(道臣)으로 하여금 장문(狀聞)한 뒤에 세 차례 엄형(嚴刑)하여, 해도(海島)로 정배하라고 명령하였다."라는 기록에서 보듯, 조선 왕실에서 결코 용인될 수 없는 일이 옥룡사 용무늬 암막새다.

건국 초기를 제외하고, 어느 왕조에서도 참서를 용인하지 않았다. 정확히는 자신들은 필요에 따라 보고 활용하면서도 백성들에게는 절대 금서(禁書)로 정해 보지 못하게 하였다.

이성계의 역성혁명으로 성립된 조선은 시작부터 망할 때까지, 518년 내내 등극하는 왕들 모두 도참과 비기와의 전쟁이었다고 해도 과언이 아니다.

도참과 비기라는 것 자체가 끊임없이 더 좋은 세상을 희구하는 백성들에게 역성혁명을 꿈꾸게 하고 부추기는 연유로, 왕실에서는 백성들이 참서를 소지하거나 보는 것 자체를 역모로 보았다.

그래서 518년 내내 백성들을 감시하며 기미만 있어도 즉시 당사자와 일가친척들은 물론 주변의 사람들을 가혹한 형벌로 다스렸다.

부연하면 왕명으로 중건 또는 창건하는 사찰과 건물은 왕을 상징하여, 그에 합당한 용을 그리고 조각할 수는 있지만, 도선국사와 조선 왕실의 관계를 보면 옥룡사의 경우는 의외라고 할 수 있다.

현재 대한민국 사학계에서 발굴한 기와 파편들 가운데 암막새에 양각된 용이 나오는 사찰들을 보면 불과 대여섯 개 정도다.

나로서는 알 수가 없는 사료적 가치, 또는 미술사적 가치와 판단을 떠나서, 비록 부조(浮彫)한 용이지만 즐거운 흥과 넉넉한 여유와 저절로 풍겨 나는 품격까지 갖출 건 다 갖춘 옥룡사 세 마리의 용을 통해서 알 수 있는 것은 현무산 옥룡사의 참모습이고, 과거 고려의 역대 왕들이 대대로 받들었던 현무산 옥룡사의 위용과 품격이다.

거듭 발굴자료가 사실이라면, 옥룡사 암막새의 용이야말로 현무산 옥룡을 다시 깨우고, 백계산 백계 즉 흰 닭을 되살려 홰를 치며 큰 소리로 새로운 세상, 새로운 새벽을 알리는 시작이 될 것이다.

저마다 생각하기 나름이지만, 발전의 한계에 부딪힌 광양제철을 중심으로 하는 광양시를 새로운 차원으로 끌어가는 핵심이고, 나가서는 대한민국의 산업구조와 국민 의식을 바꾸는 21세기의 용과 여의주가 될 것이다. 현무산 옥룡사와 백계산 운암사의 복원에 광양시 시민들의 각성과 참여를 촉구한다.

1499년 제작된 동여비고다. 현무산 옥룡사와 백계산 운암사가 어디에 있는 것인지 분명하게 알려주고 있다.

끝으로 옥룡사(玉龍寺) 성화 11년(成化十一年 1475년)의 명문이 새겨진 기와를 비롯해 분청사기, 순백자, 벼루편, 상평통보 등 다량의 유물과 조선시대 부속 건물지와 건물 기단 등이 발굴됐었다는 이유로 그곳을 옥룡사라고 주장하면서, 용문 암막새를 조선시대의 것으로 보았는데, 잘못된 판단이다.

정확히 1475년은 조선 제9대 왕 성종 6년의 치세로 당시 옥룡사는 현무산 즉 중흥산성에 있었고, 여기는 백계산 운암사가 있었음을 1499년 제작된 동여비고가 입증하여 주고 있다.

개인적인 견해는 성화 11년(成化十一年, 1475년)에 집착하여 결정하지 말고, 최소한 용문 암막새만이라도 양심적이고 전문적인 학자들에게 의뢰하여 정확한 연대측정을 하게 하고, 가치 평가를 받아 보기를 광양시에 제안한다.

제2부

진실을 찾아서

13 옥룡사와 운암사의 위치를 확인하는 기록과 고증

1149년 최유청이 어명을 받들어 비문을 쓰고, 1150년 돌에 새겨 왕실의 원찰인 개성 국청사에 세우려다 알 수 없는 이유로 처마 밑에 버려진 것을 22년 후 1172년 광양 옥룡사로 옮겨 10월 19일 세운 도선국사 비문에서 "앉아서 죽은 시신을 옮겨 절(寺) 북쪽 산등성이에 탑을 세웠다"라고만 하였을 뿐, 절 이름과 장소인 백계산이 특정되어 있지 않은 연유로, (참고만 했음) 현무산과 옥룡사 백계산과 운암사가 동시에 기록된 통진대사의 비문 기록을 중심으로 서술하였다.

통진대사 비문의 기록이 정말 중요한 것은 현무산만이 아니고 핵심인 ① 현무산과 옥룡사 그리고 ② 백계산과 운암사가 동시에 나오고, ③ 각각의 것들이 어디에 있어야 하는지, 그리고 ④ 계곡에서 돌을 베고 누워 흐르는 시냇물은 양치질하기에 적합하였다는 기록은 계곡에 사철 마르지 않는 시냇물이 있고, 넓은 반석이 있는 중흥산성 중흥사가 현무산 옥룡사임을 입증하여 주고 있기 때문이다.

비문에 선사가 옥룡사 상원에서 열반에 든 이날 새벽 "현무산 능선 봉우리에서 4~5명의 어린아이가 우는 듯한 소리가 들려왔다."라고 하였고, 선사의 시신을 "다음 날 백계산으로 옮겨 감실에 모셨고 임금이 나라의 석공(石工)을 시켜 돌을 다듬어 석관(石棺)을 만들어 모시고 탑을 세우라고 하시었다. 2년 후 백계산 운암사(雲巖寺 추산리) 동쪽 언덕에 탑을 세웠는데, 이는 왕의 명령에 따른 것이다."라고 하였다.

통진대사 비문의 기록을 보면, 옥룡사는 바로 이곳 현무산 중흥산성에 있었던 사찰 즉 지금의 중흥사임을 확실하게 밝혀주고 있고, 백계산 운암 동쪽이 어디인지 특정되어 있지 않지만, 이걸 뒤집어 보면 통진대사의 탑 과 비석이 있고 석관(石棺)이 묻힌 곳이 백계산이고 운암 동쪽임을 확실하게 알 수 있다.

통진대사 비문은 바로 현무산 옥룡사 북쪽에 백계산 운암사가 있고, 운암사 동쪽 언덕에 탑과 비가 있음을 정확하게 일러주고 있다.

이러한 사실은 1499년 제작된 동여비고(東興備攷)와 1872년 제작된 광양현 지도를 동시에 보면 현무산이 무엇이고 백계산이 무엇인지, 그리고 현무산 옥룡사와 백계산 운암사가 어디에 있는 것인지를 한눈에 알 수 있다.

1499년 제작된 동여비고와(상) 1872년 광양현 지도다(하).
사람이 정하는 산의 이름과 사람이 바꾸고 옮기는 절의 이름과 위치는 바뀌어도 산의 모습은 바꿀 수 없다. 현무 즉 거북이를 상징한 2장의 고지도는 현무산 옥룡사와 백계산 운암사의 위치를 정확하게 일러주고 있다. 말이 필요 없는 물증이다.

1872년 지도에 확실하게 닭을 상징한 지금의 추산리 백계산 옥룡사가 운암사이고, 본래의 옥룡사는 거북이를 상징한 지금의 운평리 현무산 내 성(內城)에 있는 중흥사임을 분명하게 일러주고 있다.

다음의 위성사진을 보면, 세 사찰의 위치가 1499년 제작된 동여비고와 같은 것임이 분명하게 확인이 된다.

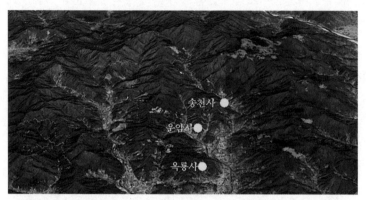

위성으로 확인하는 옥룡사 운암사 송천사의 위치다. 2장의 고지도와 겹쳐보면 정확하게 일치한다.

앞 2장의 고지도와 위성사진에서 눈여겨볼 것은 1872년 제작된 광양 현 지도를 보면, 좌측 백계산은 백계라는 이름 그대로 닭을 상징하여 그림을 그렸고, 현무산은 거북이를 상징하여 그렸다는 사실이다.

동여비고에서 밝힌 옥룡사 · 운암사 · 송천사의 위치가 위성사진으로 보아도 같은 위치다. 1499년 제작된 동여비고와 1872년 제작한 광양현 지도 그리고 위성사진을 겹쳐보면, 산의 모양이 같고, 현무산에 옥룡사가 있었음을 알 수가 있다.

1872년 제작된 지도는 좀 더 세분된 기법으로 그렸지만, 이보다 373년 앞서 1499년 제작된 동여비고는 단순화된 그림으로, 현무 즉 거북이를 상징한 현무산은 같고, 닭을 표현한 백계산 그림은 약간 다르지만, 2장의 사진과 위성사진을 겹쳐보면 산의 모양이 같아서, 현무산에 옥룡사가 있었음을 분명하게 알 수가 있다.

문제는 옥룡사의 위치가 언제 왜 뒤바뀌었느냐는 것이다. 1499년 동여비고에 기록된 운평리 현무산 옥룡사가 사라지고, 1872년 제작된 광양현 지도에서 추산리 백계산 운암사가 옥룡사의 이름으로 뒤바뀐 이유는 옥룡사의 이름으로 전하는 역사의 기록에서 충분히 엿볼 수가 있다.

문서로 전하는 역사의 기록을 찾아보면, 1499년 제작된 동여비고에 현무산에 옥룡사가 있었고, 임진왜란으로 불타버린 후, 1712년(숙종 38) 옥룡사에서 비문을 간행하였고, 1876년(고종 13) 화재로 소실되었다고 한다.

여기서 알아야 할 것은 1712년 도선국사 비문을 간행한 옥룡사는 운평리 현무산 옥룡사였다는 사실이다. 이때까지는 옥룡사가 현무산에 있었다.

그리고 1876년(고종 13) 화재로 소실된 옥룡사는 1872년 지도에 표기된 추산리 백계산 운암사 자리에 이름을 건 옥룡사다.

다음은 이를 입증하여 주는 1697년 8월 15일 밤 옥룡사에서 쓴 이현일의 시다.

광양시 옥룡면 운평리 상운마을에 전해오는 이야기 가운데 지금의 중흥사 즉, 옛 옥룡사가 있었던 사찰을 현무와 같은 검을 현 자를 쓰는 현갑사(玄岬寺)라 불렀다는 광양시지의 기록이 있고 무엇보다도 조선 중기 1697년(숙종 23) 71세의 늙은 나이에 지금의 광양시 옥룡면으로 귀양을 온 갈암(葛庵) 이현일(李玄逸 1627~1704)이 쓴 "8월 15일 밤 옥룡사에서 자면서"라는 칠언절구 시는 옥룡사가 현무산에 있었음을 분명하게 밝혀주고 있다.

다음은 이현일이 지은 시다.

팔월 십오일야 숙옥룡사(八月十五日夜宿玉龍寺)

8월 15일 밤 옥룡사에서 자면서

희양현북옥룡사(晞陽縣北玉龍寺)

희양현(광양)의 북쪽에 있는 옥룡사는

도선선사석창개(道詵禪師昔創開)

옛날 도선선사가 처음 세웠다고 하네.

괵괵암천순체향(漍漍岩泉循砌響)

물소리 치는 바위 폭포 섬돌을 돌면서 소리 나고

삼삼죽수요산재(森森竹樹繞山栽)

빽빽한 대숲은 산을 둘러 심겨 있네.

탐권불화궁섬교(耽眷佛畵窮纖巧)

귀가 늘어진 불보살의 그림은 고운 비단에 아름다움을 다했고

잉희선방절점애(仍喜禪房絶點埃)

선방의 기쁨은 한 점 티끌도 없음이네.

삭설염풍다소고(朔雪炎風多少苦)

북쪽(朔雪)과 남쪽(炎風)을 오가는 귀양살이가 조금 괴로워(북풍한설과 더운 바람)

탕흉금일사난재(盪胸今日思難裁)

마음 흔들리는 오늘 생각만 어지럽네.

사람에 따라 해석의 차이는 있겠지만 이 시에서 괵괵(漍漍, 물이 콸콸 흘러 내리는 소리)을 "물소리 치는 바위 폭포 섬돌을 돌면서 소리 나고"라고 해석한 대목은 광양시에서 전문가에게 의뢰하여, 2005년 발간한 광양시지(光陽市誌)를 그대로 인용한 것이다.

혹 "물소리 치는 바위 폭포"라는 광양시의 해석이 100% 옳은 것이 아니라고 해도, 무엇보다도 시란 시를 짓는 사람의 시심(詩心) 즉 마음에 따라 표현이 얼마든지 다를 수 있음을 고려해도, 시문(詩文) 그대로 1697년 (숙종 23년) 71세의 이현일이 머무른 옥룡사는 건물 앞 돌계단을 돌아 "콸콸" 흐르는 다량의 물이 있어야 하는데, 흐르는 물은커녕 마실 물도 제대로 없는 지금의 추산리 백계산 폐사지는 옥룡사가 아니라는 분명하고 확실한 증거다.

그러나 중흥사 3층 석탑 뒤 지금의 저수지에 잠긴 계곡에는 바위틈에서 콸콸 샘솟는 물이 소를 이루며 흘러내렸다는 촌로의 이야기가 아니더라도 "괵괵(瀄瀄)" 즉 콸콸 흘러내리는 계곡물이 법당과 선방 앞의 섬돌을 (돌계단) 돌아가는 풍경을 읊은 이현일의 시는 사계절 끊임없이 흘러내리는 마르지 않는 시냇물을 따라 자리한 중흥사를 말해주는 것이다.

이와 함께 "삼삼죽수요산재(森森竹樹繞山栽) 빽빽한 대숲은 산을 둘러 형성되어 있다." 하여, 옥룡사를 빙 둘러 에워싼 주변 산이 대나무 숲이었다는 구절 또한 지금의 중흥사를 지칭한 것이다.

여기서 잠시 빙 둘러 형성된 대규모 대나무숲을 통해서 알 수 있는 것은 다음 다섯 가지다.

첫째는 외부로부터 보이고 들리는 것들을 차단하는 목적, 비보(裨補)의 차원이다.

둘째는 죽창(竹槍)이라는 고유 명사에서 보듯, 전쟁을 비롯하여 도적과 싸우고 짐승을 사냥하는 일에 언제든 가장 손쉽게 만들고 대량으로 만들 수 있는 것이 대나무로 만드는 무기 즉 창과 화살이다.

그리고 각종 생활에 필요한 여러 가지 도구들, 또는 농사를 짓는 연장들을 만들고, 집을 짓는 데 필요한 자재가 대나무이기에 예로부터 큰 사찰은 물론 어지간한 사찰에는 규모에 맞는 대숲이 있었다.

셋째는 예측할 수 없는 산불과 화마로부터 사찰을 보호하기 위함이다. 대숲이 자연 방화벽으로 경내의 불이 산으로 번지는 것을 차단하고, 산불이 경내로 들어오는 것을 막는 역할이다.

또한 지진이나 폭우 등으로 발생하는 사태나 산에서 바위들이 굴러오는 사고를 막는 방법이기도 하다.

넷째는 이러한 것들을 통해서 옥룡사의 규모와 사람들이 얼마나 운집했는지를 알 수가 있다. "마치 양고기가 있는 곳에 개미가 모여들 듯이 사방에서 학도들이 구름처럼 모여들어 주전자와 수건을 들고 지팡이와 신발을 받들며 따르는 제자들이 언제나 수백 명이었다"라는 비문의 기록이 과장됐다고 하여도, 중흥산성 내에 즉 옥룡사에 많은 건물이 있었고, 사람들이 집단으로 살았음을 알 수가 있다. (죽순 생산과 약재 등등은 덤이다.)

다섯째는 이러한 방증 자료를 통해서 대숲이 없는 백계산 운암사는 사람이 머무르는 공간이 아니었음을 알 수가 있다.

광양시와 사학자들이 운암사 터를 옥룡사 터라고 주장하고 있는 추산리 동백숲은 아무리 눈을 씻고 보아도 1697년 8월 15일 밤에 71세의 이현일이 시상(詩想)의 소재로 삼은 콸콸 소리 내며 흘러갈 물도 없고, 빙 둘러 사찰을 에워싼 산에는 이미 오래전부터 빽빽한 동백 숲이 있을 뿐, 빽빽한 대나무 숲은 없었고, 자리할 수도 없다.

특히 "구름은 계곡 위에 덮여 있고, 돌을 베고 누워 흐르는 시냇물은 양치질하기에 적합하였다."라는 통진대사 비문의 기록대로라면, 계곡에 사철 마르지 않는 시냇물이 있고 사람이 누워 즐길 만한 넓은 반석이 있어야 하는데, 운암사지에는 하다못해 이불과 옷 등등 다량의 물이 필요한 빨래는 고사하고, 건기에는 걸레를 깨끗이 빨 개울물조차도 없다.

한마디로 추산리 동백숲 즉 운암사 터는 평시에는 물이 흐르지 않는다. 물이 없는 메마른 땅이다. 그러다 비가 오면 건수(乾水)가 잠깐씩 흘러내리다 멈추는 정도가 전부다.

그러나 이와는 반대로 중흥사(옥룡사)는 바위에서 떨어져 소리치며 섬돌을 돌아가는 계곡과 충분한 양의 계곡물이 있고, 지금도 빙 둘러 대숲이 있으며, 마을 노인들의 증언 또한 바위 폭포와 대밭 즉, 대숲이 있었음을 말해주고 있다.

지금도 현무산에서 흘러내린 계곡물이 산문 앞을 돌아가는 반석이 길게 이어져 있고, 우기에 비가 많이 올 때는 물보라를 치며 반석 위에 거세게 흘러내리는 모습은 마치 옥룡사를 지키는 거대한 백룡(白龍)의 형국이다. 그만큼 사계절 수량이 풍부하다는 말이다.

1697년 8월 15일 밤 귀양살이로 괴로운 71세의 이현일의 마음을 흔들어 버린 옥룡사는 자연환경과 사찰의 구조가 지금의 중흥사와 정확하게 일치한다. 지금의 중흥산성에 있는 중흥사가 천 년 역사를 간직하고 있는 옥룡사임을 분명하게 증명하여 주고 있다.

그뿐만이 아니다. 다음은 1931년 3월 20일 일본인 학자 오가와 게이키치가 본 중흥산성의 기록이다.

"논도 있고 밭도 있다. 그 서쪽 성벽에 접하여 절터가 있다. 앞면은 작은 계곡이 있고 북쪽에 언덕이 있으며 남쪽을 향하고 있다. 규모는 작지만 조용하고 깊숙한 별천지다. 돌담이 있다. 석탑과 석등롱이 있다. 오래된 기와 파편도 흩어져 있다. 석탑은 3층으로 신라 말기 명작이다. 등롱은 쌍사자로 구성된 일품이다. 둘 다 국보의 가치가 충분하다. 실측을 마친 후 산에서 내려왔다."라는 기록이다.

서쪽 성벽에 접하여 절터가 있고, 앞면은 작은 계곡이 있다는 오가

1931년 3월 20일 일본인 학자 오가와 게이키치가 촬영한 사진이다. 사람들이 파괴한 3층 석탑 앞에 계곡이 있음을 알 수 있다.

와 게이키치가 본 현장 보고서의 기록은 958년에 세운 통진대사 비문과 1697년 8월 15일 밤 쓴 이현일의 시와 정확하게 일치하고 있다.

문제는 이현일 이후다. 알 수는 없지만 역사와 세월과 인심을 통해서, 다음의 경우를 생각해 볼 수 있다.

1872년 제작된 광양현 지도에서 추산리 백계산에 옥룡사가 표기되어 있고, 이보다 373년 앞서 제작된 동여비고에서 보듯이, 본래 주산이었던 백계산이 백운산으로 바뀌고, 백계산은 추산리 동백숲으로 축소 한정되었다.

임진왜란(壬辰倭亂 1592~1598년)으로 현무산 옥룡사가 불타버린 뒤, 어떤 인연으로 옥룡사의 이름에 걸맞은 규모를 갖춘 사찰로 중건되어 유지되어 오다가, 1712년(숙종 38년) 이후 알 수 없는 이유로 옥룡사는 사라지고, 길고 긴 세월과 온갖 잡초와 잡목에 묻혀서 사람들의 기억에서 사라졌음을 알 수가 있다.

그 후 도선국사의 비기를 찾아 헤매는 사람들에 의해 도선국사와 통진대사의 탑과 비석이 있는 백계산 능선의 하나인 이른바 백계혈(白鷄穴)인 운암사를 옥룡사로 착각하였기 때문으로 보는 것이 합리적인 판단이다.

그동안 기록으로 전하고 사람들의 입에서 불리던 "백계산(백운산) 옥룡사"를 혼동하였고, 그것이 사실로 고착된 것으로 보는 것이 합리적이다.

그러나 1499년 제작된 동여비고 광양현 지도를 보면, 가운데 이름이 없는 봉우리가 (백운산) 그림의 구도와 같은 것은 물론이거니와, 무엇보다도 백계산 너머로 두 개의 계족산(鷄足山)이 순천과 구례로 이어져 있음에서 백계산의 실체를 분명하게 알 수가 있다.

특히 옥룡사가 있는 현무산을 백운산으로 표기한 것은 관례에 따라 백운산의 상징인 옥룡사의 관점에서 알기 쉽게 표기한 것으로 특별한 것은 아니다.

옛 지도 제작에서 명산명찰(名山名刹)은 바늘과 실처럼 같이 표기하였으며, 참고로 동여비고 구례현을 보면, 화엄사 우측 아래 마산(馬山)을 지리산이라고 표기한 사례에서 보듯이, 주산(主山)인 백운산을 대표하는 옥룡사가 있는 현무산을 백운산이라 표기한 것은 일반적인 대표성과 자연숭배사상에서 비롯된 기록문화 표기로, 그 이상도 이하도 아니다.

전해오는 기록과, 관련 문헌들을 살펴보면 옥룡사가 뒤바뀐 근본적인 이유는 알 수 없지만, 지금까지도 복원되지 못하고 있는 결정적인 이유는 사진에서 보듯 일제강점기에 현무산 옥룡사지에 있던 모든 유물을 조직적으로 도굴하여 팔아먹거나 파괴하여 흔적을 없애버린 사람들이 문제였다. (조선인들 마을 사람들이었다.)

다음 1931년 3월 20일 일본인 학자 오가와 게이키치가 중흥산성을 답사 조사한 보고서를 보면, 안타까움과 한숨이 절로 나온다.

『밤에 옥룡 경찰관 주재소(駐在所, 현 치안센터(파출소))를 방문하여 중흥산성 폐탑 매매에 관한 건을 들었다. 쇼와(昭和) 5년(1930년) 8월경 옥룡보통학교 후원회가 기금을 조성하기 위하여 산성 내의 석탑과 석등의 매매를 옥룡면 운평리 변정섭이라고 하는 사람에게 의뢰했다. 변이 분주한 결과 부산부의 성명 미상(이름을 알 수 없는 사람)의 매수인 2명과 함께 와서 견분(見分)시켰다. 그리고 750엔으로 매매의 약속이 성립되었다.

학교 후원회에서는 100엔 정도라면 팔 수 있으리라 생각하고 있었는데 상당히 비싼 가격에 놀라서 군 당국에 상의했다. 그러나 유물의 매매는 고적유물보존규칙에 의하여 불가능하다는 지시를 받았다.

한편 토지 소유자는 본인의 땅에 있는 것을 한마디 상의도 없이 무단으로 매매하는 것이 못마땅한 일이라고 해서 경찰과 주재소에 유물 발견 신고를 했다. 그것이 쇼와 5년 (1930년) 9월 7일이었다.

경찰은 현지에서 시찰하고 보고서 안을 가지고 광양경찰서에 보고했다. 다음 날 밤에 누군가 와서 해당 석등과 석탑을 파괴하고 도망갔다. 이처럼 탑을 둘러싸고 여러모로 문제가 잇따라 발생하였다. 이상이 옥룡면 경찰관에게 들은 개요이다.』

1930년 9월 18일 조선인들 즉 마을 사람들이 서로 팔아먹으려고 암투를 벌이다가 실패한 사람이 쌍사자석등과 함께 악의적으로 파괴한 3층 석탑이다. 쌍사자석등도 함께 파괴되었다. 지금 생각해도 참담하고 처참하다.

　마을 사람들이 국보 제103호 중흥산성(옥룡사) 쌍사자석등을 팔아먹기 위해 벌인 다툼 끝에, 못 먹는 감 찔러버린다는 해코지로 석탑과 석등을 파괴하여 버렸다는 일본인 학자 오가와 게이키치의 보고서는 오늘을 살고 있는 대한민국 국민의 한 사람으로 부끄럽기만 하다.

　여기서 흥미로운 일은 조선총독부 고적 조사위원회에서 조선에서 가장 뛰어난 유물이라며 일본으로의 반출 또는 사사로이 유출되어 사라질 것을 우려해서 신속하게 보물로 지정하여 3층 석탑과 쌍사자석등의 국외 유출과 사유화를 막았다는 사실이다.

　이는 그동안 우리가 배우고 가르쳤던 역사와는 전혀 다른 사실이다. 참으로 부끄러운 일이다.

　문화재 도굴과 반출을 일삼던 조선인들을 일본인 학자와 조선총독부가 나서서 막은 사례로, 광양시 현무산 옥룡사 쌍사자석등이 가진 역사적 사료의 가치가 그만큼 빼어났음을 증명하는 것이다.

　그동안 우리들이 어려서부터 교육받았고, 나 또한 그렇게 알고 있었던 일제강점기 문화유산 파괴와 약탈의 주범이 일본인 학자들과 조선총독부가 아니고, 조선인들이었다는 것을 보여주는 사례다.

역설적으로 일본인 학자와 조선총독부가 앞장서서 그것도 신속하게 가능한 법을 적용하여 지키고 보호하였다는 사실은 충격이다.

복원된 보물 제112호 3층 석탑과 현 광주박물관에 소장된 국보 제103호 쌍사자석등이다. 일본인 학자 오가와 게이키치와 조선총독부가 지키고 보호해 준 국보다.

통진대사의 유골을 도선국사의 것으로 발표한 것을 비롯하여, 현무산 옥룡사와 백계산 운암사의 역사와 위치가 드러나는 것을 방해하고 있는 사람들을 94년 전 1931년 3월 20일 중흥산성 석탑과 석등을 지켜 소중한 유산으로 이어준 일본인 학자 오가와 게이키치 선생이 저승에서 보고 있다면 무어라고 할까? 참으로 부끄럽고 통탄할 일이다.

그러나 다행스럽게도 도선국사와 통진대사 두 사제의 비문이 남아서 현무산 옥룡이 살아있음을 말해주고 있으니, 이야말로 이 땅의 선인들이 후손들을 위해 감춰둔 비보의 역사다.

14 통진대사 비문에서 밝히고 있는 현무산 옥룡사의 위치

　본문의 논증에 앞서 1931년 3월 19일 조선총독부 명으로 백계산 사지 (寺址)를 실측 조사했던 일본인 학자 오가와 케이키치의 보고서를 보면, "광양읍을 출발하여 북쪽 2리 이상 떨어진 옥룡사지(운암사지)를 조사했다. 고려 초기의 묘탑 하나가 남아 있다. 2~3년 전까지는 통진대사의 묘비도 있었으나 파괴되어 지금은 없다."라고 하였다.

　지금 내가 안타깝고 궁금한 것은 그날 오가와 게이키치가 본 고려 초기 의 묘탑(부도탑)은 (확률적으로) 통진대사(洞眞大師 869~948년)의 것인데, 행방 을 알 수 없다는 것이다. (도선국사는 고려 중기 1172년 세운 것이므로 맞지 않는다.)

　본문의 주제인 948년 열반한 3년 후, 탑을 세우고 다시 비문을 지어 비 석을 세우라는 정종(定宗)의 명령으로, 958년(광종 9) 8월에 세운 통진대사 비문이다.

=생략=

介衆致我塔 以藏遺體碑 以紀行事 無以爲也 不亦宜乎 則是瞻
이 중 치 아 탑 이 장 유 체 비 이 기 행 사 무 이 위 야 불 역 의 호 즉 시 첨

玄福於厶師矣 言畢入房 倚繩床趺坐 儼然示滅于玉龍上院
현 복 어 망 사 의 언 필 입 방 의 승 상 부 좌 엄 연 시 멸 우 옥 룡 상 원

"너희들은 내가 죽거든 탑을 세워 나의 유체(遺體)를 간직하거나 비(碑)를 세워 행 적을 기록하지 않는 것이 또한 마땅하며, 그렇게 하는 것만이 나의 현복(玄福)을

짓게 하는 것이다."라고 하며, 방으로 들어가 승상(繩床)에 기대어 가부좌를 맺고 앉아 근엄한 모습으로 **옥룡사 상원(上院)**에서 입적하였다.

嗚呼 在父母體 八十春 入菩薩位 六十二夏
오 호 재 부 모 체 팔 십 춘 입 보 살 위 육 십 이 하

슬프도다. 부모로부터 물려받은 몸의 나이는 80세요 보살계를 받은 지는 62년이었다.

是晨也 於玄武山嶺頭 有如四五介嬰兒之呱呱者
시 신 야 어 현 무 산 영 두 유 여 사 오 개 영 아 지 고 고 자

이날 새벽 현무산(玄武山) 능선 봉우리에서 4~5명의 어린아이가 우는 듯한 소리가 들려왔다.

日慘 香庭風悲 寶刹松柏 帶哀哀之色 人靈含悄悄之聲
일 참 향 정 풍 비 보 찰 송 백 대 애 애 지 색 인 령 함 췌 췌 지 성

태양은 그 빛을 잃어버리고 법당 뜰에 바람 소리 슬피 우니 도량(道場)의 소나무와 잣나무들도 슬픈 빛을 띠었고 인령(人靈)은 무서워서 벌벌 떠는 소리를 내었다.

翌日 奉遷神座於白鷄山龕 權施石戶封閉
익 일 봉 천 신 좌 어 백 계 산 감 권 시 석 호 봉 폐

다음 날 신좌(神座 시신)를 백계산 감실(龕室)에 옮기고 임시로 돌을 가져다가 그 입구를 봉폐(封閉)하였다.

文明大王 聞之震悼 恨不憖遺 乃使馹弔以書曰
문 명 대 왕 문 지 진 도 한 불 칙 유 내 사 사 조 이 서 왈

문명대왕(文明大王)이 대사의 열반 소식을 듣고 탄식하면서 미리 살피지 못한 것을 한탄하면서 다음과 같은 조문을 써서 보냈는데 그 글의 내용은 이러했다.

故玉龍禪和尙 片月遊空 孤雲出岫 乘桴西泛 掬瑤東歸 慈風吹
고 옥 룡 선 화 상 편 월 유 공 고 운 출 수 승 부 서 범 국 요 동 귀 자 풍 취

萬里之邊 禪月照九天之外者 唯實吾師矣
만 리 지 변 선 월 조 구 천 지 외 자 유 실 오 사 의

"열반하신 옥룡사 큰스님은 조각달이 허공에 떠다니는 것과 같으셨고 구름이 홀로 산마루에 나오는 것 같으셨다. 배를 타고 중국에 가서 보배를 옮겨쥐고 동국으로 돌아오니 자비스러운 바람은 만리(萬里) 변두리까지 불고 선정의 밝은 달은 구천 밖까지 비추었으니, 이와 같은 분은 오직 우리 통진대사뿐이다."라고 하였다.

故追諡洞眞大師 塔號寶雲 仍令國工 攻石封層塚
고 추 시 통 진 대 사 탑 호 보 운 잉 령 국 공 공 석 봉 층 총

추모하여 시호(諡號)를 통진대사라 하고 탑호(塔號)를 보운(寶雲)이라 하였으며 나라의 석공(石工)을 시켜 돌을 다듬어 (석관(石棺)을 만들어) 모시고 탑을 세우라고 하시었다.

越二年 門人等 開龕覩 形面如生
월 이 년 문 인 등 개 감 도 형 면 여 생

2년이 지나서 제자들이 감실을 열어보니 스님의 형체와 얼굴이 살아계실 때와 조금도 다름이 없었다.

乃號奉色身 竪塔于白鷄山東之雲巖崗 遵顧命也
내 호 봉 색 신 수 탑 우 백 계 산 동 지 운 암 강 준 고 명 야

이에 통곡하면서 그 색신(色身)을 봉안(奉安)하여 백계산 운암사(雲巖寺) 동쪽 언덕에 탑을 세웠는데 이는 임금의 명령에 따른 것이었다. 〈옥룡사 통진대사 비문에서 발췌〉

① 옥룡사 상원(上院)에서 열반하였다. ② "이날 아침 현무산(玄武山 406.5m) 능선 봉우리에서 4~5명의 어린아이가 우는 듯한 소리가 들려왔다."라고 하였다. ③ 선사의 시신을 "다음 날 백계산으로 옮겼으며 2년 후 ④ 백계산 동쪽 운암사(雲巖寺 추산리) 언덕에 탑을 세웠는데, 이는 왕의 명령에 따른 것이다."라는 기록은 곧 현무산에 옥룡사가 있었다는 또 다른 기록이며 증명이다.

특히 임금이 나라 최고의 (왕실) 석공(石工)을 보내 유골을 안치할 석관과 탑을 다듬어서 모셨다는 기록은 모든 것이 사실 그대로임을 말하는 것이다. (왕의 장례에 준하는 예우였음)

통진대사 비문의 기록이 정말 중요한 것은, 현무산만이 아니고 핵심인 ① 현무산과 옥룡사 그리고 ② 백계산과 운암사가 동시에 나오고, ③ 각각의 것들이 어디에 있어야 하는지, 그 위치를 정확하게 알려주고 있고, 여기서는 생략되어 있지만 ④ "계곡에서 돌을 베고 누워 흐르는 시냇물은 양치질하기에 적합하였다."라는 기록은, 계곡에 사철 마르지 않고 흐르는 시냇물이 있고, 넓은 반석이 있는 중흥산성 중흥사가 현무산 옥룡사임을 알려주고 있기 때문이다.

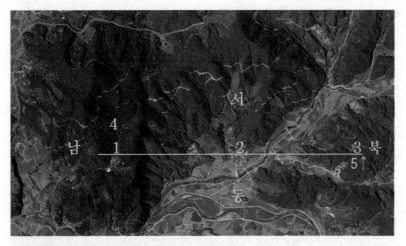

위성사진으로 확인하는 현무산 옥룡사와 백계산 운암사다.

　1, 운평리 현무산 옥룡사

　2, 현무의 머리(현 추동마을)

　3, 백계산 운암사

　4, 현무산 옥룡사 상원

　5 ↑ 통진대사와 도선국사 탑비가 있는 곳

　　사진에서 보듯이 현무산 옥룡사 3층 석탑을 기준으로 운암사와 도선국사 탑비가 있는 능선이 남북 일직선에 있다. 3번이 백계산 운암사이고, 도선국사와 통진대사의 탑과 비는 정확히 운암사 동쪽 산등성이 너머 5번

↑끝에 있다.

4번은 통진대사가 열반한 상원(上院)이 있었던 곳이며, 3번 아래 골짜기에 근년에 운암사라며 조성한 사찰은 본래 탑을 관리하던 절이 있었던 곳, 경비소가 있었던 자리 부근이다.

다음 날 시신을 백계산으로 옮겼다는 기록은 운평리 현무산 옥룡사에서 추산리 백계산 운암사로 운구했다는 것이며, 수탑우백계산동지운암강(竪塔于白鷄山東之雲巖崗)은 백계산 동쪽 운암사 즉, 운암사 동쪽 언덕바지에 (숲에) 탑과 비를 세웠다는 기록이다.

여기서 운암강(雲巖崗)의 해석을 두고, 사학자들의 주장대로 언덕 강(崗)을 산등성이로 해석해도 무방하지만, 잇달아 뻗어 내린 능선을 분명하게 표기하는 재령(嶺)이 있고, 산등성이를 뜻하는 강(岡)이 있음에도 굳이 언덕을 뜻하는 강(崗)을 쓴 것은 현무산 옥룡사에서 현장인 운암사를 바라본 시각이다.

그래서 나는 "언덕"으로 해석하였다. 현무산 옥룡사에서 늘 바라보는 산 아래 맞은편 나지막한 산기슭에 자리한 운암사를 일상적으로 표현한

20년 전 현무산 옥룡사에서 백계산 운암사로 넘어가는 고개에서 촬영한 자료사진이다. 산 아래 백계산과 운암사지가 있다(사진 중앙 공터). 방위는 정북이다. 백계산 가운데 백계혈 또는 백운산 가운데 백계산이 있는 것으로 이해하면 된다. (풍수 풀이로 다라봉이 백운산의 머리, 정상이다.)

것으로 보면 된다.

설명하면, 백계산 옥룡사와 운암사에 관한 최초이며 가장 확실하고 유일한 기록이라고 할 수 있는 958년에 세운 통진대사의 비문에서, 수탑우백계산동지운암강(堅塔于白鷄山東之雲巖崗)을 현장을 발굴한 사학자들은 "백계산 동쪽 구름 덮인 바위 위에 탑을 세웠다."라고 해석하였는데, 사진에서 보듯 어떻게 이런 해석이 가능한지 이해가 되지 않는다.

백계산동지운암강(白鷄山東之雲巖崗)을 백계산 동쪽 운암사 산등성이, 또는 백계산 운암사 동쪽 언덕, 어느 것으로 해석하든 크게 달라질 건 없다.

그러나 "백계산 동쪽 구름 덮인 바위"로 해석하는 건 오류와 무지를 벗어난 것으로 특정한 목적에 짜맞춘 범죄의 행위다.

만일 타인의 해석을 그대로 옮긴 것이라고 하여도, 발굴하고 연구하는 학자들이 그것이 제대로 된 해석인지, 검증하지 않았다는 것은 말이 되지 않는다.

특히 당시 필자가 언론을 통해서 조작된 것임을 제기하였음에도, 20년 동안 같은 주장을 반복하고 있는 것은 이해할 수 없는 일이다.

현무산 옥룡사의 위치를 명확하게 밝혀주는 부분을 의도적으로 삭제한

통진대사 승탑과 비석은 운암사 동쪽에 있다. 직선거리 불과 100m 거리다.

보고서를 보면, 처음부터 통진대사의 유골임을 알고 있었으면서도 목적을 위해서 숨긴 것으로 판단된다.

기본적으로 백계산동지운암강(白鷄山東之雲巖崗)에서 운암(雲巖)을 자연현상으로 해석하는 것은 해석이 옳으냐 그르냐를 떠나서, 불교의 기록문화를 이해하지 못한 것으로 잘못된 것이다.

문제는 이 말도 안 되는 해석을 수년에 걸쳐 발굴 연구했다는 사학자들은 물론이거니와, 이들이 특정한 목적을 위해 왜곡하고 날조한 보고서에 사인을 해주며 동조한, 명색이 유명 사학자들이다.

차제에 당시 (1995년 정밀지표조사 이후 대략 10여 년 동안) 수십억 원을 (34억원, 당시는 물론 현재의 화폐가치로 따져도 엄청난 금액임) 들여서 사지를 발굴한 문화재 관련 당국과 사학자들은 물론, 발굴 조사 보고서에 사인한 유명 사학자들에게 공개 제안을 한다.

백계산동지운암강(白鷄山東之雲巖崗)의 해석을······

1. 백계산 동쪽 운암사 산등성이······
2. 백계산 운암사 동쪽 산등성이······
3. 백계산 동쪽 구름 덮인 바위······
4. 백계산 동쪽 구름 덮인 바위라고 해석할 수 있는 것인지······

넷 가운데 어느 것이 정답인지, 그리고 4번의 질문, 구름 덮인 바위라고 해석할 수가 있기나 하는지를. 전국의 한문학자들과 한문을 배우는 학생들을 통해 검증하여, 옳고 그름을 가려보기를 제안한다.

가장 확실한 것은 이들 모두에게 비문을 주고, 현장을 답사한 후 해석하게 하는 것이지만, 정확한 위치와 주변 산세를 알 수 있는 자료와 비문을 주고 해석하여 보라고 하면, 답은 쉽게 나올 것이다.

내가 처음 원효대사와 혜철국사 그리고 도선국사와 무학대사로 이어지는 도참과 풍수를 연구하는 과정에서 형언할 수 없는 뼈아픈 오류와 대가를 치르며 깨달은 것은 그것이 실제로 있었던 역사의 기록이든, 승려들의 비문(碑文)이든, 옛 기록의 해석은 반드시 현장을 확인해야 한다는 사실이다.

그것도 산의 모양과 물길의 흐름과 바위 하나에 이르기까지 알아야 할 것들은 반드시 알아야 한다는 사실이다.

그래서 내가 선택한 방법은 현장에 가서 당시의 상황에서, 당사자로 살아보는 것이다. 옳고 그름을 떠나서, 맞다 틀리다 둘 가운데 무엇이 되든, 나 스스로 확신을 가질 때까지 몇 번이고 당사자로 살아보는 것이 최선이다.

그래서 통진대사의 경우 내가 대사가 되어 현무산 옥룡사와 상원의 숲길을 거닐어 보고, 제자가 되어 스승의 시신을 메고 백계산으로 가 보았다.

도선국사의 경우는 내가 도선국사가 되어 옥룡사를 중건해 보고, 최유청이 되어 비문을 써보기도 하고, 옥룡사 주지 지문 스님이 되어, 직접 현장에서 일을 총괄하며 감독하기도 했었다.

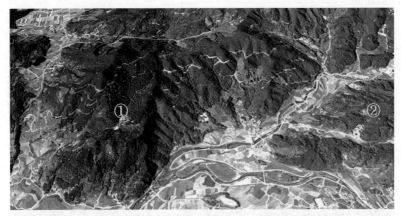

좌측 능선 가운데 보이는 ①번이 현무산 옥룡사(현 중흥사)다. 우측 ②번이 광양시가 주장하고 문화재 관련 당국이 인정하는 옥룡사지가 운암사지다. 풍수 문화를 조금만 알아도 좌측 독립된 거북이를 닮은 산이 현무산이고, 우측 흘러내린 나지막한 야산이 닭을 상징하는 백계산(白鷄山 505m) 백계(白鷄)임을 쉽게 알 수가 있다. 방위는 정남 → 정북이다.

결론은 역사의 기록을 해석하는 것은 특히 승려들의 비문을 해석하는 것은 가능한 한 현장을 바탕으로 해야 한다는 사실이다. 특히 문제가 석관의 유골 주인을 가리는 중요한 기록인 통진대사 비문 해석의 경우 반드시 현장 답사가 필수다.

그가 누구든 직접 현장을 확인하지 않으면, 잘못 읽고 잘못된 해석으로 빼도 박도 못할 실수를 하는 것이 비문의 해석이다. 뼈아픈 망신과 대가를 치르고 깨달은 내 경험이다.

거듭 지난 20년 동안 수없이 던졌던 물음을 다시 또 강조하여 묻는다. 관련 당국과 사학자들의 주장대로 백계산 동쪽 구름 덮인 바위 위에 탑을 세웠다고 한다면, 정확히 사망 당시 세운 비문의 기록 그대로, "봉천신좌어백계산(奉遷神座於白鷄山)" 현무산 옥룡사 상원에서 사망한 시신을 백계산으로 옮겼다고 하였는데, 다음 날 시신을 옮겨간 백계산은 어디에 있는 산인가?

그리고 지금 저 자리를(운암사지) 옥룡사라고 한다면 "백계산동지운암강(白鷄山東之雲巖崗)" 어명을 받들어 운암 동쪽에 세웠다는 탑과 비는 어디에 있어야 하는가?

발굴한 보고서에서 말하는 그대로 그곳이 백계산 옥룡사이고 현무산을

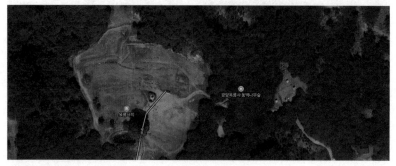

광양시와 사학자들이 주장하는 백계산 옥룡사지와 탑과 비가 있는 위치다. 옥룡사지 중심에서 직선거리 불과 100m 거리다.

백계산 북쪽 산등성이라고 하여도 마찬가지다.

다음 날 시신을 옮겨간 백계산이 어디냐는 것이다.

백계산에서 죽은 시신을 백계산으로 옮겨 백계산 동쪽 운암에 묻었다는 것이 문화재 관련 당국과 사학자들의 주장인데, 자신들의 주장을 사실이라고 하려면 시신을 옮겨간 백계산을 반드시 찾아 증명해야 한다.

정말 어처구니가 없는 것은 이들의 주장을 100% 인정하고 (직접 현장을 볼 필요도 없지만) 현장을 보면, 절과 비석의 직선거리가 불과 100m 남짓으로 사실상 같은 장소인데, 이처럼 짧은 공간에서 이런 문장을 쓸 수가 있는 것인지 이해가 되지를 않는다.

더욱 심각한 것은 문화재 관련 당국과 사학자들이 인정하고 있는 현장 즉 탑과 비가 있는 자리는 구름 덮인 바위라고 표현할 만한 바위도 없을 뿐더러, 탑과 비석을 조성할 만큼의 넓은 반석도 없다.

산 자체가 흔히 말하는 바위나 반석이 널브러진 돌산이 아니다. 그냥 어디서나 보는 비탈진 언덕에 형성된 일반적인 묘를 쓸 만한 정도의 작은 터다. 이것조차도 본래부터 생긴 자연적인 터가 아니고, 탑과 비를 세우면서 다듬은 터로 보면 정확하다.

통진대사의 유골을, 세상을 놀라게 하는 뉴스가 되는 도선국사 유골로 만들어 발표하기에 급급한 나머지, 이런 중대한 문제를 놓쳤다는 것이 본분에 충실한 전문 학자들의 결론이다.

2006년 봄날 언론을 통해서 논박할 당시 (신분을 밝힐 수는 없지만) 서울에 있는 유명 사학자 몇 분이 지켜보고 있었고, 직간접으로 격려를 받기도 했었다.

심지어 당시 어떤 대학 교수는 박사 논문을 준비하는 학생들에게 논박의 내용을 과제로 내기도 했었고, 내가 옳다는 것으로 결론이 났다는 이야기를 들었다.

그뿐만이 아니다. 그때 언론을 통한 논박을 통해서, 도선국사 유골은 조작된 가짜임을 세상이 알았고, 그런 연유로 국가유산청(문화재청)에서 옥룡사지에 관한 자금을 중단했다고, 나를 도와 취재했던 기자로부터 전해 들었다.

2006년 5월 10일 자 "광양시 옥룡사 의혹, 검찰 특수부 수사 착수"라는 제목의 기사 가운데 "정확한 사실 확인조차도 하지 않는 상태에서 총 120억 원의 예산이 투입되는 옥룡사지 문화재 발굴 조사 문제점에 대해 집중 보도 했다."라는 당시 기자가 취재 보도한 내용을 보면, 최소한 90억 원이 중단되었음을 알 수가 있다. 지금도 사학계가 놀랄 엄청난 정부 지원 사업이고 사건임을 알 수가 있다.

정리하면, 사학자들과 문화재 당국이 내놓은 통진대사 비문의 해석을 보면, "봉천신좌어백계산(奉遷神座於白鷄山)"(현무산 옥룡사 상원에서) 사망한 시신을 다음 날 백계산으로 옮겼고, 이어 "백계산동지운암강(白鷄山東之雲巖崗)을 백계산 동쪽 구름 덮인 바위 위에 탑을 세웠다."라고 하였다.

이 해석이 100% 맞는다고 하면, (통진대사 당시 백계산 정상을 기준으로 정확히 구분하면 백계산 남서쪽임) 지금 사학자들과 문화재 당국이 옥룡사라고 주장하는 추산리 백계산이 아닌, 또 다른 제3의 백계산이 있어야 하고, 통진대사의 탑과 비는 옥룡면 백계산이 아닌 다압면 즉, 백운산 동쪽 섬진강 강변 산기슭 어딘지 알 수 없는 그곳에 있어야 한다.

그러나 발굴한 사학자들은 현무산을 백계산 북쪽에 있는 산이라 하고, 선사의 탑과 비가 있는 현재의 백운산 남쪽에 있는 추산리 백계산을 백계산이라 하면서, 그곳에 있는 절을 "옥룡사"라고 하였다.

그들의 주장대로 지금 운암사지 능선 넘어 동쪽에, 근년에 대규모로 조성하고 이름을 운암사라고 지은 사찰을 도선국사가 지은 "운암사"라고 한다면, 비문에 옥룡사 상원에서 죽은 시신을 백계산으로 옮기고, "백계산 동쪽 구름 덮인 바위 위에 탑을 세웠다."라고 한다면, 이는 옥룡사는 말할 것도 없거니와, 백계산과 선사의 비(碑) 둘 가운데 하나는 가짜가 돼버린다.

정말 우스운 것은 현재 운암사라는 사찰 자체가 운암사가 아니라는 확실한 자기 증명이 되어버렸다는 것이다.

더욱 기가 막히는 것은 통진대사는 물론 도선국사의 비석을 세운 시대, 즉 고려시대에는 지금 사람들이 알고 있는 백운산 전체를 백계산이라고 하였다는 사실이다.

참고로 고려시대 관료였던 백분화(白賁華 1180~1224년)의 시에, "아침에 백계산 아래 길로 나와서 저녁에 찬수역(鑽燧驛: 백계산 북쪽 구례읍 원방리 잔수진(섬진강) 나루) 동쪽 마을에 들었다."라는 시가 있다.

통진대사 비문의 백계산은 백운산 전체를 말하는 것이고, 그렇게 해석해야 하므로, 발굴을 의뢰한 광양시와 사학자들이 주장하는 현무산과 백계산의 해석은 근본에서부터 잘못된 것이다.

그러나 선사의 탑과 비는 백운산 동쪽이 아닌 정 남쪽 운암사와 나란히 작은 산등성이를 사이에 두고, 동(東)과 서(西)로 백여 걸음 떨어진 거리에 있으니, "수탑우백계산동지운암강(竪塔于白鷄山東之雲巖崗)"은 "백계산 동쪽 운암(雲巖) 강(崗 언덕 강)에 세웠다." 즉 백계산 운암사 동쪽 언덕에 세웠다는 뜻이며, 그렇게 해석하는 것이 옳다. 현장을 보면 100% 확실하다. 완벽하게 맞다.

문화재 관련 당국이 거듭 다시 확인해야 할 것은 통진대사 비문에 현무산 옥룡사 상원에서 죽은 시신을 다음 날 백계산으로 옮겼고, 2년 후 임금이 보낸 석공이 돌을 다듬어 육탈시킨 유골을 백계산 운암 동쪽에 탑을 세웠다고 분명하게 밝히고 있다는 사실이다.

현무산 옥룡사 상원 즉 중흥산성 북문 고개를 넘어 정북(正北) 일직선상에 백계산과 운암사가 있고, 탑과 비는 운암사 동쪽에 있다.

여기서 문제는 문화재 관련 당국과 사학자들의 주장대로 지금의 폐사지 즉 운암사 자리를 백계산 옥룡사라고 한다면, 현무산과 옥룡사 상원은 어디에 있고, 시신을 옮겨간 백계산은 어디에 있어야 하냐는 것이다.

무엇보다도 도선국사의 유골이라고 주장하는 석관에 봉안한 유골이 발굴된 현장은 옥룡사 동쪽 능선 넘어 산기슭인데, 도선국사 비문에 기록된 탑과 비를 세운 자리 옥룡사 북쪽은 어디여야 하는가?

옥룡사 북쪽에 있어야 할 탑과 비가 동쪽에 있고, 옥룡사 상원에서 죽은 시신을 옥룡사로 옮기고, 몇 발짝 되지도 않은 거리를 두고 백계산에서 백계산으로 옮겼다고 하는 이런 상식 밖의 기록이 세상 어디에 있는가?

당시 (대략 30년 전) 34억 원을 들여서 발굴한 사학자들의 주장대로 운암사지를 옥룡사라고 하면, 도선국사와 통진대사의 탑과 비가 가짜가 돼버리는데 이걸 어떻게 설명할 것인가?

특히 발굴 사업 최대 성과로 도선국사 유골이라며 자랑스럽게 발표한 석관과 유골 자체가 온 나라 국민을 속인 증거가 돼버렸다는 사실이다.

왕의 허락을 받아 쓰는 기록, 그것도 파견된 관리가 직접 관장 감독하는 비문을 쓰면서, 옥룡사 동쪽에 묻은 시신을 북쪽이라고 쓰고, 백계산에서 죽은 시신을 현무산에서 백계산으로 옮겼다고 쓸 수가 있는 것인지, 세상의 학자들에게 묻지 않을 수가 없다.

어느 누가 이걸 믿겠는가? 기초적인 자료이고, 발굴 조사의 바탕인 비문을 읽지도 않았다는 게 말이 되는 일인가?

기가 막히는 일이다. 작정하고 악의적으로 속인 것이 아니라면, 어떠한 말로도 설명되지 않는다.

나름 한다고 하는 이 땅의 풍수가들을 모두 불러서, 어디가 백계이고 현무인지를 물어보면 금방 아는 일을, 여전히 억지를 부리며 고집하고 있는 사학계와 이런 얼토당토않은 일에 침묵하고 있는 관련 당국과 광양시의 태도를 보면, 무엇이 두려워서 무엇을 감추려고 저러는지 안타깝기만 하다.

비를 세울 당시 백계산(백운산)과 그 혈처이며 오늘날의 명칭인 추산리 백계산을 기준으로 해도, "백계산 남쪽"에 있는 비를 향하여, "백계산의 동쪽"이라고 하는 것은 통진대사가 머물렀고, 비문을 작성한 남쪽의 현무산 옥룡사에서 운암사와 백계산을 일직선상으로 바라보는 시각에서 표출된 자연스러운 구분으로, 백계산 정맥이라 할 수 있는 운암사와 탑의 중간에 있는 능선을 중심으로 우측 동쪽을 말하는 것이다.

누가 어떻게 해석하든 "운암강(雲巖崗)"은 운암사 언덕 또는 운암사 산등성이라는 뜻이다. 분명한 사실은 백계산 운암사 동쪽 언덕에 탑을 세웠다는 뜻이며, 동시에 이 기록은 옥룡사는 백계산과 운암사의 남쪽 현무산에 (중흥산성) 있었음을 확인하여 주는 증거다. 100% 확실한 증거다. 통진대사의 비문은 현무산 옥룡사의 관점에서 쓴 것이다. (도선국사는 제외)

명심해야 할 것은 예로부터 사찰의 기록문화에서, 예를 들어 옥룡사를 굳이 옥룡사(玉龍寺)라 하지 않고, 옥룡(玉龍)이라고 한다는 사실이다.

따라서 운암강(雲巖崗)을 "구름 덮인 바위 위 또는 구름 덮인 바위 언덕"이라고 한다면, 이는 사찰의 기록문화를 이해하지 못한 무지에서 비롯된 잘못된 해석이며, 도선국사와 통진대사의 탑과 비가 가짜라는 결론이 돼버린다.

주변을 살펴보면, 탑과 비를 세울 바위는커녕 몇 사람은 고사하고 사람이 편하게 앉아 잠시 쉴 만한 그럴싸한 반석이 한 개도 없다.

오늘날 현대 첨단과학의 산물인 위성사진으로 확인하듯, 분명한 사실은 도선국사 비문에도 "절 북쪽 언덕에 탑을 세웠으니, 대사의 유언을 따른 것이었다."라고 한 이 기록은 현무산 (중흥사) 옥룡사를 기준으로 하면 정확하지만, 추산리 백계산에 있는 운암사 폐사지를 옥룡사라고 한다면,

曦陽縣白雞山　有古寺　曰玉龍　師遊歷至
有終焉之志　宴坐忘言　三十五年[40]　羊[41]肉
匜　奉杖屨　爲弟子者　常數百人　根機差殊

도선국사 비문이다. 희양현(曦陽縣) 백계산(白鷄山) 유고사(有古寺) 왈옥룡(曰玉龍)
해석하면, 희양현 백계산에 오래된 절이 있었으니, 옥룡사다. 도선국사께서……
비문에서 보듯 옥룡사라고 하지 않고 옥룡이라 하였고, 사람들은 옥룡사로 해석하였다.
이렇게 쓰고 해석하는 것이 전통적인 관례다. 그러므로 백계산동지운암강(白鷄山東之雲
巖崗)은 백계산 운암사 동쪽 언덕 또는 운암사 산등성이를 말하는 것이다.

도선국사의 비는 지금의 옥룡사 북쪽에 있어야 한다.

예나 지금이나 현장은 나지막한 산등성을 사이에 두고, 옥룡사는 서쪽에 있고 탑은 동쪽에 있으니, 이 역시 지금의 옥룡사가 가짜이던가, 아니면 도선국사 탑과 비가 가짜여야 한다.

그러나 옥룡사에서 운암사 즉 현무산에서 백계산으로 갔다는 통진대사 비문의 기록을 따라가 보면, 백계산은 현무산 중흥산성 내에 있는 현 중흥사 법당 뒤로 이어진 길을 따라 북쪽 산 아래 지척에 있고, 이 길을 따라서 통진대사가 거닐었고, 노승의 부름에 동자승들이 달려갔을 것이니, 기록은 의심할 여지가 없는 분명한 사실이다.

옥룡사에서 백계산 운암사로 가는 길은 예나 지금이나 법당 우측(현 중흥사 법당 뒤)으로 이어진 길이 있고, 옥룡사에서 상원(上院) 앞을 지나 중흥산성 북문(北門)을 넘어가는 길이 있다.

현무산 옥룡사 상원에서 사망(열반)한 다음 날 백계산으로 운구(運柩)했다는 통진대사의 시신은 그가 누구든 죽은 시신은 (본절) 본사(本寺)에 들어올 수 없는 관례에 따라 곧바로 북문을 열고 백계산으로 간 것이다.

88서울올림픽이 치러진 후 1990년대까지도, 전라도 산골 마을에서는

(교통사고 등등) 마을 밖에서 죽은 시신은 마을 안으로 들어올 수 없는 풍습이 있었음을 안다면, 옥룡사 상원에서 죽은 시신을 다음 날 곧바로 백계산으로 옮긴 이유를 이해할 것이다.

지금도 현무산 상원에서 백계산 운암사로 가는 길이 남아 있고, 오래전 내가 직접 걸어서 답사 확인하였다.

현무산 옥룡사에서 백계산 운암사까지 거리는 고르지 못한 구불구불한 산길을 고려하면, 대략 3km 시간은 보통 성인 걸음으로 30분 남짓 거리다.

현장의 자연조건으로 설명하면, 현무산 옥룡사에서 북쪽의 백계산을 보면, 고개를 조금 숙이고 보아야 하는 맞은편 산 아래 나지막한 언덕이다.

반대로 백계산에서 남쪽의 현무산 옥룡사를 보면, 고개를 살짝 들고 보아야 하는 앞산 능선이다. 현무산에서는 백계산 운암사 도량이 보이지만, 백계산 운암사에서는 옥룡사는 보이지 않고, 가파른 현무산 산등성이만 보인다.

그러므로 현무산 옥룡사 상원에서 죽은 통진대사의 시신을 백계산 운암사로 옮겼다는 기록을 바탕으로 운구에 필요한 시간을 추측하여 보면,

현 중흥산성 중흥사의 모습이다. 여기가 현무산이고, 옥룡사다. 통진대사가 열반한 옥룡사 상원은 사진 중앙 계곡 숲에 있었다.

운구의 방식이 어떤 것이었는지 알 수는 없지만, 어떤 방식이든 대략 2시간 정도면 쉬엄쉬엄 어렵지 않게 갔을 것이다.

시신을 상여가 아닌 작은 가마에 모시고, 앞뒤 네 명 또는 여덟 명이 멨을 것이고, 실제 필요한 시간은 1시간 남짓 정도면 충분했을 것이다. 상여로 운구했다고 하여도 2시간 남짓이면 충분한 거리다.

도선국사가 처음 이곳에 왔을 때, 커다란 연못에 백룡(白龍)이 살고 있었는데, 그 연못을 숯으로 메우고 법당을 지었다는 전설과, 지금 중흥산성의 자연조건을 보면 그 연못을 메우고 법당을 세웠다는 전설은 분지에 형성된 습지를 메우고 절을 확장했다는 역사의 사실이 전설이 되고 신화가 된 것이다.

이것을 도참과 풍수로 해석하면, 도선국사가 백룡이 살고 있다는 커다란 연못을 숯으로 메웠다는 전설의 기록은 백계혈인 동백나무 숲 추산리 운암사지는 옥룡사가 아니라는 또 다른 증명이다.

전래하는 풍수설에서 뱀과 닭, 그리고 물과 닭은 상극이다. 그것도 닭이 일방적으로 죽는 일이기에 닭의 혈에 (모든 조류 포함) 뱀이 똬리를 틀고 있고, 물 즉 샘이 솟는다는 것은 있을 수가 없다.

닭과 알은 뱀이 좋아하는 먹이고, 닭은 습기에 약하고 닭의 알은 물속에서 부화하지 못하고 바로 썩는다는 사실을 안다면, 닭의 혈이라고 하면서 옥룡사를 지은 것은 풍수의 기본도 모르는 황당한 주장이다.

다음은 도선국사의 탑을 세우는 내력을 기록한 비음기에 "도선국사의 법손으로 (법을 이은 제자) 운암사 주지이며, 나라의 스승인 지문 스님이 그 일을 태사국에 고하여 태사국에서 임금의 교지를 받들어, 광양에서 공물을 싣고 온 배를 불러 그 돌을 실어 옥룡사로 보냈다." 하였고, 비음기 끝에 "문인 옥룡사 주지 중대사 신 지문이 왕명을 받들어 비를 세웠다."라는 사실이다.

운암사는 옥룡사 주지가 그 직무를 겸직하면서 관장한 것으로, 이는 옥룡사 주지가 머무르는 방장실을 겸한 암자가 운암사라는 것을 알 수가 있다.

혹 옥룡사와 별개로 지문 스님이 운암사 주지를 맡고 있었다고 하여도, 옥룡사 상원에서 열반한 통진대사처럼 옥룡사에 속한 암자일 뿐이다. 큰 절을 상좌(제자)에게 물려주고, 스승은 (노승) 산내 암자로 나가 앉은 것은 전통적인 관례이며 지금도 흔한 일이다.

그러므로 임금의 명령으로 쓰는 비문에, 당시 옥룡사와 운암사 주지를 겸직하고 있던 지문 스님에게 나라의 스승이라는 최상의 존칭을 하고, 지문 스님은 본사였던 옥룡사보다 자신이 주석하는 운암사를 공식 이름으로 상소를 올리고, 그러한 사실을 비문에 기록한 것은 백계산 운암사는 이른바 큰스님들이 본사인 현무산 옥룡사의 번거로움을 피하여, 인근의 (별원) 암자로 나가 유연자적하면서 조용히 지내는 사찰의 전통적인 관례이며, 나라의 스승인 지문 스님이 주석하는 운암사를 중심으로 보는 관례에서 비롯된 기록이다.

흔히 옛 기록에 상방화상(上方和尙)이라는 문자가 많이 나오는데, 이것은 선종(禪宗)에서 주지를 일컬은 말이다. 본래는 본사 위의 별도 공간의 건물 즉 암자를 부르던 것으로, 주지가 거처하는 곳이 그 절에서 가장 높은 곳에 있으므로 이렇게 불렀다.

옛날이나 지금이나 그 절에서 제일 높은 지역에 주지가 거처하는 건물이 있으며, 그 주지의 스승 격인 조사들은 그보다 위쪽 또는 능선이나 숲으로 가려진 별원에서 거처하는 것이 관례이며, 지금도 지켜지고 있는 사찰 고유한 관행이다.

통진대사가 열반한 옥룡사 상원 역시 최고의 존엄과 존칭이 포함된 상방(上方)과 같은 맥락이다.

저 유명한 가야산 성철스님이 해인사 방장(方丈)은 물론이거니와 종정(宗正)이라는, 국가 최고의 승직에 있으면서도 백련암에 머물렀고, 그곳에 살면서 해인사 명칭을 사용하지 않고, 백련암의 이름을 사용했으며, 세상은 백련암의 기침 소리를 곧 해인사와 가야산의 소리로 인식한 것처럼, 지문 스님도 같은 경우이니, 옥룡사와 운암사는 별개의 독립된 사찰이 아닌 해인사와 백련암처럼, 산내에 있는 본사와 별원 즉, 본사에 딸린 부속 암자의 관계로 하나다.

따라서 옥룡사 부속 건물인 운암사에 세운 도선국사 비문에, 백계산 옥룡사(白鷄山 玉龍寺)라고 하고, 통진대사 비문에 희양현(晞陽縣) 고 백계산 옥룡사(故 白鷄山 玉龍寺)라 한 것 역시, 본사(本寺)인 옥룡사의 이름을 쓰는 것이 당연하고 옳은 것이다.

간단히 말해서, 만약 해인사 백련암에다 성철스님의 탑과 비를 세운다면, 비문에 "가야산 백련암(伽倻山 白蓮庵)"이라 하지 않고 "가야산 해인사(伽倻山 海印寺)"로 쓰는 것과 같은 이치다.

위에 설명한 운암사의 역할은 전통 사찰의 일반적인 관례가 그렇다는 것이지, 운암사의 본질을 논한 것이 아니다.

전통 사찰에서 본사에 딸린 산내 암자는 그 상징적인 지위가 처음부터 형성되어 있어 그것을 존중하고 따르지만, 이른바 큰스님들 즉, 그때마다 그곳을 관장하는 승려들의 종교적 신념과 선호도에 따라, 역할과 기록이 달라지기도 한다.

"운암사가 옥룡사 주지가 머무르는 별원(別院: 암자)이었다."라고 하는 것은 비문에 기록된 지문 스님 당시를 기준으로 할 뿐, 그것이 전통이었다고 할 수는 없다. 기록에 의하면 도선국사와 통진대사는 운암사에 머물러 살지 않았다.

백계산 운암사를 창건한 도선국사는 물론, 921년(고려 태조 4) 당에서 귀국한 통진대사가 이른바 천하제일의 명당 가운데 하나라는 백계산 운암사에서 살지 않았다는 것은 운암사를 창건한 목적이 사람의 거주가 아닌, 국가와 국민을 위한 특별한 비보의 목적이었기 때문이다.

도참과 풍수로 해석하면, 도선국사가 사람이 살 수 없는 신령한 신들의 영토, 사람이 살아서는 안 되는 백계산 백계혈에 운암사를 지은 것은 국리민복을 위한 비보의 목적으로, 백계산 산신(山神)을 위한 신당(神堂)이었다.

훗날 옥룡사를 대변하는 승려들이 머무르며 호의호식하는 장소로 사용한 것은 부질없는 중생들의 탐욕이었고, 이후 자기의 집에서 쫓겨난 백계산 산신의 진노로 운암사가 천 년 동안 삼재(三災)의 수난을 당하며 사라진 이유다.

흔히 사람들이 말하는 풍수 즉, 세상을 구하고 법을 전하는 도참과 풍수가 아닌, 일반적인 풍수로 해석하면 그렇다는 것이다.

오늘날 광양에 전해오는 백운산 약수제(藥水祭)의 전통이 여기서 비롯된 것이다. 백운산 산신을 받들어 모시고, 그 수고하심을 위로함은 곧 전쟁과 굶주림에 허덕이는 삼한의 민생들을 구하기 위한 간절한 마음의 운예지망(雲霓之望)으로, 국태민안(國泰民安)을 위한 비보였다. (정확히는 백운산 남북에서 벌이고 있는 천하를 개혁하는 일들을 숨기는 목적이다.)

운암사를 그 주인인 백계산 산신에게 돌려준다면 신의 은혜로움이 어디 광양뿐이겠는가? 천 년 전 그랬던 것처럼 불행한 우리 시대의 갈등과 분단을 해소하는 봄볕이 되고 봄바람이 되고 새로운 새벽 새로운 세상을 알리는 전령사가 될 것이다.

추산리 옥룡사지에 대한 3차 발굴 조사 결과 "옥룡사(玉龍寺) 성화 11년(成化十一年 1475년) 등의 명문이 새겨진 기와를 비롯해 분청사기, 순백자, 벼루 편, 상평통보 등 다량의 유물과 조선시대 부속 건물지와 건물 기단 등이 발굴됐었다."라고 하면서 옥룡사임을 주장하고 있는데, 생각해 볼 가치도 없는 주장이다.

1475년 당시는 현무산에 옥룡사가 있고, 성화 11년의 명문은 관례에 따라 운암사의 본사이며, 불사(佛事)를 주관하는 옥룡사의 이름을 쓴 것으로, 지금도 흔하게 볼 수 있는 일들이다. 지문 스님이 옥룡사와 운암사의 주지직을 겸직하고 있었음을 상기하기를 바란다.

끝으로 지난 2024년 11월 광양시에서 의뢰한 "중흥산성 3층 석탑 주변 시굴 조사" 도중 통일신라 와편(瓦片)들이 나왔다고 한다.

분명한 사실은 그들이 시굴 조사의 결과를 무엇이라고 하던, 통진대사의 비문을 벗어나지 못한다는 사실이다. 통진대사의 비문 기록과 왜 다른지를 설명하지 못한다면 아무런 의미가 없다.

현무산 옥룡사의 실체 규명을 떠나, 문화재 관련 당국에서 진실로 중흥산성 3층 석탑과 쌍사자석등의 주인을 찾으려고 한다면, 시굴 조사를 하기 전에 무조건 가장 먼저 해야 했을 일은 통진대사 비문의 사실 여부를 규명하는 작업이 먼저였다는 것을 거듭 강조한다.

관련 사학자들은 물론, 앞으로 중흥산성 또는 옥룡사를 규명하려는 신진 학자들은 본문 서두에서 언급한 통진대사 비문의 기록을 완벽하게 규명하지 못한다면, 또는 지금껏 관련 사학자들과 문화재 당국이 그래왔듯이 작심하고 날조하거나 (의도적으로) 하지 않는다면, 어떠한 결론도 가짜가 돼버린다는 사실을 뼈에 새겨야 할 것이다.

다른 무엇으로는 얼마든지 여러 주장을 할 수 있어도, 통진대사 비문은 분명하고 확실한 언어로 현무산 옥룡사와 백계산 운암사의 위치를 밝혀 주고 있기 때문이다.

무엇보다도 치명적인 것은 관련된 사학자들이 주장하는 바 그대로 추산리 동백숲이 옥룡사라면, 그 옥룡사 산등성이 너머 동쪽에 있는 도선국사와 통진대사의 탑과 비는 가짜가 돼버리고, 사학자들과 문화재 관련 당국은 가짜를 진짜라며 국민을 속이고 있는 꼴이 돼버린다는 사실이다.

진실로 문화재 관련 당국이 소중한 국보이며 역사인 3층 석탑과 쌍사자석등의 주인을 찾고 역사를 규명하려고 한다면, 다음 네 가지를 확실하게 밝히고 가야 한다.

1. 발굴된 유골이 아무런 기록이 없는 도선국사의 것이라면, 임금이 보낸 석공이 만든 석관에 안장했다는 기록이 분명한 통진대사의 석관과 유골을 반드시 찾아야 한다.

명심해야 할 것은, "국공(國工) 공석봉층총(攻石封層塚)"이걸 누가 어떻게 해석하든 그건 상관없으나, 멀리 천리 밖 개성 궁궐에 있는 임금이, 존경하는 스승의 장례를 돕기 위해서 국가 최고의 석공(石工)을 보낸 뜻이 고작 시신을 매장할 구덩이나 파라고 보내지는 않았다는 사실이다. 광양시는 더는 속이지도 말고 속지도 말라는 조언이다.

2. 옥룡사 북쪽에 세웠다는 도선국사의 탑과 비의 위치가 왜 비문과 다른 동쪽에 있는지를 명확하게 설명해야 한다.

혹 그 자리가 아니라고 하려면, "광양읍을 출발하여 북쪽 2리 이상 떨어진 옥룡사지를 조사했다. 고려 초기의 묘탑 하나가 남아 있다. 2~3년 전까지는 통진대사의 묘비도 있었으나 파괴되어 지금은 없다."라고 한 1931년 3월 19일 현장을 답사 실측한 일본인 학자 오가와 케이키치의 보고서가 허위임을 밝혀야 할 것이다.

3. 통진대사 비문에서 밝히고 있는 대사가 사망한 현무산과, 옥룡사 상원이 어디에 있는지를 밝혀야 한다.

4. 통진대사의 시신을 옮긴 백계산과 운암 동쪽이 어디인지를 분명하게 밝혀야 한다.

시굴 조사보다 급한 것은 시굴 조사에 앞서 반드시 해야 할 전제조건이 위 네 가지의 질문에 명쾌하게 답하는 것이다.

백번을 양보하여, 옥룡사를 부정하는 사람들과 문화재 당국의 주장이 다 맞는다고 인정하고, 옛 지도는 산의 모양 즉 이름을 특화해서 그리는데, 1499년 제작한 동여비고에서 적시한 산의 모습과 송천사의 위치, 1931년 오가와 게이키치의 실측 도면에서 밝히고 있는 송천사지, 그리고 현대 첨단과학으로 보는 위성사진에서 드러난 산의 모습과 학자들과 당국이 인정하는 송천사의 위치가 정확한 것인지를 묻는다.

한마디를 덧붙이면, 과거 누가 무슨 짓을 했든, 이미 모든 공소시효가 끝났고 관련 당사자들도 퇴직하고 없는데, 여전히 현무산 옥룡사를 부정하고 있는 사람들을 보면 이해가 안 된다.

이미 진실이 무엇인지를 알고 있으면서도 방관하고 있는 문화재 관련 당국이 더 큰 문제다.

주목할 것은 편집한 3장의 사진 자료에서 보듯이, 1499년 제작한 동여비고와 1931년 오가와 게이키치의 실측도면, 그리고 문화재청이 인정하고 있는 송천사지의 위치가 정확한 것이라고 한다면, 1499년 제작된 지도에서 거북이를 상징한 산, 그리고 현대 첨단과학의 산물인 위성으로 보는 산세가 거북이를 닮은 운평리 중흥산성이 있는 산이 현무산이고 산성 안 즉 내성에 있는 절이 옥룡사다.

3장의 자료사진이 공통으로 일치하는 송천사지의 위치는 변함이 없다. 그런데 1872년 제작된 지도에는 옥룡사와 운암사 그리고 송천사의 위치가 표기된 최초의 지도인 동여비고에 있던 운암사와 송천사가 사라지고, 그 자리를 옥룡사로 표기한 것은 조선 후기 즉 도선국사 비문을 간행한 1712년 이후 알 수 없는 이유로 현무산 옥룡사가 사라진 뒤, 사람들이 탑과 비가 있는 백계산 운암사를 옥룡사로 착각한 것이다.

옛 지도에서 산을 그리는 형식을 보면, 대체로 산세와 지명(地名)을 특화해서 그리는데, 다음 1499년 제작한 지도 동여비고와 1872년 지도를 보면 둘 다 현무 즉 거북이를 상징하고 있다.

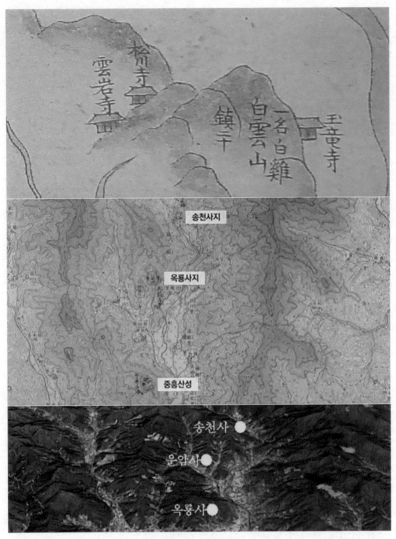

1499년 제작된 동여비고(상), 1931년 일본인 학자 오가와 게이키치 실측도면(중), 광양시가 인정하는 위성사진으로 확인하는 송천사의 위치다(하).

특히 1872년 제작한 지도에는 좀 더 세밀하게 현무와 백계가 즉 거북이와 닭을 한눈에 알 수 있도록 그려져 있고, 현무 즉 거북이를 상징한 산을 중흥산성으로 표기하였는데, 1499년 제작된 동여비고와 같은 것으로,

1499년 제작한 동여비고(상). 1872년 제작한 광양현 지도(하)

누가 보아도 동여비고를 참고하여 그린 것이다.

문제는 1872년 광양현 지도에 표기된 옥룡사의 위치다. 1499년 동여비고에 있던 옥룡사 운암사와 송천사가 모두 사라지고, 운암사가 있던 자리를 옥룡사로 표기하였고, 거북이를 상징한 산에 있던 옥룡사는 사라지고 중흥산성으로 되어 있는데, 이것이야말로 현무산 옥룡사와 백계산 운암사의 위치를 확실하게 알려주는 완벽한 자료다.

사람이 만드는 절은 사라지고 위치와 이름이 바뀔 수 있어도, 산은 사라지거나 위치가 달라질 수가 없는 것이므로, 거북이를 상징하는 중흥산성으로 표기된 산이 현무산이고 그곳에 옥룡사가 있었고, 백계산에 운암사가 있었음을 분명하게 알 수가 있다.

중언부언 더 논할 것 없다. 1499년 동여비고와 1872년 광양현 지도 두 장의 고지도가 일치하고 있는 거북이를 상징하는 산(중흥산성)과 송천사지의 위치가 모든 진실을 말해준다.

광양시와 국가유산청(문화재청)이 인정하고 있는 송천사지의 위치가 맞는다면, 문자로 전하는 기록이 아닌 그림으로 위치를 보여주는 지도, 옥룡사, 운암사, 송천사가 최초로 표기된 지도, 동여비고에 그려진 현무산과 옥룡사, 백계산과 운암사가 맞다.

중흥산성이 현무산이고 옥룡사는 그곳에 있었다. 역설적으로 1499년의 동여비고가 정확한 위치임을 1872년 제작된 광양현 지도가 세밀한 거북이와 닭의 그림으로 증명하여 주고 있다.

결론은 상식과 정직이 정확한 답이다. 지금까지 중언부언 설명한 것들을 다 무시하고, 다음 사진 자료에서 보듯이 문화재를 관리하는 당국이 주장하는 옥룡사지는 넉넉하게 잡아도 원안의 중심점에서 반지름 50m로 조그마한 암자이며, 바로 땅이 자신은 옥룡사가 아니라 신들의 땅 백계산 운암사라 말하고 있다는 사실이다.

사학자들과 당국이 옥룡사라고 주장하는 땅이 자신은 옥룡사가 아니라고, 자신은 운암사라고 분명하게 말해주고 있다는 것, 이것이 가장 확실한 고증이고 정답이다.

실제로 사(寺)의 규모와 품격에 어울리는 법당 등 건물을 지을 수 있는 공간을 최대한으로 잡아도 대략 300여 평 남짓의 땅은 각종 법당을 짓고 생활 시설을 갖춰야 하는 터가 아니다.

혹 법당을 포함 조그마한 건물 (대략 10여 평 남짓 건물) 몇 동을 지었다고 하여도, 겨우 몇 사람이 머물 공간일 뿐, 비문의 기록처럼 (조금 과장됐다고 하여도) 평상시 많은 승려가 살면서 참선과 경전을 읽고 배우는 일도 어렵지만, 때때로 다수의 신도가 찾아와 며칠씩 머물며 염불과 기도하는 행위

문화재 관련 당국이 옥룡사지라고 주장하는 터는 작은 암자에 불과하다. 실제로 건물을 지을 수 있는 공간을 넉넉하게 보아도 몇 평 되지 않는다.

자체가 불가능한 구조이며 땅이다.

혹 1872년 지도에서 옥룡사라 하여, 옥룡사라고 했다는 변명은 하지 않기를 바란다. 당시로서는 엄청난 금액인 34억 원을 들여 발굴 조사를 시행한 목적은 굳이 말하지 않아도 분명하기 때문이다.

더욱 치명적인 것은 사람이 사용해야 하는 생활용수는커녕 필수인 식수가 절대적으로 부족하다는 사실이다. 물탱크 등 오늘날처럼 대량으로 물을 저장할 시설도 없고, 자체에서 솟아나는 용천수도 없다. 좌우 주변 계곡을 보면, 옛날은 고사하고 오늘날의 기술로도 끌어올 물도 없거니와, (전기가 없이는) 끌어올 방법이 없다.

또 하나 분명하게 확인해야 할 것은 이 공간을 즉 백계산 운암사를 옥룡사라고 하면, 통진대사가 여생을 보낸 상원(上院)이 있을 공간이 없다는 사실이다.

사학자들과 문화재 당국은 옥룡사 상원이 어디에 있었는지 반드시 찾아서 광양시 시민들에게 올바로 확인시켜 주어야 한다.

그리고 상원에서 죽은 시신을 옮겨간 백계산이 어디이고, 운암 동쪽이 어디인지 확실하게 공개, 광양시 시민들에게 확인시켜 이 논쟁을 끝내 주기를 바란다.

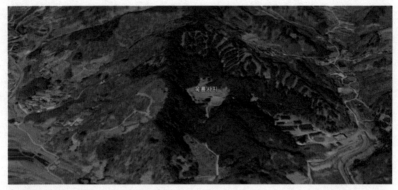

중앙 공터가 문화재 관련 당국과 사학자들이 주장하는 백계산 옥룡사지다. 좌우 계곡을 보면 물을 끌어오는 것 자체가 불가능하다. 좌측 마을이 외산마을이다.

혹 사진 속 저 능선 넘어 어디쯤 있었다는 그런 말은 하지 않기를 바란다. 현장을 익히 잘 알겠지만, 이른바 백계산 백계혈 주 능선 좌우 골짜기에는 물이 귀하다. 물이 없기 때문이다.

부연하면, 1931년 3월 20일 실측 조사한 일본인 학자 오가와 게이키치의 보고서를 보면, 운평리 중흥산성 폐사지에는 논도 있고 밭도 있다고 하였는데, 이곳 폐사지에는 논밭의 언급이 없었고, 오늘날의 시각으로 보아도 다량의 물이 필수인 수전(水田) 즉 논(畓)이 있을 수가 없다는 사실이다.

봄부터 가을까지 다량의 물이 필수인 벼농사를 짓는 논이 있고 없다는 것 이것 하나만으로도, 통진대사 비문에서 말하는 옥룡사의 위치는 분명하게 가려지는 일이다.

이번 기회에 현무산과 옥룡사 그리고 옥룡사 상원과 시신을 옮겨간 백계산의 위치, 그리고 시신을 묻고 탑을 세웠다는 "백계산동지운암강(白鷄山東之雲巖崗)"의 해석과 어디인지를 명쾌하게 밝혀주기를 바란다.

그리하여 천 년 전 그랬던 것처럼, 현무산 옥룡으로 백계산 백계 즉 흰 닭을 지키게 하고, 백계산 흰 닭은 날마다 큰 소리로 새로운 세상, 새로운 새벽, 늘 새로운 날의 희망을 알리는 전령이 되기를 바란다.

끝으로 백계산 운암사지 밑에 있는 마을 추산리(秋山里) 외산(外山)마을에 전해오는 이런저런 지명 유래 가운데 운암사에 관련된 몇 개를 모았다. (광양시 옥룡면 마을 유래 인용)

내가 직접 인터뷰하고 답사 실측한 것이 아니라서 어디가 어딘지 알 수는 없지만, 한 가지 옥룡이라는 전설과 지명의 유래는 사실상 없다. 이에 비하여 운암이 들어간 유래가 많다는 것은 이곳이 백계산 운암사임을 말해주고 있다.

- 불상밧골: 세운암골 북쪽에 있는 골짜기. 옛날 여기에 불상이 있었다고 전하는데 지금도 옛 기와가 출토됨.

- 세운암(細雲菴)골: 추동 북쪽에 있는 골짜기. 옛날에 세운암이 있었다고 전함.

- 운암골: 추동 북쪽에 있는 골짜기. 옛날 운암사(雲岩寺)가 있었음.

- 운암리(雲岩里): 운암골에 있었던 마을. 1946년에 폐동됨.

- 중성골: 옛 중들의 화장터가 있었음

15 발굴된 석관(石棺)과 유골의 주인은 통진대사다

광양시지 옥룡사 발굴보고서 자료사진. 광양시가 발주한 백계산 유적 발굴 당시 발견된 석관과 유골이다. 좌측은 석관을 돌로 덮은 상태이며, 우측 사진은 덮은 돌을 들어내고, 석관의 뚜껑을 열어 유골을 확인하는 사진이다.

발굴된 석관의 유골 주인이 통진대사(洞眞大師, 869~948년)임을 밝히는 고증을 하려니, 20년 전 그러니까 처음 도선국사 유골이 조작된 것이라고 언론에 제보하여 바로잡으려다, 본질이 아닌 엉뚱한 시비에 휘말려, 곤욕을 치렀던 2006년 그 봄날의 기억이 또렷하다.

하여 세상의 빛 진리의 빛이라는 오늘의 광양(光陽)을 있게 한, 현무산 옥룡사와 백계산 운암사를 찾아, 그 역사와 위치를 밝히는 모든 자료는 가능한 한 나의 사견을 배제하고, 발굴 당국의 자료를 그대로 인용하면서, 꼭 필요한 부분만을 추렸음을 밝힌다.

거듭 강조하지만, 서두에서 밝혔듯이 후대에 오는 이들을 위해 자료를 정리하여 남기는 목적으로 쓰는 글이고, 그리고 광양시의 미래를 위해서,

어려웠던 고난의 시절 세상의 빛 진리의 등불이 되었던 광양의 역사를 찾아 바로 하자는 것뿐, 한 자, 한 문장의 해석이나 오탈자를 가지고 다툴 생각은 전혀 없다.

이번에야말로 세상을 구한 진리의 등불, 진리의 빛이라는 광양이 찬란했던 자신의 역사를 위해서, 그리고 미래를 위해서 바로 잡는 기회가 되기를 바란다.

본론으로 돌아가서, 발굴조사팀이 발굴된 석관의 유골 주인을 도선국사의 유골로 발표하였는데, 이는 통진대사의 유골이므로 잘못된 것이다.

이를 바로잡으려면 관련된 도선국사 비문과 통진대사의 비문을 동시에 보아야 하기에 다시 게재하였다. 중복되는 비문이지만 이번에야말로 한자, 한 문장 세심하게 읽어보기를 권한다. 먼저 도선국사 비문이다.

爲堂三間 以大定十二年 壬辰歲 十月十九日 竪碑訖
위 당 삼 간 이 대 정 십 이 년 임 진 세 십 월 십 구 일 수 비 흘

삼간(三間) 건물을 지어 대정(大定) 12년(1172년 명종 2 임진(壬辰)) 10월 19일 비를 세웠다.

趺石峻整 階基堅完 實可以傳千祀萬祀 而不傾圮者矣 其堂直
부 석 준 정 계 기 견 완 실 가 이 전 천 사 만 사 이 불 경 비 자 의 기 당 직

寺之東北二百步許 眞爽塏之壤也
사 지 동 북 이 백 보 허 진 상 개 지 양 야

받침돌(귀부龜趺)을 반듯하고 튼튼한 돌로 하였으며 계단의 기초도 견고하게 만들었으니 실로 천년만년이 지나가도 기울어지거나 무너지지 않을 것이다. 사람을 두고 그 탑을 보호할 건물을 동북 2백 걸음쯤에 두었다. 참으로 신령스러운 명당이었다.

거듭 일러둘 말은 몇 번 언급했듯이 도선국사 비 본문은 고려 왕실에서 원찰인 개성 국청사에 세우려고 (1150년) 돌에 글을 새겼으나, 어떤 이유로

세우지 못하고 버려진 것을 22년 후 가져다가 백계산에 세운 것이므로, 특별히 참고할 것은 없다. 의례적인 내용이고 주제인 유골의 주인을 밝히는 것과는 아무런 관련이 없다.

그러나 1172년 비를 세우는 당시, 현장인 백계산의 일들을 세세히 기록한 비음기는 여러 측면에서 중요하다. 하여 비음기의 기록을 여기에 붙였다.

다음은 도선국사 비보다 215년 앞선 958년(광종 9) 8월 같은 자리에 세운 옥룡사 통진대사 비문의 기록이다. (비문 해석은 광양시 자료를 그대로 인용했음)

翌日 奉遷神座於白鷄山龕 權施石戸封閇

익 일 봉 천 신 좌 어 백 계 산 감 권 시 석 호 봉 폐

다음 날 영구를 백계산으로 옮겨 모시고 돌로 감실(龕室)을 만들어 시신을 그 안에 모셔 봉폐(封閇)하였다.

=중간 생략=

故追諡洞眞大師 塔號寶雲 仍令國工 攻石封層塚

고 추 시 통 진 대 사 탑 호 보 운 잉 령 국 공 공 석 봉 층 총

추모하여 시호(諡號)를 통진대사라 하고 탑호(塔號)를 보운(寶雲)이라 추증하고 국공을 시켜 돌을 다듬어 탑을 세우도록 하였다.

越二年 門人等 開龕覩 形面如生

월 이 년 문 인 등 개 감 도 형 면 여 생

시공(施工)한 지 2년이 지나서 제자들이 감실을 열고 신구(神軀)를 보니 얼굴이 생전과 같아서 조금도 변함이 없었다.

乃號奉色身 竪塔于白鷄山東之雲巖崗 遵顧命也

내 호 봉 색 신 수 탑 우 백 계 산 동 지 운 암 강 준 고 명 야

울면서 색신(色身)을 옮겨 백계산 동쪽 구름 덮힌 바위 위에 탑을 세웠으니 이는 왕의 명령에 따른 것이다. (오자(誤字)를 포함 발굴보고서 자료 인용)

설명에 앞서 다시 강조하지만, 몇 번을 이야기해도 통진대사의 비문 기록은 아주 중요하다. 특히 현무산 옥룡사와 백계산 운암사 그리고 유골의 주인이 누구냐를 밝히는 결정적인 자료다. 비문 한 자, 한 문장을 꼼꼼히 읽어보기를 권한다.

12. 光陽 玉龍寺 洞眞大寺 寶雲塔碑

然而示滅于玉龍寺上院 嗚呼 存父母體 八十春 八菩薩位 六十二夏 · · · 翌日 奉遷神座 於白鷄山 鑫權施石戶封閉 · · · 故追諡洞眞大寺 塔號寶雲 仍令國工 攻石封層塚 越二年 門人 等 開 □□ □□□ 栖號奉色身 豎塔干白 山東之雲巖崗 遵顧命也

가좌부를 맺고 앉아 儼然하게 玉龍寺上院에서 입적하였다. 부모로부터 물려 받은 몸의 나이는 80세요, 보살계를 받은 지는 62하였다. · · · 다음날 영구를 백계산으로 옮겨 모시고 돌로 감실을 만들어 시신을 그 안에 모셔 封閉하였다. · · · 시호를 洞眞大師, 탑호를 寶雲이라 추정하고 國工을 시켜 돌을 다듬어 탑을 세우도록 하였다. 始工한 지 2년후 문도들이 감실을 열고 신구를 보니 얼굴이 生前과 같아서 조금도 변함이 없었다. 울면서 色身을 옮겨 백계산 동쪽 구름 덮힌 바위위에 탑을 세웠으니, 이는 왕의 명령에 따른 것이다.

1997. 3. 22 광양시 옥룡사 1차 탑비전지(塔碑殿址) 발굴 조사 약보고(略報告)에서 일부 발췌한 내용이다. 통진대사 비문 해석 부분이다.

위 자료에서 통진대사 비문의 해석을 보면, 몇 가지 반드시 짚고 가야 할 것이 있다.

손쉬운 것부터 설명하면, "고명(顧命)"이다. 이것을 임금의 명으로 볼 것인지 고인(故人)인 당사자 통진대사의 유언으로 볼 것인지의 양론이다.

사망한 다음 날 곧바로 백계산으로 운구하여, 전통적인 장례를 지낸 것으로 보면, 장례의 절차와 장지(葬地)의 위치는 통진대사 생전에 결정되어 있던 것으로 보인다. 통상 일반적인 관례이기도 하다.

그리고 일부 사학자들이 잘못된 해석이라며, 나에게 해명을 요구해 온 고명(顧命)에 대한 국어사전의 정의는 임금이 신하에게 남기는 유언으로 되어 있다는 사실이다.

그러므로 통진대사의 비가 완성된 958년은 광종(光宗 925~975년) 재위 8년이므로, 살아있는 임금을 칭하여 고명(顧命)이라는 단어 자체를 사용할 수는 없다. 살아 있는 광종을 죽은 왕으로 표현하는 것이므로 큰일 날 일이다. 삼족을 멸하는 대역죄가 돼버린다.

그러나 비문의 고명(顧命)은 비문에서 언급된 문명대왕(文明大王) 즉 통진대사의 죽음을 추모하여 시호(諡號)를 통진대사라 하고 탑호(塔號)를 보운(寶雲)이라 추증(追贈)하면서, 왕실 최고의 석공을 보내 석관을 만들고 탑을 세우라고 명한 고려 제3대 왕 정종(定宗, 923년~949년 4월 18일)이 생전에 내린 명을 따랐다는 뜻이다. 하여 나는 임금의 명으로 해석하였다.

이와는 달리 도선국사 비문에 "입탑우사지북강 준유명야(立塔于寺之北岡 遵遺命也) 시신을 옮겨 절 북쪽 산등성이에 탑을 세웠다. 스님의 유언을 따른 것이다"라고 하였다. 도선국사 비문에 유명(遺命)이라고 한 것은 고명(顧命)이 죽은 임금의 명이라는 확증이다.

고명(顧命)이 통진대사 자신이냐, 임금이냐에 따라, 해석에 큰 차이가 있을 수 있기에, 먼저 규명하여 나의 의사를 분명하게 밝힌 것이다. (이건 광양시 발굴보고서도 같다.)

통진대사 장례에 관한 모든 일들은 지엄하신 왕의 명으로 진행하는 것이므로, 그것도 명을 내린 왕이 죽고 없으니, 통진대사의 탑비를 조성하는 사업은 죽은 왕의 왕생극락을 발원하는 사업이 돼버렸으므로, 비문은 한 자, 한 문장을 허투루 쓸 수 없고, 유골을 모시는 일과 승탑을 세우는 작업 역시 지극정성을 다해야 한다는 사실을 알라는 것이며, 그만큼 엄격하고 중대하다는 의미다.

다음은 비문에서 밝히고 있는 장례와, 탑을 세우는 과정의 기록을 통해서 발굴된 석관의 유골 주인이 통진대사임을 증명 확인하는 고증과 설명이다.

(해석하기 나름이지만) 발굴보고서의 비문 해석을 보면, 무엇이라고 직접 언급한 것은 아무것도 없다. 석관을 만들었다는 기록도 없고, 세골장으로 유골을 추려 안장했다는 언급도 없다.

특이한 것은 2년 후 시신을 옮겼다는 기록 또한 없는데, "2년 후 색신(色身) 즉 시신을 옮겨 백계산 동쪽 구름 덮인 바위 위에 탑을 세웠으니 이는 왕의 명령에 따른 것이다."라고 하여, 자신들의 주장을 합리화시키고 있다.

결론부터 말하면, 정직한 시선으로 보면 분명한 기록이 있다. 내가 해석하는 통진대사 비문의 기록을 쉽게 설명하면, 다음과 같다.

현무산 옥룡사 상원에서 열반한 통진대사의 시신을 다음 날 백계산으로 옮겨 석곽(石槨)을 만들어 안치하고, 돌로 그 입구를 봉한 뒤 2년 후, 이른바 처음 초상(初喪)을 치른 후 소상(小祥)과 대상(大祥) 즉, 흔히 말하는 삼년상(三年喪)을 지내고, 선사를 위한 석관과 승탑을 완성하여, 육탈(肉脫)을 시킨 유골을 즉, 세골장(洗骨葬)으로 석관 속에 영구히 봉안하였다.

그리고 그 장소는 백계산 운암사 동쪽 언덕이라는 뜻이며, 이 모든 일들은 죽은 고려 제3대 왕 정종(定宗 923~949년)이 생전에 내린 명령, 즉 고명(顧命)을 따랐음을 분명하게 밝히는 것으로, 발굴된 석관과 유골은 통진대사가 주인이라는 분명한 기록이다.

덧붙이면, 운평리 현무산 옥룡사에서 추산리 백계산 운암사 즉, 지금 탑이 선 자리로 옮겨 장례를 치렀다. 즉 삼년상을 지내고 승탑을 세웠다는 뜻이기도 하다. (흔히 일반적인 3년 탈상에 맞춘 것으로 세골장과 함께 승탑을 완성하였다. 통상적인 관례다. 비석을 세운 해는 958년이다.)

이 비문의 기록을 다른 측면에서 보면, 고려 초기 광종 당시 장례문화를 엿볼 수 있는 것으로, 사람이 죽으면 3년 후 즉 삼년상을 지낸 후, 육탈을 시켜 즉 세골장으로 유골만을 추려 정식으로 묘를 쓰는 전래하는 장례 풍속과도 정확하게 일치한다. 전통문화인 전형적인 장례 과정의 기록이다.

서두에 언급했듯이 한 자, 한 문장의 해석을 두고 문화재 관련 당국과 다툴 생각은 전혀 없다. 다만 광양의 미래를 위하여 세상을 구한 진리의 빛 광양을 있게 한 역사와 선각자들이 실천한 일들을 바르게 보고 바로 하자는 것이다.

석관(石棺)에 관한 사실적 기록은 비문에 없다. 그러나 역사 속으로 들어가서 보면, 국공(國工) 공석봉층총(攻石封層塚) 즉 임금이 보낸 국가 최고의 석공이 돌을 다듬은 일 즉 석봉(石封)이 석관이다.

오늘날의 시각으로 보면 특별한 일도 아니지만, 옛날 그것도 아득한 천년 전의 시대로 돌아가면, 석관(石棺) 즉 석봉(石封)은 국가 최고의 장례문화이고, 통진대사의 경우 정종(定宗, 923~949년)이 사실상 왕의 장례에 준하는 예우로 극진함을 다했음을 알 수 있다.

세골장(洗骨葬) 역시 마찬가지다. 이건 전통적인 장례문화를 이해하면 되는 것으로 간단한 일이다.

발굴보고서를 보면 감실(龕室)을 열어 시신을 확인하는 "월이년(越二年)"을 시공(施工)이라 하여, 탑을 세우는 작업을 하는 공사 기간으로 해석하였는데, 이것 자체가 대단히 잘못된 것이다.

천재지변이 없는 한, 2년 후 파묘(破墓)하여 관을 열고 시신의 상태를 확인하는 일이 허용되는 유일한 단 하나의 풍습은 처음 가매장을 했다가, 2년 후 즉 삼년상(三年喪)을 끝내고, 봉분을 열어 즉 파묘하여 썩은 살을 버리고, 즉 육탈을 시켜 즉 세골장으로 유골을 깨끗이 씻어서, 영구 봉안하는 전통적인 장례문화를 모르는 무지에서 비롯된 것으로 완전히 잘못된 해석이다.

다시 설명하면, 옥룡사 상원에서 열반한 통진대사의 시신을 백계산으로 옮겨 석곽(石槨)을 만들어 안치하고, 돌로 그 입구를 봉한 뒤 2년 후, 이른바 처음 초상(初喪)을 치른 후 소상(小祥)과 대상(大祥) 즉, 흔히 말하는 3년 탈상을 하고, 선사를 위한 석관과 탑을 완성하여, 육탈을 시킨 유골을 즉 세골장으로 석관(石棺)에 영구히 봉안하여 탑을 세웠다는 기록이다.

또 하나 중요한 문제는 비문을 살펴보면 세골장을 지내면서 또 다른 장소로 시신을 옮겼다는 기록이 없는데, 옮겼다고 하는 발굴보고서의 자료다.

乃號奉色身 竪塔于白鷄山東之雲巖崗 遵顧命也

내 호 봉 색 신 수 탑 우 백 계 산 동 지 운 암 강 준 고 명 야

울면서 색신(色身)을 옮겨 백계산 동쪽 구름 덮힌 바위 위에 탑을 세웠으니 이는 왕의 명령에 따른 것이다. (오자(誤字)를 포함 발굴보고서 자료 인용)

위 비문을 보면 시신을 옮겼다고 할 만한 글귀는커녕 한 글자도 없다. 사실이 이러함에도 울면서 시신을 옮겨 백계산 동쪽 구름 덮인 바위 위에 탑을 세웠다고 하였다. 대단히 잘못된 해석이다.

특히 석관에 봉안된 유골은 물론, 석관을 안치한 석곽까지 처음 상태를 알 수 있는 그대로를 발굴하여 확인하였음에도 시신을 옮겨 백계산 동쪽 구름 덮인 바위 위에 탑을 세웠다고 한 것은 해석의 오류라기보다는 발굴된 유골을 도선국사의 유골로 만들기 위한 의도된 음모가 아니라면 설명이 되지 않는다. (당시 취재한 기자의 기사를 보면 5년을 미루다 급조한 보고서다. 관계자들의 증언 또한 같다.)

더욱 놀라운 사실은 승탑이 있었던 8각 지대석 아래 석관(石棺 길이 95cm 너비 54cm 높이 48cm) 속에서 물에 잠겨있는 유골을 발굴하였는데, 머리에서 척추 골반까지 원형대로 가지런히 있었고, 척추 좌우로 상지골(上肢骨)과 하지골(下肢骨)이 있었다는 것은 통진대사의 기록과 일치하는 것으로, 발굴된 석관의 유골은 세골장을 지낸 통진대사라는 확증이다.

발굴 당시 현장을 직접 보지 못해서 정확히 알 수는 없지만, 사진에서 유념할 것은 석관과 석축의 길이가 맞지 않다는 사실이다.

석곽(石槨)은 통진대사 사망 당시 승려들이 만들었고 석관(石棺)과 승탑은 임금이 보낸 석공이 만들었다.

만일 임시 매장했던 장소가 다른 곳이었다면, 석관을 안치할 석축을 석관에 맞추었을 것이다.

이 자리가 처음 통진대사의 시신을 가매장(假埋葬)했던 감실이었으며, 통진대사의 시신은 장소의 이동 없이 본래의 자리에서 세골(洗骨)하여, 석관에 봉안했음을 알 수가 있다. 비문의 기록과 정확하게 일치한다.

여기서 비문에 "층총(層塚)"이라 한 것은 돌이 층(層)을 이루고 있다는 뜻이므로, 석축을 쌓고 석관을 안치한 후 그 위에 탑을 쌓았다는 뜻이다. 만약 석축과 석관이 아니라면 비문에서 "층총(層塚)"이라는 말을 쓸 이유가 없다.

사실의 기록이 이처럼 분명함에도 사학자들과 문화재 관련 당국은 도선국사 유골로 확정 발표하였다. 여기에 날고 긴다는 한국 최고의 사학자들과 불교학자들이 동조했고, 감독 검증해야 할 당국마저도 묵인 방조로 동조하였다. 아무리 생각해도 발굴된 유골과는 맞지 않는 발표다. 골백번을 뒤집어 생각해도 있을 수가 없는 일이다.

그러나 석축의 폭은 석관에 맞고 길이가 맞지 않은 것은 이곳이 통진대사의 시신을 임시로 묻었던 장소임을 말하는 것이다. 그러므로 유골의 주인은 통진대사임을 석축과 석관이 입증해 주고 있다. (앉아서 죽었다는 기록에 혹해서는 안 된다.)

그냥 쉽게 말해서, 시신을 백계산으로 옮겨 구덩이를 파고 돌을 쌓은 석곽(石槨)을 만들어, 그 안에 시신을 넣고 돌을 가져다가 덮은 것이다.

그리고 2년 후 즉 삼년상을 지낸 후, 세골장으로 유골을 추려서, (육탈을 시켜서) 임금이 보낸 국가 최고의 석공이 만든 석관(石棺)에 봉안(奉安)하여 묻고, 그 위에다 탑을 세웠다. 그 장소는 백계산 운암사 동쪽 언덕이라는 기록이다. 이것이 정확하다.

관련 당국이 백계산 옥룡사라고 주장하는 운암사지다. 통진대사와 도선국사 승탑이 있는 탑전이다. 현장의 사진은 비문에서 말하는 백계산동지운암강(白鷄山東之雲巖崗)이 어디를 말함인지를 확실하게 보여주고 있다.

이는 발굴된 석곽(石槨)과 석관(石棺) 속 유골은 통진대사 비문의 기록과 완벽하게 일치한다. 발굴된 석관의 유골 주인은 통진대사라는 확실한 증명이다.

다음 1931년 3월 19일 현장을 답사 실측한 일본인 학자 오가와 케이키치의 보고서를 보면, "광양읍을 출발하여 북쪽 2리 이상 떨어진 옥룡사지를 조사했다. 고려 초기의 묘탑 하나가 남아 있다. 2~3년 전까지는 통진대사의 묘비도 있었으나 파괴되어 지금은 없다."라고 하였다는 기록을 보아도 발굴된 석관의 유골 주인은 통진대사임을 알 수가 있다.

그러나 통진대사와는 달리 도선국사 비문에는 유골에 관한 기록이 없으며, 본문에도 "좌탈입멸한 법구를 즉 앉아서 죽은 시신을 옮겨 절 북쪽 언덕에 탑을 세웠으니, 대사의 유언을 따른 것이었다."라고만 하였다.

비를 세우는 내력과 그에 관한 일들을 상세히 기록한 비음기에도, "임금이 양온서승의 일을 보는 내시 박봉균을 그곳으로 보내 공사를 감독하게 하고 태사국 설호정 이양정을 보내 그 비석을 세울 터를 정하게 하였다."라고 했을 뿐, 마땅히 있어야 할 유골에 관한 기록은 한마디도 없다.

거듭 강조하지만, 본문은 도선국사 사후 오랜 세월이 흐른 274년 뒤 1172년 세운 비석의 기록으로, 현무산 옥룡사와 백계산 운암사의 위치를 고증하고, 발굴된 유골의 주인이 누구인지를 밝히는 것이 목적임을 상기하여 주기를 바란다.

특히 명심해야 할 것은 비문 첫머리에서 비석을 세우는 뜻을 밝히는 글을 보면, 고려 제18대 왕 의종이 최유청을 불러 비문을 지을 것을 명하면서 "우리 선대왕들이 여러 번 봉증(封贈)을 더하여 극도로 존중하였으나 대사의 높고 훌륭한 대업을 지금까지 문장으로 전하지 못한 것을 짐은 부끄럽게 여긴다."라고 하였다는 사실이다.

그리고 사망 당시 "제자 홍적(洪寂) 등이 열반에 든 스승의 높은 행적이 전하지 못할까를 두려워하여 눈물을 머금고 표문(表文)을 올려 기록해 주기를 청하므로, 왕이 서서학사(瑞書學士) 박인범(朴仁範)에게 비문(碑文)을 지으라고 명하였으나, 끝내 돌에 새기지 못했다."라는 비문 서두와 끝에 언급된 두 개의 기록이다.

이는 도선국사 비석은 처음부터 없었음을 말함과 동시에 운암사 주지 지문 스님이 개성 국청사에 방치된 (버려진) 비석을 가져다 옥룡사 북쪽에 세운 것, 즉 운암사 동쪽에 세운 것, 지금 세상이 아는 비가 어명으로 세운 최초이자 마지막 비석이라는 증명이다.

개인적인 연구 결론이지만, 도선국사는 옥룡사에서 죽지도 않았고 백계산에 묻히지도 않았다.

지금 논증하는 자리의 탑과 비는 후대에 법을 이은 사람들이 상징적으로 세운 것으로 이해하면 정확하다. 이른바 법을 이었다는 상징으로 세우는 탑과 창건 또는 중건했다는 사례들은 전국에 허다하다.

임금이 태사국 관료인 이양정을 보내, 그 비석을 세울 터를 정하게 하였다는 비문의 기록을 보면, 도선국사의 탑과 비를 대대적으로 정비했음을 알 수 있음에도, 유골에 관한 기록이 없다는 것은 발굴된 유골의 주인이 도선국사가 아니라는 증명이다.

특히 주목해야 할 분명한 사실은 만일 발굴된 유골이 도선국사의 것이라면, 기록 그대로 좌탈입멸(坐脫入滅)한 법구(法軀)를 즉 앉아서 죽은 시신을 교정이나 훼손 없이 (세골장 없이) 죽은 모습 그대로 안치했다고 하였는데, 석관의 높이가 48cm에 불과하니 맞지 않다.

그리고 또 하나, 세월이 흘러 자연 분해 된 유골이 석관 내에 흩어져 있어야 함에도, 가지런히 세척되어 세골장으로 안치되어 있다는 것은 유골의 주인이 도선국사가 아니라는 명백한 증거다.

일반적인 목관이라 하여도, 석관에 유골이 있으므로 맞지 않는다. 이러든 저러든 어떤 경우이든 도선국사는 아니라는 자체 증명이다.

최근 발굴 복원된 도선국사와 통진대사 두 사제의 탑과 비다. 거듭 말하지만, 임금이 석공을 보내 석관과 석축을 축조하는 과정과 시신을 육탈시켜 영구 봉안하는 세골장까지 상세히 기록한 통진대사의 탑비 조성 기록이 있음에도 불구하고, 아무런 기록도 없는 "도선국사"의 유골로 만들어 탑과 비를 복원한 것은 상식을 벗어난 것으로, 어떠한 말로도 이해할 수 없는 일이다.

무엇보다도 발굴된 유골이 도선국사의 것이라면, 사망한 상황과 장례의 과정 그리고 임금이 보낸 석공이 돌을 다듬어 만든 석관에 유골을 봉안했다는 모든 기록이 완벽한 통진대사의 석관과 유골은 어디로 갔는가? 관련 당국과 학자들은 답해야 한다.

만일 현장을 발굴하고, 감독한 학계와 관계 당국이 이에 대한 근거와 해명의 자료를 제시하지 못한다면, 이는 사학계와 관계 공무원들이 공모한 희대의 범죄행위라고 해야 할 것이다.

부연하면, 발굴 주체인 광양시가 지금이라도 다시 생각해야 할 것은 861년(경문왕 원년) 2월 모든 사업을 기획하고 총괄하는 주체인 동리산 태안사 혜철국사가 열반하자 장례를 마친 다음 달 3월부터 896년(진성왕 10)까지 즉 도선국사가 열반한(898년) 2년 전까지 35년 동안 주지직을 맡아 지휘한 인물이라는 사실이다.

온 나라 사람들이 존경하고 임금이 인정하는 동리산 태안사 주지직을 35년 동안 맡았던 도선국사가 사망했을 경우 장례의 주체는 태안사이고, 혹 다른 외지에서 사고나 병으로 사망했다고 하여도, 장례의 주체는 태안사이고, 시신은 본사(本寺)인 태안사로 모셔가는 것, 이것이 관례이고 상식이라는 사실이다.

발굴의 주체인 광양시의 주장대로 유골이 도선국사의 것이라면, 관례와 세상의 상식을 뒤엎는 것으로 있을 수가 없는 일이며, 도선국사가 혜철국사의 제자이며 법을 이었다는 것을 비롯하여, 고려사와 기타 문헌에서 전하는 도선국사의 역사가 모두 거짓이 돼버린다. 옥룡사 자체가 허구가 돼버린다.

2002년 탑을 복원하면서 통진대사의 탑이 스승인 도선국사를 향하여 부복하고 있는 모습이다. (보는 사람의 관점에 따라 다를 수 있음.)

이는 스승과 제자가 뒤바뀐 것이니, 스승인 도선국사가 제자인 통진대사 옆에서 다소곳이 시립하고 있는 모습이므로, 세상에 다시없는 조롱거

2002년 광양시에서 세운 옥룡사(옛 운암사) 쌍탑 쌍비다. 우측이 도선국사 좌측은 통진대사다. 본래 우측이 석관과 유골이 발굴된 통진대사의 것인데, 관련 당국과 사학자들은 도선국사의 것으로 발표하였다.

리가 또한 이것이다. 참으로 한심하고 부끄러운 일이다.

더욱 기막히고 가관인 것은 도선국사의 탑과 비는 스승인 혜철국사의 것을 참조하였다고 하였고, 통진대사의 탑과 비는 도선국사의 제자인 태안사 광자선사의 것을 참조하였다고 하였는데, 이는 정말 대단히 잘못된 것이다.

기본적으로 제자가 스승의 탑이나 비를 모방해서는 안 되는 것이 전통적인 예법이다. 왜냐하면 모방하는 순간 스승과 동격이 돼버리는 것으로 예의가 아니기에 예로부터 삼갔다. 안타까운 일이다.

그러나 정작 문제는 이들이 혜철국사와 광자선사의 것을 참조했다고 하는 비석(碑石)의 머릿돌 즉 이수(螭首)가 둘 다 광자선사의 것이라는 사실이다.

본래 혜철국사의 이수는 홰를 치는 형국의 봉(鳳 수컷)이다. 전설의 새 가릉빈가(迦陵頻迦)로 볼 것인지, 봉황(鳳凰)으로 볼 것인지 양론이 있지만, 분명한 사실은 이른바 용관(龍冠)은 아니라는 사실이다.

중요한 부분인 머리가 훼손된 관계로 일제강점기 민족정신을 고양 계몽하는 차원에서 1928년 9월 비를 세울 때 광자선사의 비수(碑首)로 바꾸

동리산 태안사 광자선사의 귀부다. 머릿돌 이수는 혜철국사의 것이다. 전설의 새 가릉빈가(迦陵頻迦)로 볼 것인지 봉황(鳳凰)으로 볼 것인지 양론이 있다. 2009년 가릉빈가로 단정했던 나의 경우, 혜철국사의 연구를 끝낸 지금 내리는 결론은 봉(鳳 수컷)으로 보는 것이 역사에 맞는 것으로, 합리적이라는 생각이다. 여러 유형의 가릉빈가를 직접 보고 내린 결론이다.

광양시가 도선국사의 스승인 혜철국사의 것이라며 모방하여 도선국사의 비석 머리에 씌워놓은 이수(螭首) 즉 용관이다. 문제는 이 이수가 도선국사의 제자인 광자선사의 것이라는 사실이다. 유골은 제자인 통진대사의 것을 훔치고, 비석의 용관은 제자인 광자대사의 것을 훔쳐 씌운 것으로 다시 없는 세상의 조롱거리이고 세세생생 광양시의 부끄러움이 될 것이다.

어 올린 것인데, 이런 기본적인 것도 모르고 참조하여, 도선국사의 스승인 혜철국사의 것이라며, 도선국사와 그 제자인 통진대사의 이수(螭首)로 얹었으니, 이거야말로 세세생생 조롱거리가 돼버렸다는 것 이것이 문제다.

1928년 9월 비를 복원하면서 광자대사의 이수를 머리에 얹은 동리산 태안사 혜철국사의 경우는 일제강점기라는 어쩔 수 없는 시대의 아픔이

동리산 태안사 혜철국사의 비다.
귀부(龜趺)는 혜철국사 비석의 좌대이고 용관(龍冠)은 광자대사의 관(冠)이다. 사적의 기록을
보면 비(碑)에 관하여 자세히 설명되어 있다.

반영된 것으로 해명이 되는 일이다.

그러나 문명한 시대인 2002년 광양시가 세운 도선국사와 통진대사의
비 이수의 경우, 도선국사의 제자인 광자선사의 것을 가져다가 즉 모방하
여, 도선국사와 그 제자인 통진대사의 머리에 얹었다는 것은 세상 어떤
학자를 불러다 세워도 있을 수 없는 것으로, 이건 예법도 아니고 시대를
대변하는 작품이라고 할 수도 없는 천박한 돌덩어리일 뿐이다.

끝으로 동리산기실에 덧붙여 쓴 새로 세운 혜철국사 비석에 관한 기록
이다. 광양시가 얼마나 부끄러운 짓을 했는지 비교가 될 것이다.

비석의 크기와 그 돌의 산지가 "충남 보령군 미산면 개화리 성주산(聖
住山, 680m) 사기점곡"이라는 사실은 물론 총비용이 얼마라는 것까지 상
세히 기록하면서, 다행스럽게도 비석의 받침돌인 귀부(龜趺)와 이수(螭首)
에 대하여 설명하는 글에 비석의 본체를 받들고 있는 귀부는 혜철국사 본
래의 것이고, 비석의 머리에 올려놓은 용관(龍冠)은 광자대사의 것이라는

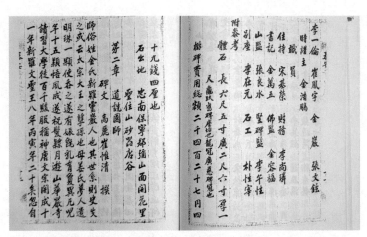

太安寺 事蹟 桐裏山 記實이다. 혜철국사의 비에 관하여 상세히 기술되어 있다.

기록은 그동안 보물 제275호로 지정된 대안사광자대사비의 조사(調査)가
잘못되었음을 밝혀주는 귀중한 자료다.

　하나에서 열까지 모든 기록이 이처럼 분명하게 있음에도, 유골과 비석
의 용관까지 날조하여 세상을 속이고 있는 학자들과 광양시와 문화재 관
련 당국이 안타깝기만 하다.

16 광양시 옥룡사지
발굴 조사의 허구

다음은 광양시가 의뢰한 "옥룡사 1차(탑비전지 塔碑殿址) 발굴 조사 약보고(略報告 1997. 3. 22)" 가운데 통진대사의 열반과 장례에 관한 비문의 내용이다. 참고하여 보기를 바란다.

12. 光陽 玉龍寺 洞眞大寺 寶雲塔碑

然而示滅于玉龍寺上院 嗚呼 存父母體 八十春 八菩薩位 六十二夏 · · · 翌日 奉遷神座
於白鷄山 龕權施石戶封閉· · · 故追諡洞眞大寺 塔號寶雲 仍令國工 攻石封層塚 越二年 門人
等 開 □□ □□□ 栖號奉色身 竪塔干白 山東之雲巖崗 遵顧命也

가좌부를 맺고 앉아 儼然하게 玉龍寺上院에서 입적하였다. 부모로부터 물려 받은 몸의
나이는 80세요, 보살계를 받은 지는 62하였다. · · · 다음날 영구를 백계산으로 옮겨 모시고
돌로 감실을 만들어 시신을 그 안에 모셔 封閉하였다. · · · 시호를 洞眞大師, 탑호를 寶雲이
라 추정하고 國工을 시켜 돌을 다듬어 탑을 세우도록 하였다. 始工한 지 2년후 문도들이 감
실을 열고 신구를 보니 얼굴이 生前과 같아서 조금도 변함이 없었다. 울면서 色身을 옮겨
백계산 동쪽 구름 덮인 바위위에 탑을 세웠으니, 이는 왕의 명령에 따른 것이다.

1997. 3. 22 광양시 옥룡사지 1차 탑비전지(塔碑殿址) 발굴 조사 약보고(略報告)에서
일부 발췌한 내용이다. 통진대사 비문 해석 부분이다.

발표한 내용을 통진대사 비문과 비교하여 보면, 유구(遺構)를 발굴 조사하는 사학자들이 가장 기본적인 원칙이며, 발굴 유물의 사실 여부를 확정해 주는 것은 물론, 옥룡사의 위치를 정확하게 알려주는 결정적 기록인 통진대사가 옥룡사(玉龍寺) 상원(上院)에서 사망한 당시의 상황을 알려주는 "시신야(是晨也) 어현무산영두(於玄武山嶺頭) 유여사오개영아지고고자(有如四五介嬰兒之呱呱者) 이날 새벽 현무산 능선 봉우리에서 4~5명의 어린아이가 우는 듯한 소리가 들려왔다"라는 내용을 생략 삭제하여 버린 것

은 옥룡사지를 발굴 조사하는 사학자로서는 생각할 수 없는 상식 밖의 일이다.

특히 옥룡사지를 발굴한 내용을 요약한 간략한 보고서라면, 다 버려도 현무산과 옥룡사의 위치를 알려주는 "현무산영두(玄武山嶺頭)" 현무산 능선 봉우리는 반드시 공개해서, 제일 먼저 규명해야 할 가장 중요한 사안임에도 불구하고, 생략, 은폐시켜 버린 것은 특정 목적을 위해 의도된 것이 아니라면 있을 수가 없는 일이다.

그뿐만이 아니다. 또한 1997년 3월 9일 옥룡사지에서(백계산 운암사지) 발굴된 석관묘와 유골의 주인이 누구인지 확인할 수 있는 석축과 석관의 축조 과정과 이른바 육탈시켜 영구 안장하는 2차 세골장까지, 상세히 기록한 통진대사 탑과 비의 조성 기록이 비문에 있음에도 (있음을 알면서도) 간략하게 기술하여, 자세한 내용을 알 수 없도록 해 놓고, 아무런 기록이 없는 도선국사의 유골로 확정, 탑과 비를 복원한 것은 상식을 벗어난 것으로 있을 수 없는 일이다.

"옥룡사 1차 탑비전지(塔碑殿址) 발굴 조사 약보고(略報告 1997. 3.22)"이

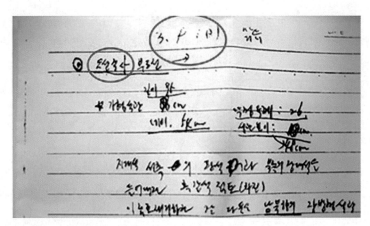

"가짜로 판명 난 (발굴) 작업일지
2006년 3월 8일 데일리안 백진희 기자의 취재 기사 자료사진이다.

후 백계산 운암사지(雲巖寺址)는 옥룡사지(玉龍寺址)로 바뀌어, 전라남도 기념물 제166호(옥룡사지)와 제12호는 (광양시 백계산 동백림) 1998년 8월 3일 하나로 묶어 국가지정문화재(사적 제407호)로 승격 지정되었다.

당시 언론사에서 취재 보도한 기사를 요약하면, 2005년 7월까지 5차에 걸쳐 집행된 34억 원의 예산을 포함하여 총 120억 원가량의 사업비가 지급될 예상이라는 관계자의 증언은 발굴 조사보고서의 은폐가 무엇을 뜻하는지를 잘 보여주고 있다.

당시의 상황을 자세히 설명할 수는 없지만, 분명한 사실은 광양시 의회에서 문제 제기가 있었다. 광양시 감사팀에서도 문제가 있음을 인지하고 나름 조치를 한 것으로 기억된다.

정말 심각한 일은 반드시 있어야 할 국가유산청(문화재청) 심의위원회의 의결이 없었다는 사실이다. 국가유산청(문화재청)은 자료가 있으면 지금이라도 공개하여 주기를 바란다.

덧붙이면, 현무산 또는 현무산 옥룡사로 검색하여 보면, 당시 취재 기자의 기사가 모두 있다. 직접 확인하여 보면 여기서 차마 말하지 못하는 내용들이 많다.

옥룡사와 도선국사의 유적을 발굴하는 사학자들이 발굴된 유골의 주인이 누구인지 기록으로 확인할 수 있었음에도, 옥룡사의 위치와 유골의 주인이 누구인지 알 수 있는 결정적인 비문의 기록을 은폐하여, 도선국사의 유골이라고 한 것은 사학자들의 학문적 사고를 벗어난 것으로 있을 수가 없는 일이다. 알면서도 묵인 방조한 사학계와 문화재 관련 당국이 더 큰 문제다.

다음은 운평리 현무산 옛 옥룡사 3층 석탑 우측 백계산으로 넘어가는 길 능선에서 (나침반) 윤도(輪圖)를 놓고, 정확히 정북(正北) 방향의 산 아래 바라보는 사람의 코앞에 있는 맞은편 추산리 백계산 운암사지(雲巖寺址)

백계산(白鷄山) 백계혈(白鷄穴)과 그 세부도(細部圖)다.

와 탑을 중심으로 자세히 도표화시킨 그림이다.

사진에서 가운데 정면으로 흘러내린 능선을 중심으로 우측 1번이 도선국사와 통진대사의 탑비가 있는 동쪽이다. 좌측 2번이 백계산 백계혈이라는 운암사지(광양시와 사학자들이 주장하는 현 옥룡사지)이다.

우측 5번은 탑을 세우고, 그 탑을 보호할 절을 200걸음쯤에 두었다는 관리사 즉 경비소가 있었던 부근이다. 오른쪽 아래 끝에 보이는 현재 운암사라고 하는 곳으로 근년에 지었다. 관련 사학자들과 당국이 운암사 터라고 주장하는 곳이며, 현재 이름도 운암사다.

재밌는 것은 저 사찰의 자리가 옛 운암사 터라면, 통진대사 비문에서 말한 시신을 묻고 탑비를 세운 위치 즉 백계산동지운암강(白鷄山東之雲巖崗)이라는 기록이 엉망이 돼버린다는 사실이다. 무엇보다도 발굴보고서가 스스로 조악한 엉터리임을 입증하고 있는 꼴이 돼버렸다.

더욱 심각한 것은, 도선국사의 비문에서 탑비를 세운 위치를 사지북강(寺之北岡) 즉 절(옥룡사) 북쪽 산등성이라고 하였는데, 탑비가 절 동쪽에 있으므로, 도선국사 비 자체가 가짜라면 모를까, 말이 되지 않는다.

그림에서 보듯이, 이곳 2번을 옥룡사라고 한다면, 도선국사 비문에 "절 (옥룡사) 북쪽에 탑을 세웠다."라고 하였고, "그 동북 방향으로 200걸음쯤에 탑을 보호하고 관리할 절을 두었다."라고 하였으니, 탑은 옥룡사 북쪽 3번 지금의 묘가 있는 지점쯤에 있어야 하고, 4번 지점에 관리사가 있어야 한다.

만약 그렇게 되면 그 탑을 지키고 보호하는 관리사가 신성해야 할 국사의 탑보다 위에 있다는 것은 불교는 물론이거니와 유가(儒家)와 왕실 또는 민가에서조차도 전례가 없는 상식 밖의 일이다. 절대로 해서는 안 되는 일이다.

이에 관한 대표적인 사례로, 태안사 혜철국사의 탑과 화엄사 사사자석탑을 보면, 탑을 중심으로 그 탑을 보호할 건물은 탑 아래 한쪽 옆으로 비켜서서, 탑의 위용 앞에 나지막이 겸손하게 엎드려 있는 모습이다. 이러한 구조는 전통 가람 배치에서 그 신성불가침의 법도가 어떠한 것인지를 잘 보여주고 있다.

그러므로 "절(옥룡사) 북쪽에 탑을 세웠다."라는 도선국사 비문의 기록을 기준으로 하면, 탑이 옥룡사 동쪽 1번 지점에 있으니, 지금의 옥룡사는 산 아래 7번 지점으로 내려와야 마땅하고, 현재의 옥룡사는 잘못된 것임을 도선국사와 통진대사 두 사제의 비문이 분명하게 증명하여 주고 있다. 발굴 조사 보고서 자체가 옥룡사가 아니라는 확인을 확실하게 해주고 있다.

또한 사학자들과 승려들은 이곳 5번 지점을 "운암사"로 인정하고 사찰을 세웠는데, 통진대사 비문에 백계산 동쪽 운암에 탑을 세웠다고 하였으니, 이곳 5번을 운암사라 한다면, 운암 동쪽에 세웠다는 통진대사의 탑은 최소한 6번 지점이나 능선 너머로 가야 한다.

오른쪽 아래 끝에 보이는 사찰은 근년에 지은 것인데, 운암사지라고 주장하는 곳이며 현재 이름도 운암사다.

다음은 위성사진으로 확인하는 방위와 위치다. 전문적인 연구자가 아니더라도, 비문을 읽어본 사람은 무엇이 잘못되었는지 금방 한눈에 알 수가 있다.

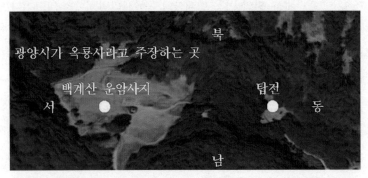

위성으로 본 백계산 운암사지(좌측 공터)와 탑전(우측 작은 공터) 전경이다. 방위는 동서남북이 정확하다.

좌측 넓은 공터가 백계산 운암사지(사학자들과 당국이 옥룡사라고 주장하는 곳)이고, 중앙 우측의 작은 공터가 도선국사와 통진대사의 탑과 비가 있는 곳이다.

도선국사와 통진대사 탑과 비는 비문의 기록 그대로 정확히 운암사 동쪽 산 능선 아래 기슭에 있다. 다만 동북에 지었다는 탑을 관리할 절은 현 운암사를 지으며 훼손되어 알 길이 없다.

오래전 내가 찾아갔던 노인들의 제보에 의하면, 현재 운암사라고 주장하는 절 법당 뒤에 조그만 암자 터가 있었다고 한다. 개인이 사사로이 조사할 수 없기에 확인만 하고 왔었다. 그 조그만 암자 터가 비문에서 말하는 탑을 지키는 경비소 역할을 했던 절로 추측된다.

앞서 설명한 옥룡사 북쪽에 운암사가 있고, 그 소속된 산의 경계가 남북으로 나뉘어 있는 것은 도선국사와 통진대사 비문의 기록대로 남쪽 현무산에 옥룡사가 있었고, 북쪽 백계산에 운암사가 있었음을 말한다.

그래도 의심이 간다면 옥룡 중학교 뒷산 언덕에 올라가서 현무산과 백계산을 바라보면, 풍수를 모르는 사람일지라도 비문의 기록과 지도의 그림이 일치하는 사실임을 확인할 것이다.

또 다른 측면에서, 만약 이곳 백계산이 옥룡사라면, "마치 양고기가 있는 곳에 개미가 모여들듯이 사방에서 학도들이 구름처럼 모여들어 주전자와 수건을 들고 지팡이와 신발을 받들며 모시는 제자들이 언제나 수백 명이었다."라는 기록에서 보듯이, 당시 옥룡사에는 수많은 사람이 있었다.

기록이 과장됐다고 하더라도, 지금 문화재 관련 당국과 사학자들이 주장하는 옥룡사는 수백 명은 고사하고, 수십 명의 사람들이 단 며칠도 머무를 터가 아니다. 무엇보다도 가장 중요한 생활에 필요한 물과 식수가 인근에 없다는 사실은 치명적이다.

절은 고사하고 밭농사를 짓기도 어려운 땅이다. 물이 그만큼 절대적으로 부족하다는 의미다. 사계절 물이 흐를 골짜기도 없고 콸콸 솟는 용천수도 없다.

정말 중요한 것은 사람은 식수보다는 생활에서 더 많이 필요한 것이 물인데, 지금의 옥룡사 샘물은 겨우 몇 사람의 식수를 해결할 정도일 뿐이다.

알기 쉽게 일반적인 풍수로 설명하면, 계(鷄) 즉 닭은 물이 없어야 하고, 용(龍)은 물이 있어야 한다. 즉 계(鷄)와 용(龍) 둘의 조건은 물이 있고 없음에 따라 생사(生死)가 갈리는 극과 극이다. (자연의 이치가 그렇다.)

다시 말해서, 백계의 혈처에 옥룡이 있는 것은 상극(相剋)이고, 현무(玄武)의 혈처에 옥룡(玉龍)이 있는 것은 상생(相生)이니, 일반적인 풍수설로 보아도 백계의 혈에 옥룡이 있다는 것은 합이 맞지 않는 잘못된 이론으로, 그렇다면 자자손손 패가망신할 혈 자리다.

사학자들과 광양시는 이곳을 옥룡사라고 하는데, 비문의 기록에 맞는 유구나 유물도 없거니와 결정적인 것은 탑과 비의 위치가 비문의 기록과 맞지 않고, 사진에서 보듯 햇볕이 좋은 산기슭일 뿐, 결정적으로 수많은 사람이 날마다 사용해야 할 (식수와 생활용수 등) 물이 없다.

도선국사가 처음 이곳에 왔을 때 커다란 연못이 있었고, 그 연못에 백룡 (白龍)이 살고 있었는데, 숯으로 연못을 메우고 법당을 지었다고 하였다.

전설에서 보듯이, 백룡은 옥룡과 같은 용으로 옥룡의 혈처에 지은 법당이라면, 그것이 연못이든, 물구덩이든, 당연히 물이 솟구치는 대형 수맥이 있어야 하는데, 지금의 추산리 백계산 옥룡사는 떠도는 전설과는 거리가 먼 땅이다. 그것도 메마른 땅이다.

그러나 운평리 현무산 현무의 자궁혈에 세워진 옥룡사(현 중흥사) 법당은 이러한 자연 요건들을 갖추었으며, 자궁에는 양수(羊水)가 있어야 하므로, 풍수의 비결은 물론이거니와 전설과도 부합하고, 현재는 저수지가 있으니, 어찌 우연이라고만 할 것인가.

위성사진에서 보듯, 우뚝 솟은 현무산 능선에 형성된 분지(중흥산성) 내에 자리한 옥룡사는 풍수는 물론 석등과 석탑이 보물로 지정되었고, 비문에서 말하는 모든 조건이 갖추어져 있다.

1947년 미군정 사업으로 (흔히 밀가루 공사) 완성한 현무산 옥룡사 저수지다. 건수(乾水)를 모은 것이 아니다. 사계절 흐르는 물을 가둔 저수지다. 북쪽 흘러내린 야산이 백계산 운암사지다 (흰점 공터).

무엇보다도 중앙에 있는 저수지(1947년 축조)와 형성된 산골짜기들을 보듯이, 사철 마르지 않는 물이 풍족하며, 저수지 상류에 통진대사가 열반한 상원이 있었으며, 암자 터가 여러 곳 있다.

산 아래에서는 이처럼 거대한 골짜기와 분지가 형성되어 있는 걸 아무도 모른다. 사방 어디서 보아도 보이지 않는다. 그러나 누구든 현무산을 올라 보면 깜짝 놀라는 것이 분지와 골짜기 그리고 오염되지 않은 맑은 계곡물과 우거진 숲이다.

어려서부터 이 산을 오르내리며 살았던 이정연(1938년 12월 16일생으로, 옥룡면 운평리 상운마을 이장 역임, 부친 이용옥은 제방 공사 당시 옥룡면 부면장이었음) 선생의 증언에 의하면, 가뭄이 들면 다른 골짜기의 물은 말라도, 이 골짜기는 물이 흘렀다고 한다.

특히 중흥산성 골짜기 일대를 일제강점기 당시부터 국가에서 관리하였고, 현재는 서울대 연습림으로 관리를 하는 것은 그곳의 자연 생태계가 그만한 가치가 있다는 증거이다. 학술적으로 연구 보호할 가치가 있는 우수한 산림이라는 의미다.

이처럼 풍수나 전설로 보아도, 물이 풍부해야 하는 옥룡의 기본 조건은 물 한 방울이 귀한 백계산보다, 물을 관리하는 물의 신(神)인 현무(玄武 거북이)가 상주하여 지키는 현무산은 옥룡을 위해서 하늘이 마련한 땅이며, 혜철국사가 산의 이름을 현무라고 한 것은 산의 형국이 그러한 까닭도 있겠으나, 도참과 비보풍수로 산과 옥룡사를 하나로 합체하여 북방을 지키는 신(神)으로 만들어, 영원히 백계산 백계를 보호하는 수호신의 역할을 맡긴 것이다.

끝으로 국보 제103호 쌍사자석등 반환 운동으로 광양시 역사 찾기에 나선 광양시 시민들이 타산지석으로 삼아야 할 것은 2000년 11월 5일 일본의 사학계는 물론이거니와 열도 자체를 패닉에 빠트린 발굴 유물 조작 사건 즉 일본이 자랑하던 세계적인 고고학자 후지무라 신이치(藤村新一)

2000년 11월 5일 일요일 "후지무라 신이치(藤村新一)가 구석기 유물을 조작하는 장면을 보도한 일본 마이니치 신문이다.

의 구석기 유물 조작 사건이다.

여기서 정말 중요한 것은 일본과는 달리 도선국사 유골 조작 사건이 갖는 문제의 심각성이다. 일본은 학계와 당국이 후지무라 신이치 한 명에게 속았지만, 한국은 2006년 2월부터 필자가 언론을 통해서 제기한 도선국사 유골은 조작되었다는 논박을 통해서, 사학계와 문화재 당국이 조작된 가짜임을 알았으면서도 지금까지도 묵인 방조하고 있다는 사실이다.

후지무라 신이치는 혼자서 저지른 역사 유물 사기행각이었고, 즉시 당국과 학계가 나서서 바로 잡았지만, 도선국사 유골 조작 사건은 2006년 당시 언론을 통한 필자의 주장을 통해서 사학계와 문화재 관련 당국이 확실하게 알았으면서도, 지금까지 침묵하고 있다는 것이 더 큰 충격이고 부끄러움이다.

2006년 이후 이어질 예정이었던 도선국사 관련 사업비 90억 원을 문화재 당국이 중지시켰다는 것은 도선국사 유골이 아니라는 사실을 당국과 사학계가 분명하게 알고 있었다는 방증이다.

다시 강조하지만, 도선국사 비문에서 절 북쪽 산등성이에 비를 세웠다는 기록은 참고 이상의 가치는 없다.

중요한 것은 현무산 옥룡사 상원에서 죽은 시신을 백계산으로 옮겼고, 유골을 수습하여 (임금이 보낸 석공이 작업) 석관(石棺)에 봉안하여, 운암사 동쪽 언덕에 안장하고, 탑과 비를 세웠다는 통진대사의 비문 기록이다.

통진대사 비문의 기록과 전혀 다른 것은 물론 당사자인 도선국사 비문과도 다른 학자들과 당국의 주장대로라면, 옥룡사는 물론 백계산 자체가 가짜가 돼버리고, 탑과 비는 동쪽에 있으므로 역시 가짜다.

이러한 사실을 잘 알면서도 똑같은 주장을 20여 년 동안 반복하고 있는 사학계와 침묵으로 동조하고 있는 광양시와 문화재 관련 당국을 이해할 수가 없다.

또 하나 통진대사 비문에 현무산 옥룡사 상원에서 죽은 시신을 백계산으로 옮겼다고 하였으니, 그곳이 옥룡사라면 그곳이 바로 현무산이다.

정말 중요한 것은 현무산 옥룡사가 맞다 아니다를 떠나서 진실로 저곳이 옥룡사라면 통진대사가 죽은 옥룡사 상원은 어디에 있고, 다음 날 시신을 옮겨간 백계산은 어디에 있으며, 2년 후 탑을 세운 구름 덮인 바위라는 백계산 동쪽 운암(雲巖)은 무엇이고 어디인가? 도무지 말이 되지 않는다.

학계와 문화재 당국이 역사 자료는 고사하고, 현장에 있는 당사자들의 비문과도 전혀 맞지 않는 주장을 계속하고 있는 이유는 단 하나, 발굴된 석관 속 유골의 주인이 통진대사로 밝혀지는 것을 막고, 자신들이 짜맞춰 놓은 도선국사의 유골이 되어야 하기 때문일 것이다.

이제야말로 광양시 시민들이 나서서, 처음 발굴 조사를 시작하는 이유부터 그리고 자신들의 주장대로라면 인생 최고의 발굴이고 사학계가 놀랄 도선국사 유골을 발굴했으면서도, 발표를 5년을 미룬 이유를 비롯하여 34억 원이 사용된 내용까지 원점에서부터 다시 검증하고 판단해서 바로

잡아야 할 시간이다.

쌍사자석등 제자리 찾기 범시민 서명운동으로 시작된 광양시 역사 찾기에 나선 시민들이 가장 먼저 해야 할 일은 통진대사 비문의 올바른 해석과 확인이다.

그리고 그 결론을 바탕으로 조작된 유골의 진짜 주인이 누구인지를 명쾌하게 밝히는 것이어야 한다.

이 두 가지가 결론이 나면, 봄볕에 백운산 숲이 저절로 푸르러지듯, 쌍사자석등 반환을 비롯하여, 나머지 일들이 저절로 이루어질 것이다. 광양시 시민들의 관심을 촉구한다.

오가와 게이키치 보고서가 증명하는
        진실과 거짓의 역사

본문은 1931년 3월 19일과 20일 일본인 학자 오가와 게이키치(小川敬吉)가 조선총독부의 명을 받고 광양시 옥룡면 추산리 옥룡사지 · 송천사지 · 중흥산성을 답사 실측 조사한 결과를 보고한 내용을 통해서, 당시의 상황을 쉽게 알 수 있도록 사진과 기록을 중심으로 중요한 대목을 순서대로 편집한 것이다.

일제강점기 일본인들이 어쨌다는 선입견과 편견을 버리고 (일제강점기 자료조사 보고 47집) 일본인 학자 오가와 게이키치의 실측 보고서를 읽어보면,

일제강점기 1930년 9월 18일 이전에 촬영된 중흥산성 쌍사자석등(국보 제103호)과 3층 석탑이다. 이 한 장의 사진은 옥룡사가 어디를 말하는 것인지를 잘 보여주고 있다. 현재 석등(石燈)은 국립광주박물관에 있고, 지금은 3층 석탑만 남아 있다.

현무산 옥룡사의 자연환경이 어떠하고, 3층 석탑과 쌍사자석등의 수난에 대한 책임이 누구에게 있고, 그걸 지키고 보호하여 준 사람이 누구인지, 그리고 지금 우리의 사학계와 문화재 관련 당국이 무엇을 잘못하고 있는지를 분명하게 알 것이다.

특히 1931년 3월 일본인 학자 오가와 게이키치가 목격한 광양 사람들과 1997년부터 수년에 걸친 발굴 조사를 통해 드러난 진실을 왜곡 날조하고 있는 사람들의 차이가 무엇인지, 그리고 전문 학자를 보내 실측 조사하여 밝혀진 유물을 보호 보존하기 위해 최선을 다한 조선총독부와 무엇이 다른지를 비교하여 보기를 권한다.

1931년 3월 20일 일본인 학자 오가와 게이키치(小川敬吉)가 촬영한 것으로, 조선인들이 무자비하게 파괴하여 버린 석탑의 모습이다. 1930년 9월 18일 서로 차지하여 팔아먹으려다 실패한 마을 사람 누군가가 악의적으로 해코지를 한 것이다. 이것을 되살려 오늘에 이어준 것이 일본인 학자 오가와 게이키치 선생과 조선총독부였다는 사실은 많은 생각과 함께 반성하게 한다.

먼저 실측 보고서를 공개하기에 앞서, 지금 나는 이나마라도 (3층 석탑과 쌍사자석등) 지키고 보호하여 우리들의 유산으로 오늘에 전해준 일본인 학자 오가와 게이키치 선생과 조선총독부에 사과와 함께 진심으로 감사의 인사를 전한다.

오해할 것 없다. 읽어보면 사과와 감사의 인사를 할 수밖에 없는 나의 심정을 백번 이해할 것이다. 할 수만 있다면 일본인 학자 오가와 게이키치 선생과 조선총독부에 몇 번이고 감사의 인사를 전하고 싶다.

【쇼와 6년 (1931년) 3월 19일 맑음

광양읍을 출발하여 북쪽 2리 이상 떨어진 옥룡사지를 조사했다. 고려 초기의 묘탑 하나가 남아 있다. 2~3년 전까지는 통진대사의 묘비도 있었으나 파괴되어 지금은 없다.

거기서부터 더 북쪽 20정이 떨어진 송천사지를 방문했다. 승대장 회은 장로의 비가 하나 참죽나무 밑에 세워져 있을 뿐 절터는 지금 전답으로 변하여 남아 있는 것이 없다.

3월 20일 맑음

아침 8시 옥룡면사무소를 출발 중흥산성에 올라갔다. 경사가 가파르지만 조금만 올라가면 산봉우리 반대편이 나온다. 거기서 조금 완만하게 경사진 산길을 나가면 성문지에 도착한다. 더 나가면 산꼭대기의 평탄한 곳이 나온다. 논도 있고 밭도 있다.

그 서쪽 성벽에 접하여 절터가 있다. 앞면은 작은 계곡이 있고 북쪽에 언덕이 있으며 남쪽을 향하고 있다. 규모는 작지만 조용하고 깊숙한 별천지다.

돌담이 있다. 석탑과 석등롱이 있다. 오래된 기와 파편도 흩어져 있다. 석탑은 3층으로 신라 말기 명작이다. 등롱은 쌍사자로 구성된 일품이다. 둘 다 국보의 가치가 충분하다. 실측을 마친 후 산에서 내려왔다.

밤에 옥룡면 경찰관 주재소를 방문하여 중흥산성 폐탑 매매에 관한 건을 들었다. 쇼와 5년 (1930년) 8월경 옥룡보통학교 후원회가 기금을 조성하기 위하여 산성 내의 석탑과 석등의 매매를 옥룡면 운평리 변정섭이라고 하는 사람에게 의뢰했다.

변이 분주한 결과 부산부의 성명 미상(이름을 알 수 없는 사람)의 매수인 2명과 함께 와서 견분(見分)시켰다. (입회하에 조사) 그리고 750엔으로 매매의 약속이 성립되었다.

학교 후원회에서는 100엔 정도라면 팔 수 있으리라 생각하고 있었는데, 상당히 비싼 가격에 놀라 군 당국에 상의했다. 그러나 유물의 매매는 고적유물보존규칙에 의하여 불가능하다는 지시를 받았다.

한편 토지 소유자는 본인의 땅에 있는 것을 한마디 상의도 없이 무단으로 매매하는 것이 못마땅한 일이라고 해서 경찰과 주재소에 유물 발견 신고서를 제출했다. 그것이 쇼와 5년 (1930년) 9월 17일이었다. 경찰은 현지에서 시찰하고 보고서 안을 가지고 광양경찰서에 보고했다.

1931년 3월 20일 일본인 학자 오가와 게이키치(小川敬吉)가 촬영한 것으로, 1930년 9월 18일 서로 차지하여 팔아먹으려다 실패한 마을 사람 누군가가 3층 석탑과 함께 파괴한 쌍사자석등이다.

다음 날 밤에 누군가 와서 해당 석등과 석탑을 파괴하고 도망갔다. 이처럼 탑을 둘러싸고 여러모로 문제가 잇따라 발생하였다. 이상이 옥룡면 경찰관에게 들은 개요이다.

부산의 매수인은 대구의 이치다 모(某)에게 전매하는 약속을 했는데 이치다 모(某)로부터 후지타 촉탁에게 상의가 있어 이번 출장 조사가 이루어지게 되었다.

=생략=

1931년 4월 11일 유물이 매매로 일본에 유출될 것을 우려한 조선총독부는 34회 고적조사위원회를 거쳐 석탑 및 석등을 각각 제199·200호로 국유 등록하였다.】

필자의 사족이지만, 즉각 반응해 합당한 법령을 적용하여 지키고 보호한 오가와 게이키치와 조선총독부의 행정이 놀랍기만 하다. 다음은 이에 관련한 광양경찰서 보고서 내용이다.

【쇼와 6년 (1931년) 4월 11일부 제199호 및 제200호 유물로 등록된 전라남도 광양군 옥룡면 운평리 산림 23번지 중에 존재하는 3층 석탑과 쌍사자석등은 유물로 등록되기 전, 즉 올해 4월 상순에 해당 유물 소재지 소유주인 이재영으로부터 대구부 동문정 오구라 다케노스케에게 400엔으로 해당 유물과 소재지 산림을 매각했는데, 오구라는 해당 유물을 본인의 거주지인 대구로 옮기기 위해 매수 직후 운반에 착수하여 옥룡면사무소 옆까지 약 20정 이상 운반하던 중, 면민이 그것을 목격하여 면 소유물을 면민에 대한 양해 없이 무단으로 면 밖으로 운반하는 것을 못마땅해하여 물의를 빚은 사실이 있습니다. 당시 우리 경찰서에서도 유물을 운반하는 것은 온당하지 않은 것으로 판단하여 운반 중지를 명령했기 때문에 3층 석탑은 산림 중에, 그리고 쌍사자석등은 옥룡면사무소 부근 길가에 있으므로 엄중히 조심하면서 보관 중입니다. =생략= 이에 급히 어떤 처치를 마련해 주시기를 사유를 설명하면서 보고드립니다."

=생략=

「35회 고적조사위원회」 「의안 제2호-고적 유물 등록 제200호 중흥산성 쌍사자석등을 경성부 경복궁 총독부 박물관으로 옮겨 보존하는 건」

쇼와 6년 (1931년) 4월 11일에 고적 및 유물보존규칙 제2조에 의하여 등록된 제200호 중흥산성 쌍사자석등은 전라남도 광양군 옥룡면 운평리 중흥산성에 있다. 신라 석조 조각물로서 가장 뛰어난 것이지만 쇼와 6년 3·4월 사이에 사적으로 이것을 운반하여 산 밑 옥룡면사무소 앞에 옮긴 사람이 있다. 마을 사람의 반대에 봉착하여 길가에 방치되어 있다. 이것을 원위치에 운반하기는 지극히 어려울 뿐만 아니라 이러한 섬세한 조각이 파괴될 우려가 있어 경성 총독부 박물관으로 옮겨 세우고 보존하고자 한다.

=생략=

1931년 12월 23일 광양읍 아시무라(芦村) 운송점과 계약을 맺고 1932년 1월 상순 옥룡면사무소에서 경성박물관으로 운반하여 1932년 11월 상순 야외 정

원에 건립】

위 일본인 학자 오가와 게이키치가 조선총독부의 명령으로 1931년 3월 20일 광양 옥룡면 백운산에 소재한 옥룡사지와 송천사지 그리고 중흥산성을 답사 조사한 보고서의 결론과 이후 3층 석탑과 쌍사자석등을 지키고 보호하는 과정을 보면 시대의 아픔을 떠나서 선생이 보여준 식견은 물론이거니와, 훌륭한 유물을 통해서 보여준 학자의 소신과 마음 앞에 깊은 감사의 인사를 전한다.

덧붙이면 오래전 옥룡사의 위치를 찾으려고 옥룡면 백계산을 샅샅이 조사할 때, 마을 주민들로부터 일본인 학자가 악의적으로 훼손 흔적을 없애버리고 도굴하여 반출했다는 제보를 받고 분노했었다.

그러나 실측 보고서를 통해서, 그 제보가 악의적으로 날조된 것임을 안 이상 가만히 있을 수가 없어서, 나의 잘못된 오판과 오류를 수정하면서 내 마음의 사과를 표하는 의미다.

현무산 옥룡사와 백계산 운암사의 정확한 위치를 찾아 역사를 바로 세우려는 나로서는 진실을 전해주는 이 실측 보고서 자체가 그만한 가치가 있다. 그저 고맙고 감지덕지할 뿐이다.

무엇보다도 직설로 한마디를 던지면, 통진대사의 유골을 도선국사의 유골로 발표한 사학자들과 묵인 방조하고 있는 사학계와 관련 당국과 여전히 동조하고 있는 광양시를, 일본인 학자 오가와 게이키치와 조선총독부가 보고 있다면, 무엇이라고 무슨 말을 했을까를 생각해 보면 답은 명확하다.

본론으로 돌아가서, 일본인 학자 오가와 게이키치의 실측 조사 보고서를 통해서 분명하게 확인되는 것은 다음 두 가지다.

첫째는 운평리 중흥산성이 현무산이고, 3층 석탑과 쌍사자석등이 있는 내성(內城)이 옥룡사라는 사실이다.

예로부터 나라와 백성을 지키는 중요한 길목에 성을 쌓고 그 성을 지키고 관리하는 차원에서 절을 세워 승려들에게 지키게 하였음을 안다면, 중흥산성과 그 내성에 자리한 옥룡사의 중요성과 책무가 무엇인지를 쉽게 이해할 것이다.

왕건이 박술희에게 남겼다는 훈요십조 가운데 "제2조 모든 사원은, 도선이 산수(山水) 순역(順逆)의 형세를 추점(推占)하여 새로 세운 것이다. 도선이 말하기를 내가 추점하여 정한 것 외에 함부로 더 창건하면 지덕(地德)을 손상하여 왕업이 장구하지 못할 것이다."라고 하였다는 500개의 선찰(禪刹, 선종(禪宗)을 교지로 삼는 절)이 나라를 지키고 민생을 안정시키는 목적이었다.

도참과 풍수로 보면, 마지막에 완성하는 광양 현무산 옥룡사는 나머지 499개를 지키는 핵심 혈로 이해하면 된다.

도참과 풍수로 나라를 구하고 백성을 구하는 혁명을 시작한 동리산문 태안사 세력들 곧 혜철국사와 도선국사, 광자선사 3대에 걸쳐 태안사가 소유했던 토지 목록과 역점 사업들을 보면, 옥룡사는 군량미 확보와 함께 병사들을 양성하는 비밀기지 역할로 보면 된다. 옥룡면 전체가 옥룡사 소유로 보면 될 것이다.

과학 문명이 발달한 오늘날의 시선으로 보면 황당한 이야기지만, 가만히 생각해 보면 결코 허황한 것만도 아니다. 이순신이 말한 호남이 없으면 나라도 없다는 약무호남 시무국가(若無湖南 是無國家)의 차원으로, 곡창지대인 호남을 살려 나라를 부강하게 하고 민생을 안정시키려는 책략으로, 즉 정부가 한반도 남부 중심축인 광양항을 산업 중심으로 개발하는 이유와 같다고 보면 된다.

둘째는 통진대사의 비문과 이현일의 시에서 언급한 옥룡사의 위치가 오가와 게이키치의 실측 조사 보고서를 통해서 분명하게 드러났다는 사실이다.

"논도 있고 밭도 있다. 그 서쪽 성벽에 접하여 절터가 있다. 앞면은 작은 계곡이 있고 북쪽에 언덕이 있으며 남쪽을 향하고 있다. 규모는 작지만 조용하고 깊숙한 별천지다."라는 대목에서 절 앞에 작은 계곡이 있다는 오가와 게이키치가 본, 1931년 3월 20일의 현장과 "구름은 계곡 위에 덮여 있고, 돌을 베고 누워 흐르는 시냇물은 양치질하기에 적합하였다."라는 958년에 세운 통진대사 비문과 1697년 8월 15일 밤 쓴 "물소리 치는 바위 폭포 섬돌을 돌면서 소리 나고"라는 이현일의 시와 정확하게 일치하는 것으로, 자연환경을 통해서 옥룡사의 위치를 분명하게 알려주는 자료다.

다음은 동국여지승람의 기록이다. 옥룡사는 물론이거니와 "송천사·운암사 모두 백계산에 있다."라고 하였고, 동여비고에 백계산 남쪽의 옥룡사와 함께 북쪽의 운암사와 송천사가 있었으나, 도선국사가 비보하고 법손들에게 법을 전하는 도량으로 비문에 기록될 만큼 중요한 운암사는 동국여지승람(1530년)과 동여비고(1499년)에 그 모습을 마지막 드러낸 이후, 비록 몇 자 빠지거나 떨어진 부분이 있기는 하지만, 1712년(조선 숙종 38) 3월 광양 백계산 옥룡사에서 도선국사의 비문을 간행하면서, 열거한 사찰의 명단에서도 보이지 않고, 사라지고 없다.

그러나 다음 오가와 게이키치의 보고서, 1931년 3월 19일 답사한 기록과 실측 지도를 보면, 도선국사가 점지한 현무산 옥룡사와 백계산 운암사의 자리를 정확하게 알 수가 있다.

"광양읍을 출발하여 북쪽 2리 이상 떨어진 옥룡사지를 조사했다. 고려 초기의 묘탑 하나가 남아 있다. 2~3년 전까지는 통진대사의 묘비도 있었으나 파괴되어 지금은 없다. 거기서부터 더 북쪽 20정이 떨어진 송천사지를 방문했다"라고 하였는데, 다음 1499년 제작된 동여비고와 1872년의 지도 그리고 1931년 오가와 게이키치의 실측 기록과 지도를 위성사진과 대비하여 보면 4개의 자료가 완벽하게 일치한다.

1499년 제작된 동여비고다.

거북이를 상징한 산에(중흥산성) 옥룡사가 있고 뒤에 운암사와 송천사가 있다. 중흥산성과 송천사의 위치는 오가와 게이키치의 실측 기록과 완벽하게 일치한다.

1872년 제작한 광양현 지도다.

2장의 고지도에서 중요하게 보아야 할 것은 옛 지도는 산의 모양 즉 이름을 특화해서 그리는데, 1499년 제작한 동여비고에서 적시한 산의 모습과 1872년 제작된 지도의 모습, 그리고 1931년 오가와 게이키치의 실측 도면과 현대 과학으로 보는 위성사진에서 드러난 산의 모습과 송천사의 위치가 변함이 없다는 사실이다.

1499년 제작된 동여비고에 있던 송천사와 운암사가 사라지고, 그 자리에 백계산 옥룡사로 되어 있고, 백계산 옥룡사가 있던 자리에는 중흥산성

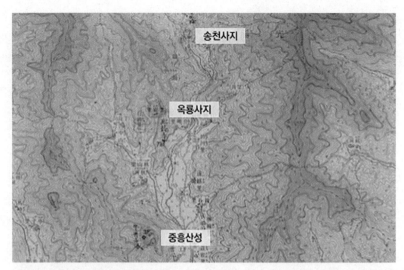

1931년 오가와 게이키치의 실측 지도다.

위성사진으로 확인하는 옥룡사 운암사 송천사다.

으로 표기되어 있다. 여기서는 중흥산성은 현무 즉 거북이로 백계산은 닭의 모습으로 좀 더 확실하게 그려져 있다.

옥룡사의 위치는 1872년 제작된 지도와 같다. 그러나 옥룡사 운암사 송천사 3개의 사찰을 동시에 보면 1499년 동여비고에 있던 현무산 옥룡사가 백계산 운암사의 자리로 가고 거기에 있던 운암사가 사라지고 없을 뿐 위성사진을 포함 4개의 자료가 정확하게 일치하고 있다.

혜철국사가 점지한 (중흥산성) 현무산 옥룡사와 백계산 운암사 그리고 후대에 건립된 송천사다. 기록으로 보거나 1499년 동여비고와 1872년의 군현 지도 그리고 오가와 게이키치의 실측 도면과 위성사진을 보면 그림과 지형이 같은 것으로, 이는 중흥산성이 현무산이고, 산성 안에 옥룡사가 있었음을 분명하게 보여주고 있다.

참고로 광양시에 일러둘 말은 추산리 동백숲 즉 운암사지를 옥룡사라고 하는 이유가 조선 말기 지도에 옥룡사라고 하였고, 오가와 게이키치의 보고서에도 옥룡사라고 하여, 옥룡사라고 한다는 구차한 변명은 하지 않기를 바란다.

광양시가 당시로서는 상상을 벗어난 엄청난 금액인 34억 원을 들여 발굴 조사를 벌인 것은 그곳이 정말 옥룡사지(玉龍寺址)인지를 규명하는 일도 포함되어 있기에 하는 말이다.

결론은 분명하고 간단하다. 광양시가 ① 송천사지를 인정한다면 ② 1499년 제작된 지도 동여비고의 현무산 즉 거북이를 상징한 그림과 송천사의 기록을 인정한다면 ③ 거북이를 상징한 동여비고와 1872년 광양현 지도의 그림과 위성사진으로 보는 산세를 인정한다면 ④ 1872년 제작한 광양현 지도에서 백계산을 상징한 닭의 그림을 인정한다면, 천추에 빛나는 백운산의 역사를 되찾고 복원하는 일에 더는 망설이지 않기를 바란다. 그러면 된다.

맺음말

물은 만물(萬物)을 차별하지 않는다.

다만 사람이 손으로 움켜쥘 수 있는 물은 세상에 없다.

손아귀에 온 힘을 다해 움켜쥐면 쥘수록

한 방울도 없이 사라져 버리는 것이 물이다.

하여 사람들은 저마다 그릇을 손에 들었고

물은 사람들이 손에 든 그릇을 따라 채워졌을 뿐이다.

이른바 도(道)라는 것

이 또한 물과 같고 그릇과 같은 것이다.

문제는 잡을 수 없는 물을 움켜쥐려고만 하는 사람이다.

작은 종지를 들고 항아리 물을 담으려는 사람이 문제다.

바라건대 이 책을 읽은 이들은 혜철국사와 도선국사처럼

물과 그릇을 적절히 활용하는 지혜로운 도인(道人)이 되기를 바란다.

2025년 4월 20일 구례읍 봉성산 허허당에서 박혜범

현무산 옥룡사 쌍사자석등(중흥산성 국보 제103호)

진리의 빛으로 세상을 구한 혁명가
혜철국사와 도선국사 이야기

초판인쇄 2025년 5월 9일
초판발행 2025년 5월 9일

지은이 박혜범
펴낸이 채종준
펴낸곳 한국학술정보(주)
주   소 경기도 파주시 회동길 230(문발동)
전   화 031-908-3181(대표)
팩   스 031-908-3189
투고문의 ksibook1@kstudy.com
등   록 제일산-115호(2000. 6. 19)

ISBN   979-11-7318-389-8 93910